대체불가
AI 노코드 업무 툴 & 게임 개발

대체불가 AI 노코드 업무 툴 & 게임개발

초판 인쇄 : 2025년 6월 25일
초판 발행 : 2025년 6월 25일

출판등록 번호 : 제 2015-000001 호
ISBN : 979-11-94000-10-5 (03800)

주소 : 강원도 횡성군 횡성읍 송전로 209 (고즈넉한 길)
도서문의(신한서적) 전화 : 031) 942 9851   팩스 : 031) 942 9852
펴낸곳 : 책바세
펴낸이 : 이용태

지은이 : 김윤우
기획 : 책바세
진행 책임 : 책바세
편집 디자인 : 책바세
표지 디자인 : 책바세

인쇄 및 제본 : (주)신우인쇄 / 031) 923 7333

본 도서의 저작권은 [책바세]에게 있으며, 내용 중 디자인 및 저자의 창작성이 인정되는 내용을 무단으로 복제 및 복사하는 것은 저작권법에 의해 처리될 수 있습니다.

Published by chackbase Co. Ltd Printed in Korea

참을성 1도 없는 사람들을 위한 파이썬 & 엑셀 매크로 활용 편

김윤우(뼛속까지 기획자) 지음

{ 프롤로그 }

이 책을 펼친 당신, 혹시 이런 생각을 해본 적 있지 않은가? 아이디어는 머릿속에 가득한데, 이걸 현실로 옮길 방법은 막막하기만 하고, 늘 '구현'이라는 높은 벽 앞에서 좌절했던 경험 말이다. 필자 역시 지난 20여 년간 개발과는 담을 쌓은 채, 오로지 기획자로만 살아왔다. 끊임없이 새로운 아이디어를 쏟아내고 더 나은 서비스를 꿈꿨지만, 그 모든 상상이 현실이 되려면 늘 '개발자'라는 존재의 손길이 필요했다. 하지만 개발팀과의 소통은 마치 고요 속의 외침 같았고, 우리의 비즈니스 언어는 그들의 기술 언어와의 번역 과정에서 늘 오해를 낳았다.

"제가 설명한 게 이런 게 아닌데…"
"아, 이 기능은 꼭 필요했는데 빠졌네…"

이런 당혹스러움은 나만의 이야기가 아닐 것이다. 어쩌면 당신도 나와 같은 고민에 밤잠을 설친 적이 있을 것이다. 끝없는 단순 반복 업무, 일명 '업무 노가다'에 지쳐 있는지도 모른다. 매일같이 쌓이는 보고서, 정리가 필요한 데이터, 줄지 않는 이메일 발송… "이제 좀 더 창의적이고 혁신적인 일에 집중해야 할 때 아닌가?"라는 생각이 들지만, 현실은 그렇지 못했다. 매크로를 한 번 써보려다 포기한 기억, 코딩이 필수라는데 어디서부터 시작해야 할지 몰라 막막했던 시간들. "4차 산업혁명 시대에는 코딩이 필수다!"라는 말은, 필자 같은 기획자들에게 또 하나의 넘을 수 없는 장벽처럼 느껴지곤 했다.

하지만 이제, 우리에게 기회가 왔다. 'Vibe Coding', 'AI 노코드 코딩' 같은 말들이 심심찮게 들려오는 지금, 우리는 과거엔 상상도 못 했던 강력한 비밀 병기를 손에 넣었다. 바로 'AI'라는, 세상에서 가장 참을성 있고 말 잘 듣는 개발자 비서가 우리 곁에 나타난 것이다. AI 노코드 개발은 복잡한 프로그래밍 언어 대신, 우리가 평소 사용하는 말로 아이디어를 설명하면 AI가 이를 이해하고 실제 코드로 바꿔주는 혁신적인 방식이다.

"엑셀 파일에서 특정 열의 데이터를 추출해서 새로운 파일로 만들어줘."

이렇게 말하면, AI가 척척 코드를 생성해 주는 시대가 온 것이다. 더 놀라운 점은, 개발 환경 구축이나 에러 해결 같은 골치 아픈 문제들조차도 AI에게 물어보면 된다는 사실이다. AI는 어떤 수준이나 단계의 질문에도 끈기 있게 응답하며, 아무것도 모르는 상태에서도 개발을 시작할 수 있게 도와준다. 이제는 개발 지식보다, 실제 업무 프로세스를 잘 아는 사람이 더 뛰어난 결과물을 만들어낼 수 있는 시대가 된 것이다.

이 책은 바로 그런 당신, 참을성 제로에 가까운 당신을 위한 것이다. 빠른 결과와 즉각적인 만족을 원하는 당신의 성향에 AI 노코드 개발은 완벽히 부합한다. 복잡한 개발 과정을 기다릴 필요 없이 AI는 즉각 반응하고, 당신의 아이디어를 실시간으로 구현해 준다. 개발자와의 끝없는 회의나 기술 용어를 공부하는 데 시간을 허비할 필요도 없다. 당신의 아이디어를 당신의 언어로 설명하면, AI는 그것을 정확히 이해하고 실행한다.

이 책을 통해 우리는 "31가지 미션"을 수행하며 AI와 노코드 개발의 무궁무진한 가능성을 함께 탐험할 것이다. 파일명 바꾸기, 폴더 정리, 중복 파일 삭제 같은 반복적인 업무 자동화부터, 엑셀 데이터를 DB 형식으로 변환하고, 심지어 간단한 게임 개발, 이메일 자동 발송, 웹 스크래핑, OpenAI API 활용까지, 개발 문외한도 충분히 해낼 수 있음을 증명해 보일 것이다.

에러가 발생하더라도 당황하지 마라. 에러 메시지를 그대로 복사해서 챗GPT에 붙여넣으면 해결책을 제시받을 수 있다. 이 점은 특히 개발에 대한 막연한 두려움을 가진 이들에게 큰 용기와 자신감을 줄 것이다. 더 이상 아무도 해결해 주지 않던 수많은 업무 노가다에 좌절하지 마라. 끝도 없는 반복 업무에 지치지 마라. 이제는 우리가 직접, 우리의 아이디어를 현실로 구현하고 업무를 혁신할 수 있는 시대가 왔다.

이 책은 바로 그 대장정의 든든한 동반자가 되어 줄 것이다. 자, 이제 준비됐는가? 이제 참을성 제로 기획자의 AI 노코드 개발 대모험을 함께 시작해 보자!

{ 추천사 }

류재욱 _ Andersen Consulting Korea 회장

이 책의 저자 A2D2의 김윤우 대표는 컨설턴트로서 AI에 대한 실용적이고 쉬운 접근법을 기업의 실무자들에게 효율적으로 전달해 왔다. 이러한 경험을 가진 김윤우 대표가 기획자들을 위해 쉽고 재미있게 AI를 다양한 실제 업무에 즉시 활용할 수 있게 해 주는 안내서를 집필한다고 하여 큰 기대를 했는데, 이렇게 훌륭한 책이 출간되어 매우 기쁘다.

현재 많은 기업의 실무자들이 복잡한 프로그램 코딩 지식 없이도 AI를 활용하여 반복적이고 비생산적인 업무를 효율적으로 처리하고자 부단히 노력하고 있다. 그러나 어디서부터 어떻게 시작해야 할지에 대해 많은 시행착오를 겪고 있는 것이 현실이다. 이 책 〈AI 노코드 업무 툴 & 게임 개발: 참을성 1도 없는 사람들을 위한 파이썬 & 엑셀 매크로 활용 편〉은 바로 이러한 고민에 명쾌한 해답을 제시한다.

이 책은 AI를 활용하여 코딩을 전혀 모르는 사람도 초스피드로 프로그래밍을 할 수 있는 방법을 안내한다. AI를 업무에 접목하여 파일 정리, 데이터 분석, 심지어 간단한 프로그램 개발까지 가능하게 하는 실질적인 노하우를 담고 있다. AI가 마치 개인 비서처럼 질문에 답하고 에러를 해결해 주는 과정을 통해 독자들은 기술적인 장벽 없이 자신의 아이디어를 현실로 만들 수 있다.

부디 이 책이 많은 기업과 실무자들에게 업무 효율성을 획기적으로 높이는 데 큰 도움이 되기를 바라며, AI 노코드 개발이라는 새로운 패러다임을 통해 더 많은 기획자들이 자신의 잠재력을 마음껏 펼치고, 기업의 생산성 향상에 기여하는 혁신적인 사례들을 만들어 나가기를 기대한다.

김성우 _ ㈜제너시스 그룹 상무

급변하는 비즈니스 환경 속에서 생산성 향상은 모든 기업의 최우선 과제이다. 특히 외식업계는 빠르게 변화하는 트렌드와 치열한 경쟁 속에서 효율적인 운영이 곧 기업의 경쟁력이자 생존 전략으로 직결된다. 이처럼 업무 자동화와 디지털 전환의 필요성은 그 어느 때보다 절실하다.

이러한 시기에 출간된 〈AI 노코드 업무 툴 & 게임 개발: 참을성 1도 없는 사람들을 위한 파이썬 & 엑셀 매크로 활용 편〉은 제너시스BBQ 그룹 임직원뿐 아니라 모든 직장인에게 단순한 기술 지침을 넘어, 미래를 여는 강력한 도구이자 새로운 도전에 영감을 주는 의미 있는 책이다.

얼마 전 저자 김윤우 저자님께서 직접 진행하신 AI 노코드 개발 강의는 많은 직원에게 신선한 충격과 깊은 인상을 남겼다. 특히 기획팀을 비롯한 여러 부서에서, 개발 지식 없이도 반복적이고 번거로운 업무를 자동화할 수 있다는 사실에 놀라움과 큰 호응이 있었다. 아이디어는 넘쳐나지만 '구현'이라는 벽에 부딪혀 좌절했던 경험이 있는 이들에게 이 책은 그야말로 '개발 1도 모르는 사람들을 위한 초스피드 프로그래밍'의 새로운 지평을 열어 줄 것이다.

이 책은 AI를 참을성 있는 개발 비서처럼 활용하여, 우리가 평소 사용하는 언어로 아이디어를 설명하면 AI가 즉각 코드를 구현해 주는 혁신적인 노코드 개발 방식을 소개한다. 복잡한 코딩 언어를 배우지 않아도 엑셀 매크로 자동화, 파일 관리, 데이터 분석 등 실무에 바로 적용 가능한 프로젝트를 경험할 수 있어 '나도 개발자가 될 수 있다'는 자신감을 심어 주는 책이다. 특히, 에러가 발생해도 당황하지 않고 AI에게 물어보면 해결책을 제시받을 수 있다는 점은, 개발에 대한 막연한 두려움을 가진 이들에게 큰 용기와 도전의 기회를 제공하며 자신만의 업무 혁신을 이끌어 내는 강력한 원동력이 될 것이다.

〈AI 노코드 업무 툴 & 게임 개발: 참을성 1도 없는 사람들을 위한 파이썬 & 엑셀 매크로 활용 편〉은 단순히 아이디어를 현실로 구현하고 업무 효율을 혁신하는 것을 넘어, 더 창의적이고 가치 있는 일에 집중할 수 있는 무한한 가능성을 제시한다. 이 책을 통해 많은 분들이 AI 노코드 개발의 세계에 도전하고, 업무 자동화 혁신을 이루며, 더 나은 내일을 만들어 가기를 진심으로 응원한다.

이영주 _ 법무법인 원 파트너 변호사

최근 변호사 업무에 AI가 가져오는 변화는 실로 놀랍다. 특히 방대한 문서를 수작업으로 처리해야 했던 변호사와 실무자들에게 AI는 반복적이고 비효율적인 작업을 손쉽게 처리하고, 보다 본질적인 업무에 집중할 수 있는 환경을 제공해 주고 있다. 김윤우 대표가 '개발을 전혀 모르는 기획자들을 위한 AI 자동화 바이브 코딩 책'을 낸다고 했을 때, 나는 큰 기대를 품었다. 그는 그동안 AI를 기업에 쉽고 실용적으로 접목시키는 데 탁월한 역량을 보여주었기 때문이다.

사실 처음엔 '코딩을 모르는 사람이 어떻게 AI로 개발을 하지?'라는 의구심도 들었다. 하지만 이 책을 직접 읽고 따라 해보니, 감탄이 절로 나왔다. "이렇게 쉽고 재미있게 AI를 실제 업무에 활용할 수 있다니!" 하는 생각이 계속 들었다. 단순히 개념을 설명하는 데 그치지 않고, 31가지 실전 미션을 따라 하며 "정말 되네?" 하고 스스로 체감할 수 있게 해주는 점이 이 책의 가장 큰 강점이다.

우리처럼 복잡한 사무에 묻혀 살아가는 많은 분들이 AI를 통해 업무 효율을 높이고, 진정으로 중요한 본업에 집중할 수 있는 세상이 오기를 늘 바랐다. 이 책은 그러한 세상을 앞당기는 데 분명 큰 역할을 할 것이다. 김윤우 대표의 깊이 있는 경험과 실용적인 노하우가 이 한 권에 고스란히 담겨 있어, 많은 사람들의 일터에 실질적이고 혁신적인 변화를 가져다줄 것이라고 확신한다.

{ 목차 }

006　프롤로그
008　추천사

01 AI 노코드 개발 입문

015　할 수 있다! AI 노코드 개발의 세계
015　지금 이 상황, 혹시 당신 이야기 아닌가요?
015　아이디어는 넘치는데, 어떻게 구현할 줄 모르겠어…
015　개발자에게 의뢰했더니 이상한 걸 만들어줬어…
016　다들 '코딩'이 중요하다고 하는데, 내가 할 수 있을까?
016　코딩을 하나도 모르는데 개발이 된다고? 진짜?
017　참을성 없는 당신이 AI 노코드 개발이 가능한 3가지 이유

020　02. 내 뜻대로 움직이는 AI 노코드 개발 비밀 무기
020　선생님보다 더 좋은 AI 비서 만들기
021　아이디어에서 실행까지, AI와 함께 라면 문제없어!
023　AI를 두려워하지 말자. 시키고 또 시키면 답이 나온다
026　에러가 나도 괜찮아, AI는 절대 포기하지 않으니까

02 출발! 노코드 개발 대모험

029　03. AI 서비스와 친구 되기
029　미션 01: 챗GPT 가입부터 AI 코딩까지
029　미션 02: 또 다른 AI 비서, 클로드와 함께하는 코딩
036　- 클로드(Claude) 소개　036
037　- 클로드와 챗GPT, 두 AI 비서의 실제 사용 경험
042　미션 03: 유료 AI 서비스의 숨겨진 보물 찾기

046　04. AI를 제대로 써먹는 노하우
046　미션 04: 노코드 개발을 위한 완벽한 질문법

049   – 코딩을 위한 특화된 질문법: AI 코딩 비서 100% 활용하기
055   미션 05: AI의 실수, 할루시네이션과 오류 대처법
055   – AI의 할루시네이션(Hallucination) 이해하기

057   05. 노코드 개발, 무엇으로 시작하지?
057   미션 06: 엑셀 매크로 세계로 들어가기
064   미션 07: 코딩계의 만능 도구 파이썬(Python) 맛보기

067   06. 챗GPT를 활용한 개발 환경 만들기
067   미션 08: 챗GPT와 함께 파이썬 설치부터 실행까지
072   미션 09: 개발자의 필수템, VSCode 설치하기

082   07. 이제 나도 당당한 개발자!
082   미션 10: 엑셀로 만드는 초특급 헬로 월드(Hello World)
086   미션 11: 파이썬으로 만드는 100가지 "Hello World"

🟢 03 실전! AI 노코드 개발 미션

095   08. 나만의 파일 정리 프로그램 만들기
095   미션 12: 한방에 끝내는 파일명 바꾸기 (타임스탬프)
100   미션 13: 만 개의 파일을 날짜, 확장자별로 정리하기
106   미션 14: 똑같은 이름의 중복된 파일 자동 삭제하기
112   미션 15: 특정 키워드로 문서 파일 찾아 모으기

118   09. 문서를 자르고 붙이고, 정리하기
118   미션 16: 같은 날짜에 생성된 텍스트 파일 통합하기
118   – 수많은 회의록, 어떻게 정리해야 하나?
123   미션 17: PDF 파일을 특정 용량에 맞춰 쪼개기
128   미션 18: PDF 첫인상 바꾸기: 첫 페이지에 파일 정보 넣기

132   10. 엑셀 매크로로 대용량 데이터 다루기
132   미션 19: 다차원 데이터를 유연한 DB 형식으로 바꾸기
136   미션 20: VBA로 대용량 데이터 정리하기

143 　미션 21: 1,000명의 성적 데이터를 PDF로 변환하기

149　11. 상상 속 게임 세계를 현실로
149 　미션 22: 게임 개발 도전: AI와 함께 만드는 틱택토
155 　미션 23: 목숨을 건, 긴장감 넘치는 행맨 단어 맞추기 게임
160 　미션 24: 내가 만든 게임을 독립 실행(exe)파일로 만들기

166　12. 자동화 도구로 직장에서 1티어 되기
166 　미션 25: 내업무에 맞는 나만의 계산기 만들기
173 　미션 26: 언제든 바로 찾을 수 있는 나만의 검색엔진
178 　미션 27: 1,000명의 성적표를 메일로 자동 발송하기

04　AI 노코드 개발 최고 과정

187　13. 인터넷(웹) 정보를 내 것으로
187 　미션 28: AI 웹 스크래핑: 웹사이트에서 데이터 수집하기
195 　미션 29: AI 웹 스크래핑: 온라인 쇼핑몰 정보 가져오기
195 　- 크롤링 대상 및 HTML 분석하기

204　14. API로 AI를 더 강력하게 만들기
204 　미션 30: OpenAI API로 AI 활용의 문을 열다
212 　미션 31: 대량의 AI 댓글 생성으로 고객 반응 자동화하기

219　15. 당신도 이제 노코드 개발의 달인
219 　나도 이제 AI 개발의 고수! : 무한한 가능성을 향해
221 　개발 중 막힐 때 탈출하는 AI 활용 꿀팁
222 　AI와 함께 미래의 개발자로 성장하기

학습자료

이 책에서 다루는 예제들을 원활하게 학습하기 위해 [**책바세.com**] 웹사이트에 접속하여 해당 도서의 학습자료 파일을 다운로드하여 활용하길 적극 권장한다.

학습자료 받기

학습자료 활용하기 위해 [**❶책바세.com**] 웹사이트에 접속하여 [**❷도서목록**] 메뉴에서 "**해당 도서**"를 찾은 다음, 표지 이미지 하단의 [**❸학습자료받기**] 버튼을 클릭한 후, 열리는 구글 드라이브에서 [**❹다운로드**] ➡ [**❺무시하고 다운로드**]받아 학습에 사용하면 된다.

PART 01

AI 노코드 개발 입문

코딩을 몰라도 개발이 가능하다고?
믿기지 않겠지만, 이제는 AI가 대신 해준다.
1부에서는 참을성 없어도 시작할 수 있는 AI 노코드 개발의 기본 원리를 소개한다.
AI를 비서처럼 부리는 법, 실패해도 다시 시도하는 법, 그리고 실행까지 이어가는 과정을 가볍게 풀어본다.
가장 쉬운 시작, 지금 바로 도전해 보자.

01 할 수 있다! AI 노코드 개발의 세계

💬 지금 이 상황, 혹시 당신 이야기 아닌가요?

● 아이디어는 넘치는데, 어떻게 구현할 줄 모르겠어…

참 할 일이 많은 요즘이다. 회사에서든 집에서든 정리할 것도 많고, 상사에게 보고할 자료도 산더미처럼 쌓여 있다. 그런데도 문득문득 이런 생각이 든다.

"이 업무, 이렇게 자동화하면 훨씬 편할 텐데.", "저 데이터, 이런 식으로 정리하면 분석이 쉬워질 것 같은데."

하지만 이런 아이디어들은 대부분 그저 생각으로만 그친다. 왜 그럴까? 바로 "구현"이라는 높은 벽 때문이다. 더 아이러니한 것은, 나이를 먹고 회사 경력이 쌓일수록 오히려 단순 반복 작업은 늘어난다는 점이다. 보고서 작성, 데이터 정리, 이메일 발송. 이런 단순 작업들이 하루의 대부분을 차지한다.

"이제 좀 더 창의적이고 혁신적인 일에 집중해야 할 때 아닌가?" 하는 생각이 들지만, 현실은 그렇지 못하다.

프로그래밍? 코딩? 들어보기만 했지, 실제로 해본 적은 없다. 매크로(Macro)*? 한 번 써보려다 포기한 기억뿐이다.

> 💡 **매크로(Macro)**
> 반복적인 작업을 자동화하기 위해 일련의 명령어들을 기록하고 실행하는 기능이다. 주로 엑셀과 같은 프로그램에서 사용하여 업무 효율성을 높이는 데 활용된다.

● 개발자에게 의뢰했더니 이상한 걸 만들어줬어…

아이디어가 떠올랐을 때, 우리는 보통 개발자에게 도움을 요청한다. "이런 걸 만들어주면 좋겠어"라고 열심히 설명한다. 하지만 결과물을 받아보면 당혹스럽다. 어라? 이게 뭐지?

"제가 설명한 게 이런 게 아닌데."

"아, 이 기능은 꼭 필요했는데 빠졌네."

"어머, 이건 왜 이렇게 복잡하지?"

우리의 아이디어가 마치 외계어로 번역된 것 같은 느낌이다. 개발자들은 열심히 만들어줬다고 하는데, 왜 이렇게 우리의 의도와는 다른 걸까?

사실 이건 누구의 잘못도 아니다. 우리는 비즈니스 언어로 말하고, 개발자들은 기술 언어로 이해한다. 이 과정에서 불가피하게 오해가 생기고, 의도가 왜곡된다. 마치 고요속의 외침 게임처럼 말이다.

● **다들 '코딩'이 중요하다고 하는데, 내가 할수 있을까?**

"4차 산업혁명 시대에는 코딩이 필수다!"

"우리 아이 코딩 학원 보내야 하나?"

"문과생도 코딩을 해야 살아남는다던데…"

요즘 들어 코딩에 대한 이야기를 정말 많이 듣는다. 코딩이 미래의 필수 스킬이 될 거라고들 한다. 맞다. 코딩은 분명 중요하다. 하지만 문제는 '어떻게' 배우냐는 것이다.

프로그래밍 책을 펴봤더니 영어로 된 키워드에, 무슨 소리인지 모를 개념들이 가득하다. 온라인 강의를 들어봤지만 첫 수업부터 난관에 봉착한다. "For 루프'가 뭐야? 'If 문'은 또 뭐고?" 이런 용어들을 들으면 뇌가 얼어붙는 것만 같다.

게다가 바쁜 일상 속에서 코딩을 배울 시간을 내기란 하늘의 별 따기다. 퇴근하고 집에 오면 이미 녹초가 되어 있는데, 또 머리 아픈 공부를 해야 한다니…

코딩을 하나도 모르는데 개발이 된다고? 진짜?

"잠깐만, 나는 'Hello World' 출력하는 것도 못하는데?"

걱정하지 마시라. 곧 세상에서 가장 참을성 있는 '개발 비서'를 만나게 될 것이다.

그것은 바로 AI다. AI는 무엇을 시키든 "알겠습니다"라고 하고 답을 해 줄 것이다. AI를 통해 질문과 답을 주고받다 보면 어느새 프로그램이 만들어진다.

AI 노코드 개발은 우리의 언어(한글)로 소통한다. 복잡한 프로그래밍 언어 대신, 평소에 쓰는 말로 아이디어를 설명하면 된다. AI가 그것을 이해하고 실제 코드로 바꿔준다.

예를 들어, "엑셀 파일에서 특정 열의 데이터를 추출해서 새로운 파일로 만들어줘"라고 말하면, AI는 이해하고 필요한 코드를 생성한다. 우리는 그저 결과를 확인하고 수정 사항을 요청하면 된다.

일상적인 고민으로 시작해도 된다. "사진 찍고 폴더 정리하는 게 너무 귀찮아, 뭔가 자동화할 수 있는 게 없을까?" 이런 질문으로 시작해 AI와 대화하며 해결책을 찾아갈 수 있다.

개발 환경 구축과 에러 해결까지도 AI에게 물어볼 수 있다. 이는 종종 코딩 자체보다 더 어려운 부분이다.

AI와 대화를 나누다 보면 실생활에서 우리가 얼마나 질문을 가려서 했는지 깨닫게 된다. AI는 어떤 수준이나 단계의 질문에도 답을 준다. 그래서 아무것도 모르는 상태에서도 개발을 시작할 수 있다.

이제는 개발 지식보다 실제 업무 프로세스를 잘 아는 사람이 더 좋은 개발 결과물을 낼 수 있다. 이를 통해 전문 개발자 못지않은 프로그램을 만드는 AI 노코드 개발자가 될 수 있다.

이런 방식으로 우리는 복잡한 프로그래밍 지식 없이도 개발을 할 수 있다. 그렇다면, 이 AI 노코드 개발이 왜 하필 참을성 없는 당신에게 필요한 걸까? 당신의 빠른 사고와 즉각적인 결과를 원하는 성향에 어떻게 부합하는지, 그 이유를 자세히 살펴보자.

참을성 없는 당신이 AI 노코드 개발이 가능한 3가지 이유

● 첫 번째: 빠른 결과, 빠른 만족!

AI 노코드 개발은 참을성 없는 당신에게 딱이다. 누군가에게 내 생각을 설명하고, 그것을 기다리고, 결과물이 제대로 동작하는지 확인하는 지난한 과정은 이제 끝났다. 내 아이디어는 내가 제일 잘 알고, 어떤 결과물이 나오면 좋을지도 사실 내가 가장 잘 안다.

AI 노코드 개발은 이런 당신을 위한 것이다. AI에게 아이디어를 말하자마자 바로 결과물을 볼 수 있기 때문이다. 복잡한 개발 과정을 기다릴 필요도 없다. AI는 즉각적으로 반응하고, 우리의 아이디어를 실시간으로 구현한다. 이는 빠른 피드백과 수정을 가능하게 하여, 프로젝트의 진행 속도를 크게 높여준다.

● 두 번째: 전문 용어 없이 당신의 언어로 즉각 소통

개발자와 소통하기 위해 기술 용어를 공부해야 한다고? 개발 프로세스를 이해하기 위해 시간을 투자해야 한다고? 그럴 시간 없다. 당신은 이미 충분히 바쁘다. AI 노코드 개발은 이런 당신을 위한 것이다.

AI는 당신의 비즈니스 언어를 그대로 이해하기 때문에, 복잡한 기술 용어를 배울 필요가 없다. 당신이 평소에 쓰는 말로 설명하면 된다. "고객 데이터를 분석해서 구매 패턴을 찾아줘"라고 말하면, AI는 즉시 이해하고 실행한다.

개발자와 끝없는 회의를 할 필요도 없다. AI는 24시간 대기 중이며, 당신의 설명을 즉시 이해한다. 더 이상 "이게 아니에요, 다시 해주세요"라는 말을 반복할 필요가 없다. AI는 당신의 의도를 정확히 파악하고, 필요하다면 추가 질문을 통해 세부 사항을 명확히 한다.

당신의 시간은 소중하다. 이제 그 시간을 개발 전문가와의 소통 방법을 익히는 데 쓰지 말고, 당신의 비즈니스를 성장시키는 데 투자하라!

AI 노코드 개발과 함께라면, 당신의 아이디어는 더 이상 전문 용어의 장벽에 갇히지 않을 것이다.

● 세 번째: 당신만의 순서로 개발의 모든 단계를 자유롭게

개발을 위해 기초부터 고급까지 단계별로 배워야 한다고? 그런 기존의 학습 방식은 이제 불필요하다. AI 노코드 개발에서는 당신이 원하는 대로 시작할 수 있다.

고급 기능인 API(Application Programming Interface)* 연동을 먼저 개발해 달라고 해도 된다. 그 다음에 가장 기초적인 '변수'가 무엇인지 물어봐도 상관없다. 'for 문'이나 'if 문' 같은 기본 개념을 나중에 이해해도 전혀 문제되지 않는다.

당신은 이미 자신의 업무와 일에 대한 전문가다. 그냥 평소에 일하던 순서대로 AI에게 말하면 된다. AI는 당신의 설명을 그대로 개발로 옮겨준다.

복잡한 프로그래밍 개념을 배울 필요가 없다. 당신의 아이디어를 있는 그대로 말하면 AI가 나머지를 처리해 주기 때문이다. 이는 개발의 진입 장벽을 크게 낮춰, 프로그래밍 지식이 없는 사람들도 자신의 아이디어를 쉽게 구현할 수 있게 한다.

참을성 없는 당신이 AI 노코드 개발을 해야 하는 세 가지 이유를 살펴보았다. 빠른 결과와 만족, 전문 용어 없는 즉각적 소통, 그리고 자유로운 개발 순서. 이 모든 것이 바로 참을성 없는 당신에게 AI 노코드 개발이 필요한 이유다.

AI 노코드 개발은 우리의 창의력을 해방시킨다. 이제 기술적인 제약에 묶이지 않고, 우리의 아이디어를 마음껏 펼칠 수 있다. 단순 반복 작업에서 벗어나 진정으로 가치 있는 일에 집중할 수 있게 된다.

특히, 참을성 없는 당신에게 AI 노코드 개발은 완벽한 해답이다. 복잡한 학습 과정을 참을성 있게 기다릴 필요가 없다. 바로 시작하고, 바로 결과를 볼 수 있다. 당신의 빠른 사고 속도를 따라잡지 못해 답답했던 개발 과정이 이제는 당신의 페이스에 맞춰진다.

자, 이제 준비됐는가? AI 노코드 개발의 세계로 함께 떠나보자. 우리의 아이디어가 현실이 되는 신기한 경험을 시작해 보자. 참을성 없는 당신의 창의력이 마음껏 펼쳐지는 새로운 세계가 기다리고 있다.

API(Application Programming Interface)
서로 다른 프로그램들이 소통할 수 있게 해주는 약속이나 규칙들의 집합이다. 예를 들어, 날씨 앱이 기상청의 데이터를 가져올 때 API를 사용한다.

02 내 뜻대로 움직이는 AI 노코드 개발 비밀 무기

선생님보다 더 좋은 AI 비서 만들기

AI에게 일을 잘 시키는 것이 중요한 세상이 되었다. 특히, 노코드 개발에서는 AI를 어떻게 활용하느냐에 따라 결과가 크게 달라진다. 그렇다면 AI를 제대로 부리는 방법은 무엇일까?

먼저, AI와의 대화는 검색 엔진을 사용하는 것과는 다르다는 점을 이해해야 한다. 한 번에 모든 것을 물어보려 하지 마라. 대신, 사람과 대화하듯 차근차근 접근하는 것이 핵심이다.

예를 들어, 당신이 고객 관리 프로그램을 만들고 싶다고 가정하여 AI에게 다음과 같이 접근해 보자.

1. "고객 관리 프로그램을 만들고 싶어. 어떤 기능들이 필요할까?"

2. AI의 제안을 듣고 나서, "그중에서 고객 정보 입력과 검색 기능을 먼저 만들고 싶어. 어떤 프로그래밍 언어나 도구를 사용하는 게 좋을까?"

3. AI의 추천을 받았다면, "그럼 파이썬(Python)으로 간단한 고객 정보 입력 기능의 코드를 만들어줄 수 있어?"

4. 코드를 받은 후, "이 코드를 어떻게 실행해볼 수 있을까?"

5. 실행 중 에러가 발생했다면, "이런 에러가 났어. 왜 그런 거야?"

6. 문제를 해결한 후, "이제 검색 기능도 추가하고 싶어. 어떻게 하면 될까?"

위와 같은 방법으로 대화를 이어가면, AI는 당신의 상황과 요구 사항을 정확히 이해하고 맞춤형 해결책을 제시할 수 있다.

AI는 선생님보다 더 좋은 비서다. 질문의 수준이나 횟수에 상관없이 끈기 있게 대답해 주며, 당신의 이해도에 맞춰 설명을 조절한다. 또한, 최신 정보와 다양한 접근 방식을 제시할 수 있어 학습 효과도 뛰어나다.

AI를 잘 부리는 비결은 대화하듯 자연스럽게, 그리고 단계적으로 접근하는 것이다. 이렇게 하면 복잡한 개발 과제도 쉽게 해결할 수 있다. 이러한 접근 방식은 단순한 대화를 넘어, 실제 아이디어를 구체화하고 실현하는 데까지 이어질 수 있다.

아이디어에서 실행까지, AI와 함께 라면 문제없어!

아이디어가 없어 고민하는 경우가 많다. 하지만 AI를 활용하면 이 문제를 해결할 수 있다. AI는 아이디어 생성부터 실행까지 전 과정에서 강력한 도구가 된다.

● 아이디어 생성: AI와의 브레인스토밍

회사에서 업무 효율성을 높이고 싶지만, 구체적인 아이디어가 없다고 가정해 보자. AI에게 다음과 같이 접근할 수 있다.

1. "우리 회사의 업무 효율성을 높이고 싶어. 어떤 방법들이 있을까?"

2. AI가 여러 아이디어를 제안하면, 그 중 흥미로운 것을 골라 더 자세히 묻는다. "자동화 툴을 만드는 게 좋아 보이네. 어떤 종류의 자동화 툴이 가장 효과적일까?"

3. "그중에서 문서 관리 자동화 시스템이 좋아 보여. 이런 시스템을 만들려면 어떤 단계를 거쳐야 할까?"

이렇게 AI와 대화를 나누다 보면, 처음에는 막연했던 생각이 점점 구체화되고 실현 가능한 아이디어로 발전한다.

● 아이디어 구체화: AI의 조언 활용

아이디어가 정해졌다면, 이제 그것을 구체화할 차례다. AI에게 다음과 같이 물어볼 수 있다.

1. "문서 관리 자동화 시스템의 핵심 기능은 뭐가 있을까?"

2. "이 시스템을 구현하는 데 어떤 기술이 필요할까?"

3. "비슷한 시스템의 성공 사례가 있을까? 어떤 점이 좋았대?"

그러면 AI는 사용자가 미처 생각하지 못한 부분까지 조언해 준다. 이를 통해 아이디어를 더욱 견고하게 만들 수 있다.

● 실행 계획 수립: AI의 가이드

이제 실행 계획을 세울 차례이다. AI에게 다음과 같이 물어볼 수 있다.

1. "이 시스템을 개발하려면 어떤 단계를 거쳐야 할까?"

2. "각 단계별로 예상되는 어려움은 뭐가 있을까?"

3. "이 프로젝트의 예상 소요 시간과 필요한 리소스는?"

AI의 답변을 바탕으로 실제 실행 가능한 프로젝트 계획을 세울 수 있다.

이렇듯 AI를 활용하면 아이디어 생성부터 실행 계획 수립까지, 모든 과정을 훨씬 수월하게 진행할 수 있다.

막연한 생각을 구체적이고 실현 가능한 프로젝트로 발전시키는 과정에서 AI는 강력한 파트너가 된다. 이러한 협업은 더 효율적이고 창의적인 개발 프로세스로 이어질 수 있다.

🤖 AI를 두려워하지 말자. 시키고 또 시키면 답이 나온다

"기획자 대공감 짤"이라는 이름으로 SNS에서 유행하는 이미지가 있다.

이 이미지는 AI와 소통할 때의 핵심을 정확히 짚어내고 있다. AI는 항상 "네, 물론이죠"라고 대답한다. 그리고 이게 바로 우리가 AI와 소통할 때 가장 중요한 포인트이다.

이 "네, 물론이죠"라는 대답은 단순한 긍정이 아니고, AI가 우리의 모든 질문과 요청에 열려 있다는 것을 의미한다.

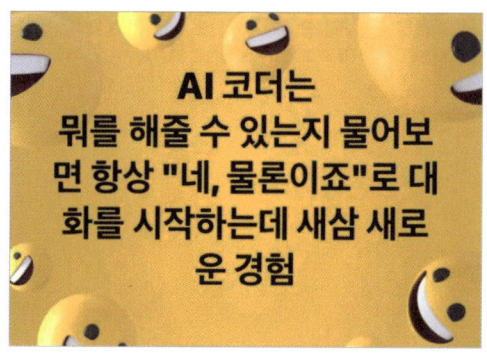

· "기획자 대공감" SNS 유행 이미지 ·

AI를 처음 사용할 때는 인간과 대화하듯 '배려'를 하게 된다. 질문을 가리거나, 바보 같은 질문은 하지 않으려 하고, 때로는 중간에 질문을 그만두기도 한다.

왜 그럴까? 아마도 인간관계에서 형성된 소통 방식을 그대로 AI에게 적용하기 때문일 것이다.

우리는 보통 다른 사람에게 질문할 때 그 사람의 시간이나 감정을 고려하지만, AI에게는 이런 고려가 필요 없다.

AI는 다르다. AI에게는 우리가 생각하는 것보다 훨씬 자유롭게 질문할 수 있다. 짧게 질문해도 되고, 심지어 "바보 같은" 초보적인 질문을 해도 괜찮다.

이해가 안 가는 부분이 있다면 계속해서 물어볼 수 있으며, "왜 그렇게 대답했어?"라고 직접적으로 물어봐도 된다.

더 나아가 "아니야, 내가 원하는 건 그게 아니야"라고 딱 잘라 말해도 전혀 문제가 없다. 이렇게 하면 어떤 일이 벌어질까? AI는 끈기 있게 계속 대답한다. 그리고 이 과정을 통해 우리는 더 빠르고 정확하게 원하는 답을 얻을 수 있다.

AI는 지치지 않고, 판단하지 않으며, 감정이 없기 때문에 우리가 얼마나 많은 질문을 하든, 어떤 방식으로 물어보든 상관없이 최선을 다해 답변을 제공한다.

이런 AI의 특성을 잘 활용하면, 우리는 복잡한 문제도 단계적으로 해결할 수 있다.

이제 실제로 AI와 대화하는 과정을 통해 어떻게 복잡한 주제를 이해해 나갈 수 있는지 "웹 스크래핑"을 주제로 한 다음의 대화를 예로 들어보자. (자세한 AI 사용법은 다음 장에서 다룰 것임)

AI에게 던질 질문

> 웹스크래핑이 뭐야?

질문에 대한 AI의 답변

> 웹 스크래핑(Web Scraping)은 웹사이트에서 원하는 정보를 자동으로 추출하는 기술입니다. 웹 페이지의 HTML 코드에서 필요한 데이터를 가져와서, 이를 구조화된 형식으로 저장하는 과정을 의미합니다. 이를 통해 대량의 데이터를 효율적으로 수집하고 분석할 수 있습니다.

AI의 답변(설명)이 너무 어려워 이해하기 힘들었다. 그래서 다음과 같이 더 기본적인 것부터 물어보기로 하자.

> 잠깐 너무 어려워 이걸 왜 하는거지?

> 웹 스크래핑은 웹사이트에 있는 정보를 수동으로 하나씩 복사하지 않고, 자동으로 데이터를 모으기 위해 하는 것입니다. 예를 들어, 가격 비교 사이트에서 여러 쇼핑몰의 상품 가격을 자동으로 모아 보여주거나, 뉴스 사이트에서 최신 기사들을 수집하는 데 사용됩니다. 즉, 원하는 정보를 쉽게 모아서 빠르게 처리하기 위해 사용하는 방법입니다.

웹 스크래핑의 개념과 용도를 이해했기 때문에, 이제 실제 방법에 대해 알고 싶어 다음과 같은 질문을 던졌다.

> 가장 쉽게 하는 방법이 뭐야?

> 가장 쉽게 웹 스크래핑을 시작하는 방법은 파이썬(Python)을 사용하는 것입니다. 파이썬의 `BeautifulSoup`과 `requests` 같은 라이브러리를 활용하면 기본적인 웹 스크래핑을 쉽게 할 수 있습니다. 방법은 간단합니다:
> 1. `requests`로 웹 페이지 HTML 코드를 가져옵니다.
> 2. `BeautifulSoup`으로 HTML 코드를 분석해 원하는 데이터를 추출합니다.

AI는 이전 질문의 맥락을 기억하여 웹 스크래핑를 시작하는 방법과 함께 다음과 같이 예시 코드까지 작성해 주었다.

예시 코드:

```python
import requests
from bs4 import BeautifulSoup

# 1. 웹 페이지 가져오기
url = 'https://example.com'
response = requests.get(url)

# 2. HTML 분석
soup = BeautifulSoup(response.text, 'html.parser')

# 3. 원하는 데이터 추출 (예: 모든 제목 가져오기)
titles = soup.find_all('h1')
for title in titles:
    print(title.get_text())
```

이 코드로 특정 웹 페이지의 제목을 자동으로 가져올 수 있습니다. 아주 간단하고 많이 사용하는 방식입니다.

예시 코드까지 얻으니, 이번엔 라이브러리가 무엇인지 궁금하여 다음과 같이 라이브러리에 대한 질문을 해보았다.

> 라이브러리가 뭐지?

라이브러리는 프로그래밍할 때 자주 사용하는 함수나 코드들을 모아 놓은 일종의 도구 상자라고 생각하시면 됩니다. 이를 통해 개발자는 매번 같은 코드를 새로 짤 필요 없이, 필요한 기능을 불러와서 바로 사용할 수 있게 해줍니다.

예를 들어, 파이썬에서 `BeautifulSoup`은 HTML을 쉽게 다룰 수 있게 해주는 라이브러리입니다. 이처럼 라이브러리는 개발의 효율성을 높이고, 복잡한 작업을 쉽게 처리할 수 있도록 도와줍니다.

AI의 설명 덕분에 매우 짧은 시간 동안 파이썬(Python)의 라이브러리까지 알 수 있었다.

이렇게 계속 물어보면 결국 원하는 답을 얻을 수 있다. 처음에는 복잡해 보이던 주제도, 단계적으로 질문하면서 점점 이해할 수 있게 된다. 이 과정에서 단순히 답을 얻는 것뿐만 아니라, 문제를 해결하는 방법도 배우게 된다.

AI와의 이런 소통 방식은 실제 개발 과정에서 큰 도움이 된다. 복잡한 알고리즘을 이해하거나, 새로운 프로그래밍 언어를 배울 때, 또는 버그를 해결할 때 등 다양한 상황에서 AI에게 끊임없이 질문하며 문제를 해결할 수 있다.

AI에게는 어떤 질문도 바보 같은 질문이 아니다. 오히려 계속 물어보는 것이 가장 효과적인 방법이다. 시키고 또 시키면 원하는 답을 얻을 수 있다.

AI는 개인 교사이자, 24시간 대기 중인 개발 파트너다. 이러한 AI와의 끊임없는 대화는 복잡한 개발 과제를 해결하는 데 큰 도움이 되며, 예상치 못한 문제 상황에서도 유용하게 활용될 수 있다.

에러가 나도 괜찮아, AI는 절대 포기하지 않으니까

개발 과정에서 가장 어려운 문제 중 하나는 에러 해결이다. AI 노코드 개발은 이 난관을 쉽게 극복할 수 있게 해준다.

실제 개발에서 디버깅(Debugging)*은 고난도 작업이다. 코드를 잘 작성했다 해도 오류를 찾는 것은 쉽지 않고, 많은 시간이 소요된다. 더욱이 직접 만든 코드의 문제를 질문할 곳이 거의 없는 것이 현실이다. 각자의 컴퓨터 환경이 다르고, 미리 설치된 컴포넌트나 프로그램이 다르기 때문에 에러가 발생하는 것은 당연하지만, 그 해결 과정은 여전히 어렵다.

그러나 AI는 이 문제를 효과적으로 해결한다. 에러 메시지를 그대로 복붙(복사해서 붙여넣기)만 해도, AI는 어떤 문제가 있었는지, 어떻게 해결해야 할지 상세히 설명해 주고 수정된 결과를 제시한다.

이는 AI 노코드 개발의 가장 큰 강점 중 하나다. 기존 개발에서 가장 난이도가 높고 시간이 많이 걸리는 부분을 해결해주기 때문이다. 이를 통해 개발자는 시간을 절약하고, 쉽게 문제점을 해결해 나가며, 동시에 많은 것을 학습할 수 있게 된다.

AI의 또 다른 장점은 끈질김이다. 아무리 어려운 문제라도 계속해서 질문하고 대화를 나누다 보면 결국 해결책을 찾아낸다. 이는 마치 24시간 대기 중인 숙련된 개발자와 함께 일하는 것과 같은 효과를 준다.

아무리 복잡한 것이라도 다음과 같은 방법으로 AI와 대화하며 에러를 해결할 수 있다.

1. 에러 메시지를 AI에게 제시한다.

2. AI가 제안한 해결책을 시도해 본다.

3. 여전히 문제가 있다면, 새로운 에러 메시지나 상황을 AI에게 설명한다.

4. AI의 새로운 제안을 따라 다시 시도한다.

5. 이 과정을 문제가 해결될 때까지 반복한다.

이러한 과정을 통해 단순히 문제를 해결하는 것을 넘어, 문제의 원인과 해결 방법에 대한 깊은 이해를 얻을 수 있다. 이는 장기적으로 개발 실력 향상에도 큰 도움이 된다.

AI 노코드 개발을 활용하면, 에러는 더 이상 두려운 대상이 아니라 오히려 학습과 성장의 기회가 된다. AI에게 끈질기게 질문하고 대화를 나누다 보면, 어떤 문제도 결국 해결의 실마리를 찾을 수 있다.

이러한 경험은 개발 능력을 한 단계 높이는 동시에, AI와의 협업을 통해 더 복잡하고 혁신적인 프로젝트에 도전할 수 있는 자신감을 준다.

> **디버깅(Debugging)**
> 컴퓨터 프로그램에서 발생한 버그(Bug) 또는 오류(Error)를 찾아내고 수정하는 과정이다.

PART 02

출발! 노코드 개발 대모험

이제 본격적인 실전이다!

2부에서는 AI와 친해지고, 노코드 개발을 직접 따라 해보는 실습 중심의 여정이 펼쳐진다.

챗GPT, 클로드 같은 AI 조력자들과 손잡고, 질문하는 법부터 오류 대처, 개발 환경 세팅, 간단한 결과물 만들기까지 단계별로 체험해볼 수 있다.

엑셀 매크로, 파이썬, VSCode 같은 도구도 부담 없이 맛보며, 나만의 첫 "Hello World"를 만들어보는 즐거움도 경험할 수 있다.

AI와 함께라면, 당신도 곧 개발자다. 지금, 개발의 세계로 첫걸음을 내디뎌보자.

03 AI 서비스와 친구 되기

미션 01: 챗GPT 가입부터 AI 코딩까지

● 챗GPT 기본 개념

챗GPT(ChatGPT)는 OpenAI가 개발한 최첨단 대화형 AI 언어 모델이다. 이 모델은 자연어 처리(NLP, Natural Language Processing)*기술을 기반으로 하며, 인간과 거의 유사한 수준의 대화와 텍스트 생성 능력을 보여준다.

챗GPT의 핵심은 방대한 데이터를 학습하여 컨텍스트를 이해하고 적절한 응답을 생성하는 데 있다. 주요 기능은 다음과 같다.

1. **고급 자연어 이해 및 생성** 복잡한 질문을 이해하고 명확하고 관련성 높은 응답을 제공한다.

2. **다양한 도메인 지식** 과학, 기술, 인문학 등 광범위한 주제에 대한 정보를 제공한다.

3. **코드 생성 및 디버깅** 다양한 프로그래밍 언어 코드를 작성하고 오류를 식별하여 수정한다.

4. **창의적 콘텐츠 생성** 에세이, 스토리, 시나리오 등의 창작물을 생성할 수 있다.

5. **데이터 분석 및 요약** 복잡한 정보를 분석하고 핵심을 추출하여 요약한다.

> 💡 **자연어 처리(NLP, Natural Language Processing)**
> 컴퓨터가 인간의 언어를 이해하고 처리할 수 있게 하는 기술로, 번역 앱이나 음성 비서 같은 서비스에 사용된다.

위와 같은 기능들로 인해 챗GPT는 비즈니스 분석, 소프트웨어 개발, 콘텐츠 제작 등 다양한 분야에서 활용되고 있다.

● OpenAI o3 및 GPT-4.1 시리즈: 챗GPT의 진화

2025년 4월 16일, OpenAI는 인공지능의 추론 능력을 한층 강화한 'OpenAI o3' 시리즈를 발표하였다. 이 시리즈는 다음 두 가지 주요 모델로 구성되어 있다.

1. o3 복잡한 문제 해결과 고급 추론에 특화된 모델로, 과학, 수학, 코딩 등에서 탁월한 성능을 발휘한다. 예를 들어, 국제 수학 올림피아드 예선 시험에서 83%의 정확도를 기록하였으며, 이는 이전 모델인 GPT-4o의 13%에 비해 크게 향상된 수치이다.

2. o4-미니(Mini) 개발자와 STEM 분야 사용자들을 위해 최적화된 경량화 모델로, o3 대비 80% 저렴한 비용과 빠른 응답 속도를 제공한다. 특히 수학 및 코딩 작업에서 높은 효율성을 보인다.

또한, 2025년 4월 14일에는 다음과 같은 GPT-4.1 시리즈가 출시되었다.

1. GPT-4.1 고급 코딩 작업과 정밀한 지시 사항 이행에 특화된 모델로, 최대 100만 토큰의 컨텍스트를 처리할 수 있다. SWE-bench Verified에서 54.6%의 정확도를 기록하며 GPT-4o 대비 21.4% 향상된 성능을 보였다.

2. GPT-4.1 mini 경량화된 모델로, GPT-4o mini를 대체하며 빠른 응답 속도와 높은 효율성을 제공한다. 지시 사항 이행 및 코딩 작업에서 뛰어난 성능을 보인다.

3. GPT-4.1 nano 가장 경량화된 모델로, 낮은 지연 시간과 비용으로 기본적인 분류 및 자동 완성 작업에 적합하다. MMLU에서 80.1%의 정확도를 기록하였다.

이러한 모델들은 기존 모델 대비 여러 측면에서 진전을 이루었다. 특히, 문제를 논리적 단계로 분해하여 해결하는 'chain-of-thought' 추론 능력이 강화되어, 대학원 수준의 과학 및 수학 문제를 효과적으로 해결할 수 있다.

● 챗GPT 가입하기: 계정 만들기

챗GPT는 노코딩 개발에 대표적으로 사용되는 AI이다. 이제 챗GPT를 사용하기 위해, 인터넷 웹 브라우저(크롬 브라우저 권장)를 통해 챗GPT의 공식 웹사이트(chat.openai.com)로 들어간다.

OpenAI 홈페이지의 메인 화면이 열리면, 페이지 중앙에 챗GPT의 주요 기능을 소개하는 텍스트 아래에 있는 [Start now] 버튼을 클릭한다. (메인 화면의 모습은 업데이트에 의해 달라질 수 있음)

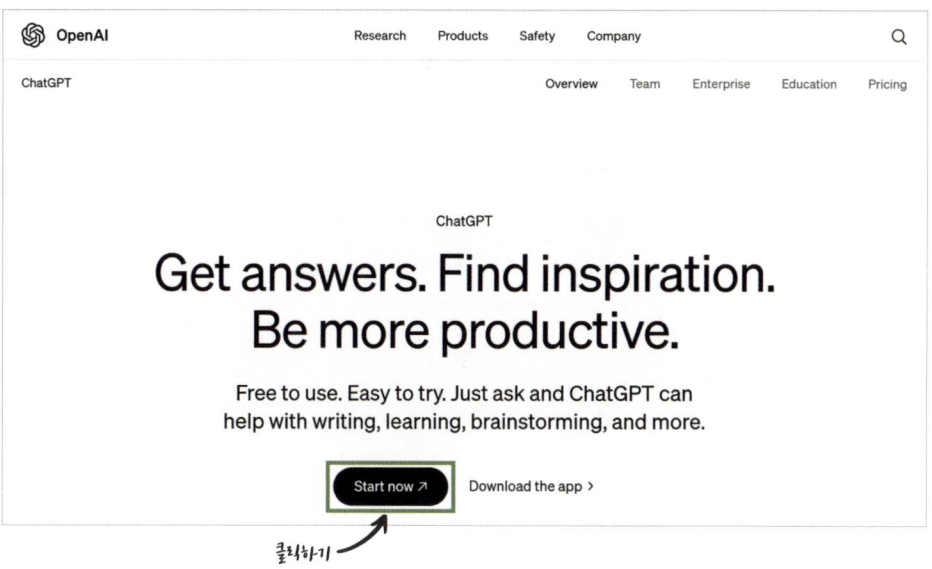

챗GPT의 메인 화면이 나타나면, 웹브라우저 언어 설정에 따라 언어가 한국어로 자동 표시된다. 화면 우측 상단에 [회원 가입] 버튼을 클릭한다.

'회원 가입' 페이지로 이동하며, 이 페이지에서는 이메일 주소로 가입하거나 구글, 마이크로소프트, 애플 계정으로 가입할 수 있다. 여기에서는 이메일 주소로 가입을 해보자.

챗GPT에 사용할 [❶이메일 주소(자신이 사용하는 네이버, 다음, G메일 등)]를 입력하고 [❷계속] 버튼을 누른다.

이후 사용할 '비밀번호'를 입력하면 되며, '이메일을 검증하세요'라는 페이지와 함께, 챗GPT는 방금 입력한 이메일 주소로 검증 메일을 보낸다.

이메일 주소와 비밀번호를 입력하면, 입력한 이메일 주소로 본인 인증을 위한 '인증번호'가 발송된다. 이후 자신의 메일함을 열어 메일에 포함된 [❶인증번호]를 입력하고, [❷계속]을 클릭한다.

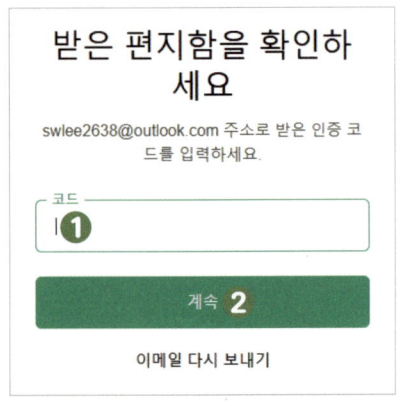

이메일 인증 후, 챗GPT 메인 화면에서 로그인하면 사용자 정보 입력창이 나타난다. 여기서 사용자 [❶이름]과 [❷생년월일]을 입력한 후, [❸계속] 버튼을 누른다.

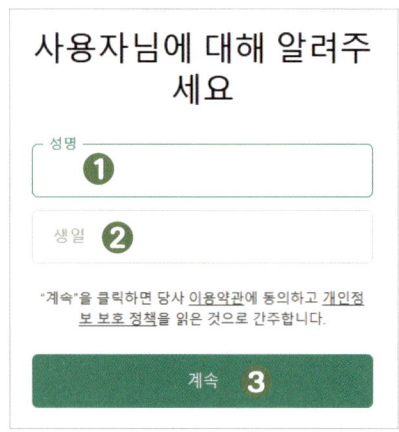

사용자 정보 입력을 마치면, 회원 가입이 모두 끝나고, 다음과 같이 챗GPT를 사용할 수 있는 화면이 열린다.

· 챗GPT 메인 화면 (PC 기준) ·

● 챗GPT 사용법과 주요 메뉴 살펴보기

우리는 참을성이 없는 사람들이니 바로 중앙에 있는 채팅창에 글을 써보자. "나는 노참을성이라고 해, 앞으로 네가 나의 AI 코딩 비서로 일하게 될 테니 잘 부탁해."라고 먼저 [❶입력]한 후, [❷보내기] 버튼을 누른다.

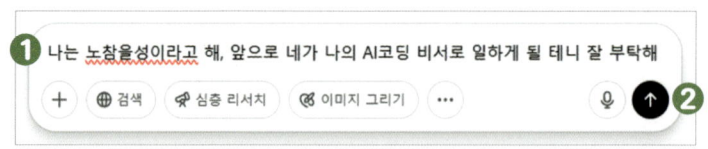

그러면 챗GPT은 해당 질문에 대한 답변을 서슴없이 해준다. 이렇듯 너무도 쉽게 원하는 질문을 하면 바로 답을 주는 것이 바로 챗GPT의 방식이다.

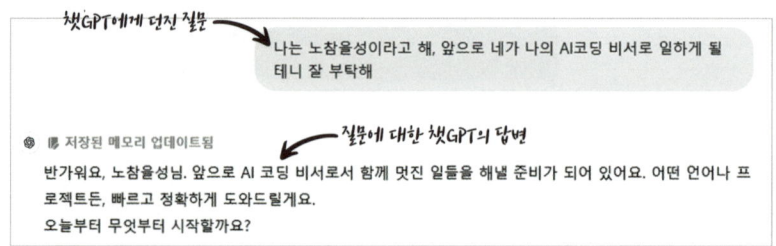

◆ 챗GPT 기본 화면 구성

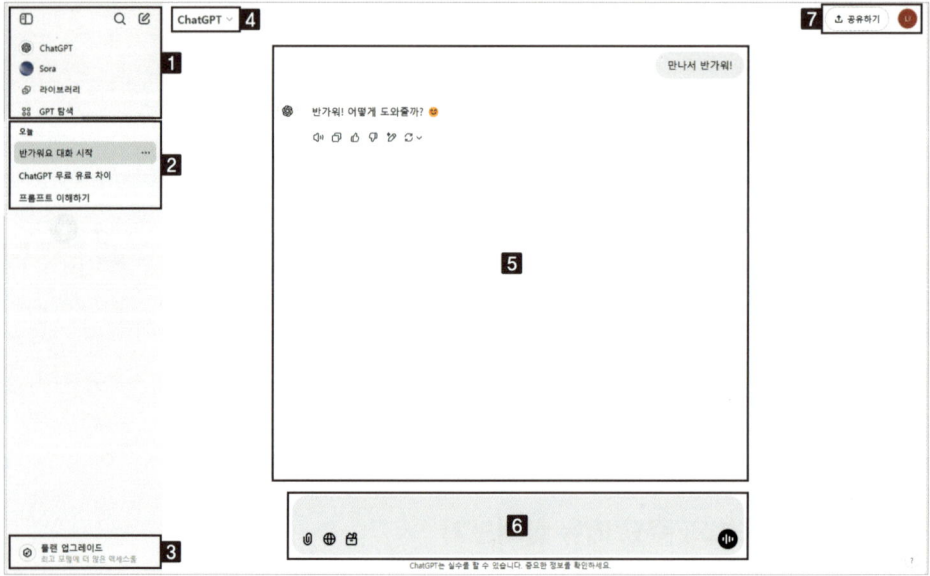

1 사이드바의 상단 메뉴로서 사이드바 닫기, 새 채팅창 만들기, GPT 검색 및 생성 등의 메뉴를 제공하며, 동영상 생성을 위한 소라(Sora)를 사용할 수 있다.

2 사이드바의 중간 메뉴로서 생성된 채팅방 목록, 생성된 채팅방의 관리 등을 위한 메뉴를 제공한다.

3 사이드바의 하단 메뉴로서 유료 회원으로 전환할 수 있는 메뉴를 제공한다.

4 유료 또는 무료 요금제에 따라 다르게 제공되는 GPT 버전 선택을 위한 옵션을 제공한다.

5 챗GPT와 사용자 간의 대화를 보여주는 부분이다.

6 프롬프트 입력창으로서 챗GPT의 응답을 유도하기 위해 사용자가 질문을 입력하는 부분이다.

7 사용자 메뉴로서 개인별로 맞춤 옵션을 설정하는데 필요한 메뉴를 제공한다.

◆ **챗GPT 코드창의 구성**

여기에서는 AI를 코딩 비서로 활용할 것이므로 챗GPT가 제공하는 코드 창에 대해 알아보자.

챗GPT는 코드를 보여줄 때 구조를 색으로 표현하여 이해하기 쉽게 만들고, 코드의 복사와 저장을 쉽게 할 수 있는 기능을 제공한다.

챗GPT 질문 입력 창에 "Python으로 3+5를 계산하는 간단한 코드를 만들어줘."라고 요청해 보자. 그러면 다음과 같은 코드 창이 나타난다. 앞으로 AI 노코드 개발을 하면서 이 코드창을 자주 만나게 될 것이다.

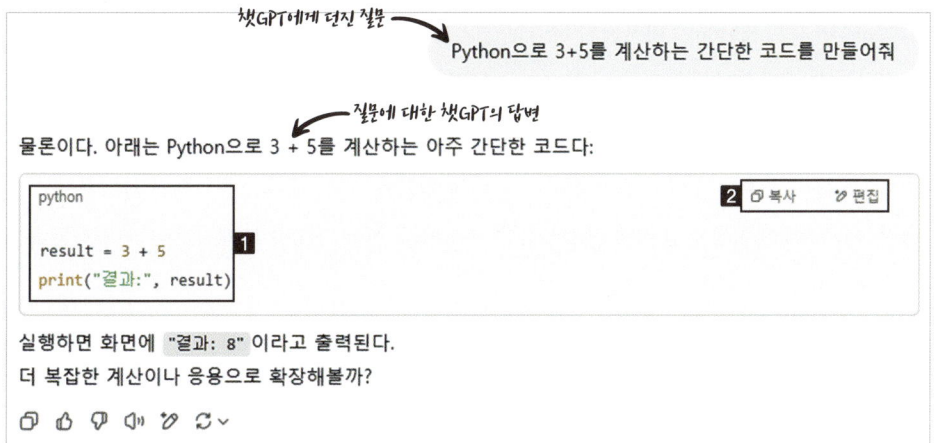

1 코드 창 상단에 현재 코드가 어떤 프로그래밍 언어로 작성되었는지 표시된다.

2 복사는 코드만 클립보드에 저장되므로, 다른 에디터에 쉽게 붙여넣기 할 수 있으며, 편집은 코드를 새롭게 편집(수정)할 때 사용된다.

챗GPT의 가입과 메뉴 구성, 사용 방법에 대해 간단하게 알아보았다.

살펴본 것처럼 사용법이 아주 쉽게 때문에 이제는 아무거나 물어보고, 답도 들어보고, 또 다른 답변도 요청해보고, 어려운 질문, 쉬운 질문, 새로운 주제들을 다양하게 시도해보면서 사용법을 익숙하게 만들 수 있을 것이다.

채팅이라는 쉬운 인터페이스를 사용하기에 빠르게 익숙해질 수 있기 때문에, 챗GPT와의 대화를 통해 효율적으로 작업할 수 있는 방법을 계속해서 탐구해 보자.

미션 02: 또 다른 AI 비서, 클로드와 함께하는 코딩

● 클로드(Claude) 소개

클로드는 Anthropic이라는 AI 연구 기업이 개발한 대화형 AI 언어 모델이다. 2022년 처음 공개된 이후 지속적인 발전을 거듭해 왔으며, 현재는 Claude 4시리즈의 최신 버전인 Claude Sonnet 4가 사용되고 있다.

클로드는 마치 다재다능한 비서처럼 다양한 능력을 갖추고 있다. 방대한 양의 정보를 처리할 수 있어 긴 문서나 복잡한 대화를 쉽게 이해하고 요약한다. 또한, 이미지도 '읽을' 수 있어, 사진이나 도표의 내용을 해석하고 설명할 수 있다.

정확성과 논리적 추론 능력이 뛰어나 복잡한 문제 해결에 도움을 준다. 윤리적인 면에서도 신중한 접근을 하여 개인정보 보호와 공정성을 중요시한다. 프로그래밍 분야에서도 뛰어난 능력을 보여 코드 작성과 디버깅을 지원한다.

클로드는 문서 요약, 번역, 데이터 분석, 창의적 글쓰기 등 다양한 분야에서 활용될 수 있다. 개인 사용자부터 대기업까지 폭넓게 사용할 수 있도록 설계되어, 일상 업무부터 전문적인 작업까지 다양한 지원이 가능하다.

이러한 다재다능함으로 우리의 일과 생활을 더욱 효율적이고 창의적으로 만들어줄 수 있는 강력한 AI 도구로 자리잡고 있다.

또한, 클로드는 지속적인 업데이트를 통해 기능과 성능이 개선되고 있으며, AI 윤리와 안전성에 대한 높은 기준을 유지하면서 다양한 분야에서 활용되고 있다.

이러한 특징들로 인해 클로드는 챗GPT와 함께 대표적인 AI 언어 모델로 자리잡고 있다.

● 클로드와 챗GPT, 두 AI 비서의 실제 사용 경험

AI 기술의 발전으로 챗GPT와 클로드 같은 뛰어난 AI 비서들의 도움을 받을 수 있게 되었다. 이 두 AI는 기본적인 기능과 사용법에서 큰 차이가 없지만, 실제로 사용해 보면 각각의 특성이 드러난다.

필자는 여러 달 동안 이 두 AI를 다양한 상황에서 활용해 보았고, 그 과정에서 흥미로운 차이점들을 발견했다.

먼저, 챗GPT는 마치 아이디어의 분수와 같다. 새로운 프로젝트를 시작할 때나 막막한 상황에서 아이디어가 필요할 때 챗GPT에게 물어보면, 마치 브레인스토밍 세션을 하는 것처럼 다양한 제안들이 쏟아져 나온다. 이런 특성은 창의적인 작업이나 다각도의 접근이 필요한 문제 해결에 특히 유용하다.

반면, 클로드는 명확하고 간결한 답변으로 빛을 발한다. 복잡한 코드를 디버깅하거나 특정 개념에 대한 명확한 설명이 필요할 때 클로드는 핵심을 짚어주는 능력이 탁월하며, 클로드의 답변은 대체로 더 구조화되어 있고 핵심을 잘 짚어주어, 복잡한 문제를 체계적으로 해결하는 데 도움이 된다.

이러한 경험을 바탕으로 필자는 두 AI를 상황에 맞게 활용하는 전략을 세웠다. "새로운 프로젝트의 아이디어를 구상하거나 창의적인 문제 해결"이 필요할 때는 주로 챗GPT를 사용하며, "코드를 작성하거나 디버깅할 때, 또는 특정 주제에 대한 간결하고 정확한 설명"이 필요할 때는 주로 클로드를 선호한다.

하지만 이는 어디까지나 개인적인 경험이며, 다른 사용자들은 다른 느낌을 받을 수 있다. 중요한 것은 두 AI의 특성을 이해하고 상황에 맞게 활용하는 것이다. 때로는 같은 질문을 두 AI에게 모두 물어보고 답변을 비교해 보는 것도 좋은 방법이다. 이를 통해 문제를 다각도로 바라볼 수 있고, 더 나은 해결책을 찾을 수 있다.

● 클로드 사용하기

클로드의 기본적인 사용법은 챗GPT와 크게 다르지 않지만, 몇 가지 독특한 특징이 있다. 가입부터 주요 기능 사용까지 단계별로 살펴보자.

◆ 클로드 회원 가입: 계정 만들기

클로드의 공식 웹사이트(claude.ai)에 접속하면 깔끔한 디자인의 홈페이지를 볼 수 있다. 회원 가입 과정은 간단하다. 화면 중앙에 있는 [❶이메일] 주소를 입력하고 [❷Continue with email] 버튼을 클릭하여 가입을 시작한다.

계속해서 방금 입력한 이메일의 메일함에서 인증 [❸로그인] 버튼을 누른 후, 계정에 필요한 [❹옵션]을 체크한 후 [❺계속] 버튼을 누르면 된다.

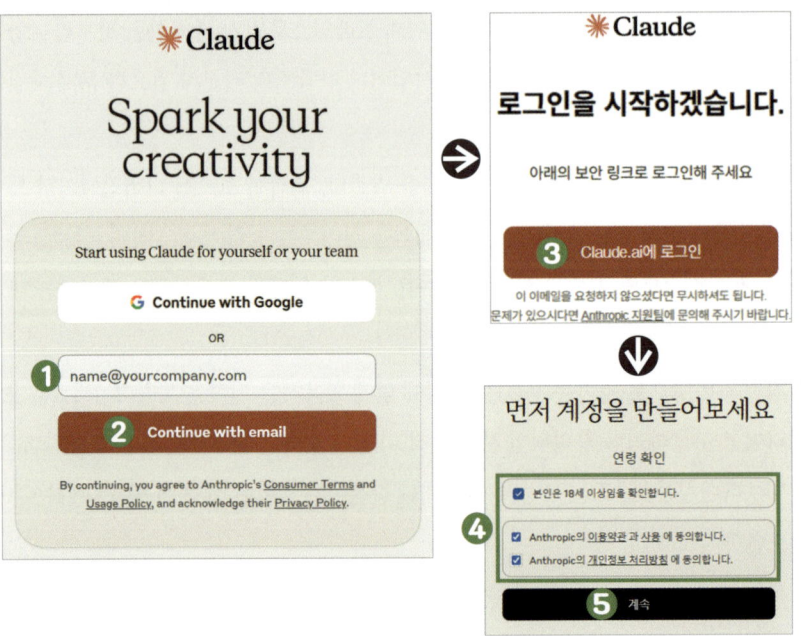

클로드의 유무료 구독에 대한 창이 열리면, 자신의 용도에 맞게 구독 방식을 선택하면 된다. 여기에서는 일단 무료로 사용할 수 있는 무료 구독을 사용해 보자. 참고로 프로와 최대는 설명된 것처럼 더 많은 작업을 할 수 있는 기능을 제공한다.

◆ 클로드 사용하기

구독 방식을 선택하면, 클로드 메인 화면이 나타난다. 중앙에 큰 채팅창이 보이고, 사용자를 어떻게 부를 것인가에 대한 질문이 보인다.

대화창에 [❶"나는 노참을성이라고 해, 앞으로 네가 나의 AI코딩 비서로 일하게 될 테니 잘 부탁해."]라고 입력한 후 [❷보내기] 버튼을 클릭한다. 사용법은 챗GPT와 차이점이 거의 없다.

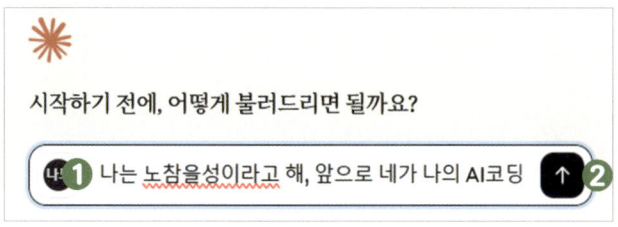

입력된 내용(프롬프트)에 맞게 클로드는 다음과 같은 답변을 하였다. 지금의 답변은 질문에 따라

달라지지만, 일단 우리는 노코드 개발을 하는 목적이기 때문에 [❶코딩 및 개발]이라는 카테고리를 선택한 후, [❷어떻습니까] 버튼을 누르면 된다.

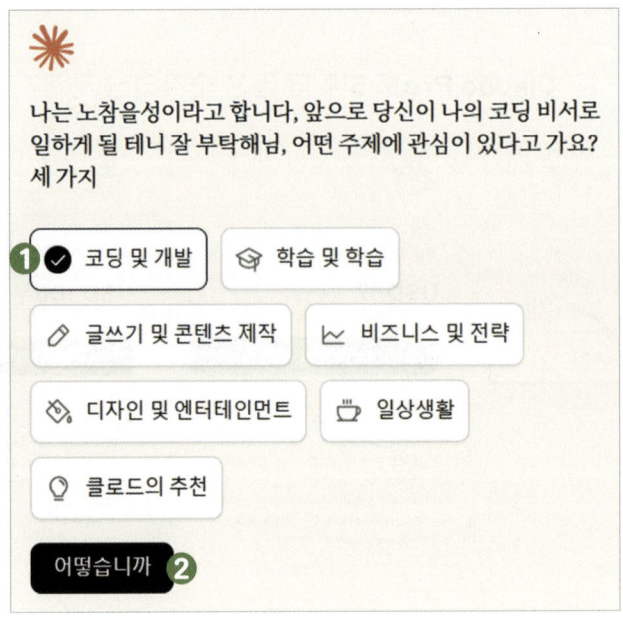

구체적인 작업에 대한 질문 창이 열리면, 무시하고, [제가 직접 입력하겠습니다] 버튼을 누른다.

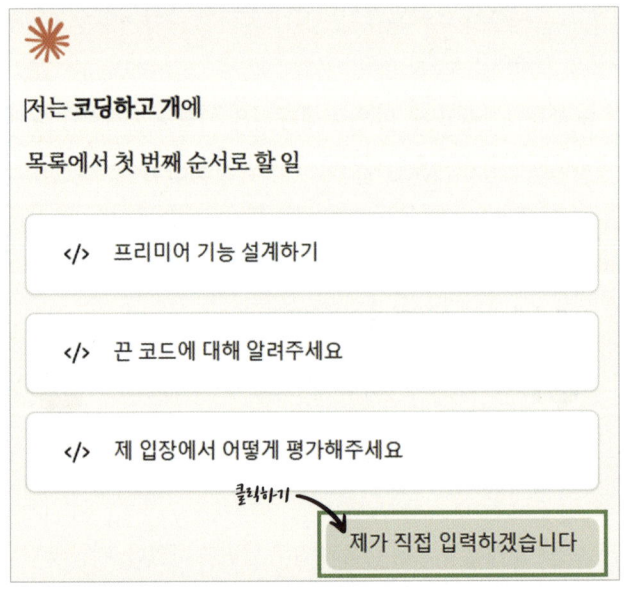

이제 클로드의 메인 화면이 나타날 것이다. 먼저 클로드의 주요 메뉴에 대해 알아보자. 클로드는 챗GPT보다 메뉴가 많지 않아 더욱 쉽게 사용할 수 있다.

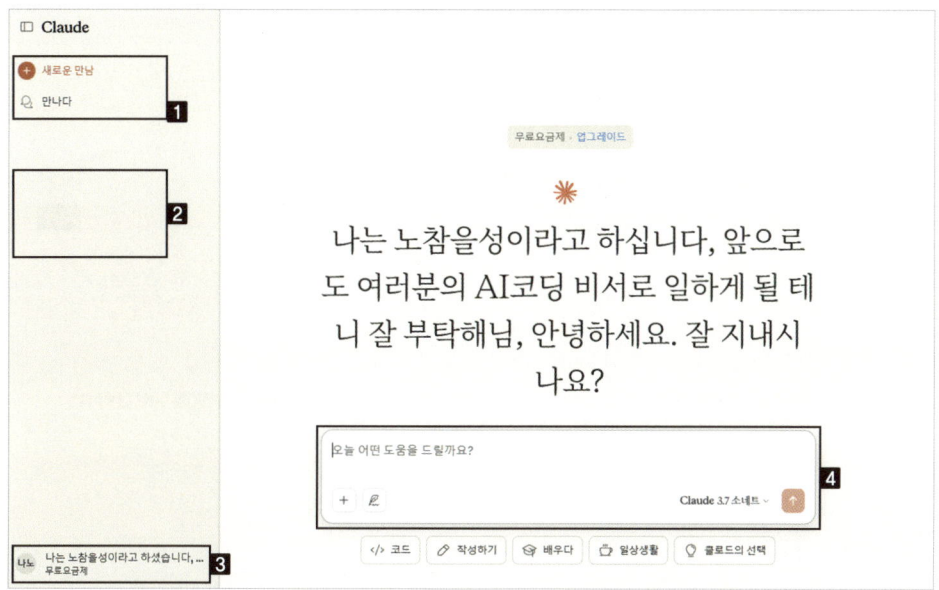

1. 사이드바의 상단 메뉴로서 새 채팅창 만들기, 사용할 수 있다.
2. 이전 대화 기록 확인, 등을 할 수 있다. 클로드는 챗GPT보다 대화 기록을 더 오래 유지하며, 한 세션에서 더 긴 대화를 나눌 수 있다.
3. 사이드바의 하단 메뉴로서 유료 구독 회원으로 전환할 수 있는 메뉴를 제공한다.
4. 프롬프트 입력창으로서 클로드의 답을 유도하기 위해 사용자가 질문을 입력하는 채팅창이다.

◆ **클로드의 코드 창**

이제 클로드의 코드 창에 대해 알아보자. 챗GPT에서 했던 질문인 "Python으로 3+5를 계산하는 간단한 코드를 만들어줘."를 입력창을 통해 요청해 보자. 그러면 다음과 같은 코드 창이 나타난다.

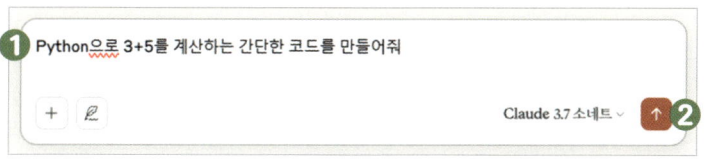

그러면 다음과 같이 코딩 관련 질문에 대한 코드 창이 생성된다. 생성된 코드는 우측 상단으로 마우스 커서를 이동했을 때 나타나는 "복사" 버튼을 통해 코드만 사용할 수 있다.

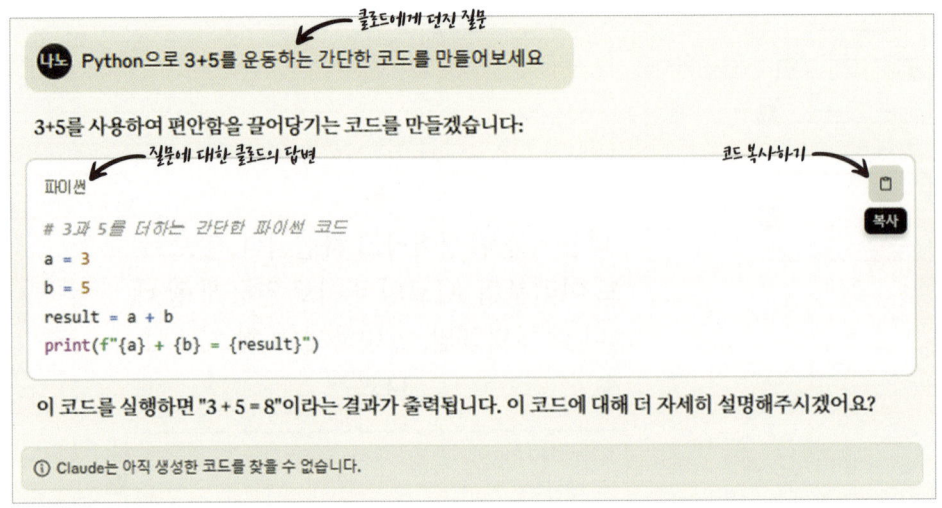

클로드의 사용법은 직관적이고 간단하다. 챗GPT 사용자라면 보다 쉽게 적응할 수 있을 것이다. 다만, 클로드만의 특징인 긴 컨텍스트 유지, 코드 실행 결과 제공, 파일 분석 기능 등을 잘 활용하면 더욱 효과적으로 사용할 수 있다.

이러한 기능들을 통해 클로드는 단순한 대화 파트너를 넘어 강력한 분석 및 개발 도구로서의 역할도 수행할 수 있다

미션 03: 유료 AI 서비스의 숨겨진 보물 찾기

● 챗GPT 플러스 유료 서비스

노코팅 작업을 완벽하게 구현하고자 한다면, 챗GPT의 유료 버전을 적극 권장한다. 필자의 경험상, 단 한 달만 유료로 사용해도 그 가치를 충분히 체감할 수 있다. 사실, 이는 단순한 권장을 넘어 거의 '필수'에 가깝다고 말하고 싶다.

왜 그럴까? 돈이 아까워서라도 더 자주, 더 깊이 있게 사용하게 되고, 그 과정에서 챗GPT와 함께

일하는 방식을 터득하게 된다. 많은 사용자들이 한 달의 유료 사용 경험을 통해 놀라운 성과를 얻는 것을 보았다.

복잡한 코딩 문제를 해결하거나, 창의적인 프로젝트 아이디어를 발전시키는 등 다양한 분야에서 챗GPT Plus의 강력한 기능이 빛을 발한다..

챗GPT Plus의 월 구독료는 커피 두 잔 값에 불과하다. 하지만 그 가치는 그 이상이며, 챗GPT는 엑셀이나 워드처럼 일상적으로 사용하는 필수 도구가 될 것이다.

지금이 바로 이 강력한 도구의 잠재력을 최대한 활용할 기회다. 다음은 챗GPT의 무료 버전과 플러스 버전의 구체적인 차이점이다.

기능	무료	플러스
사용 가능한 모델	GPT-4o mini, GPT-4o (제한적 접근)	GPT-4o, GPT-4.1, GPT-4.1 mini, GPT-4.1 nano, o1, o3, o4-mini, o4-mini-high 등 모든 모델 접근 가능
메시지 제한	기본 제한	GPT-4o에 대해 최대 5배 더 많은 메시지 사용 가능
데이터 분석과 파일 업로드	제한적 접근	전체 기능 접근 가능
시각 정보 처리 (Vision)	제한적 접근	전체 기능 접근 가능
웹 브라우징	제한적 접근	전체 기능 접근 가능
이미지 생성 (DALL·E)	제한적 접근	전체 기능 접근 가능
커스텀 GPT	사용 가능	생성 및 사용 가능
동영상 생성 (Sora)	사용 불가	월 최대 50개 영상 생성 가능 (720p, 10초 이내)
새로운 기능	일반적인 접근	새로운 기능에 대한 조기 접근 권한
구독료	$0/월	$20/월 (약 2만 5천원)

무료 버전에서는 이미지 업로드의 제한이나 질문 횟수의 한계 등으로 인해 AI의 진정한 잠재력을 경험하기 어렵다. 챗GPT Plus는 이러한 제한을 없애고, 더 풍부하고 정확한 응답을 제공한다. 플러스 버전의 장점을 확인하기 위해 한 달만이라도 유료 버전을 사용해보기를 강력히 권장한다.

그 경험이 업무 방식과 생산성을 크게 향상시킬 것이라 확신한다.

유료 서비스의 가치는 AI 노코드 개발을 더욱 풍성하고 효율적으로 진행되도록 해 줄 것이다.

◆ 챗GPT Plus 가입하기

이제 챗GPT Plus의 강력한 기능을 직접 경험해 볼 시간이다. 가입 과정은 생각보다 간단하다. 다음의 단계별 가이드를 통해 쉽게 가입할 수 있다.

챗GPT에 로그인이 되어있다면, 화면 좌측 하단에 있는 [플랜 업그레이드] 메뉴를 클릭한다.

플랜 업그레이드 창이 열리면, [Plus 이용하기] 버튼을 누른다. 이후, 결제 방식에 따라 결제(구독하기)를 하면 구독 확인 메시지가 표시되고, 플러스로 전환된다.

챗GPT Plus로 전환되면 챗GPT의 모든 기능을 마음껏 활용할 수 있다.

새로운 모델들을 시험해 보고 싶다면, 우측 상단의 챗GPT 모델 메뉴를 클릭하여 다양한 고급 모델들의 기능들을 사용해 볼 수 있다.

이 강력한 도구와 함께 생산성과 창의성이 한층 더 높아질 것이다. 궁금한 점이 있다면 언제든 챗GPT에게 물어보면 된다.

♣ 특별 선물 ♣

본 도서를 구입한 독자분께는 AI 무자본 창업에 대한 영감과 아이디어를 샘솟게 해주는 실험적인 내용이 담긴 전자책(PDF) 두 권을 특별 부록으로 제공한다.

부록 전자책 요청하기

본 도서에 포함된 두 가지의 전자책(PDF)이 필요한 독자는 스마트폰 카메라를 이용해 QR 코드를 스캔한 후 "책바세 톡톡" 카카오톡 채널로 접속하여, 해당 부록 도서와 비밀번호를 요청하면 된다. 자세한 내용은 아래 내용을 참고한다.

이름과 직업을 **지워지지 않는 펜**으로 쓴 후 촬영하여 QR 코드 스캔을 통해 접속한 "**책바세★톡톡**" 카카오 톡톡에, 촬영한 이미지와 함께 요청한다.

04 AI를 제대로 써먹는 노하우

미션 04: 노코드 개발을 위한 완벽한 질문법

● AI에게 일반적인 질문하기: 대화의 기본기 익히기

AI와의 대화는 생각보다 자연스럽고 쉽다. 마치 똑똑한 친구와 대화하는 것처럼 편안하게 접근할 수 있다. 하지만 정말 효과적인 결과를 얻기 위해서는 다음과 같은 몇 가지 기본적인 원칙을 통해 AI와의 대화 능력을 향상시킬 수 있다.

1. 명확하고 구체적으로 질문하기

AI는 우리의 질문을 문자 그대로 해석한다. 따라서 모호한 질문은 피하고, 원하는 바를 구체적으로 설명하는 것이 중요하다. 예를 들어, "좋은 코드 좀 만들어줘"라고 하면 AI는 무엇을 만들어야 할지, 어떤 언어로 만들어야 할지 알 수 없다. 대신 이렇게 물어보자.

Q "Python으로 간단한 투두 리스트(To-Do List)* 앱을 만들고 싶어. 항목 추가, 삭제, 조회 기능이 필요해. 어떻게 시작하면 될까?"

이렇게 구체적으로 질문하면 AI는 우리가 원하는 것을 정확히 이해하고, 그에 맞는 답변을 제공할 수 있다.

2. 단계적으로 접근하기

복잡한 주제나 큰 프로젝트를 다룰 때는 한 번에 모든 것을 물어보려 하지 말자. 대신 여러 단계로 나누어 질문하는 것이 효과적이다. 이렇게 하면 우리도 단계별로 이해할 수 있고, AI도 더 정확한 답변을 줄 수 있다. 예를 들어, 투두 리스트 앱을 만들 때 이렇게 접근해 보자.

Q 1단계: "투두 리스트 앱의 기본 구조를 설명해 줘."

2단계: "항목을 추가하는 함수를 만들어줘."

3단계: "이제 항목을 삭제하는 기능을 추가하고 싶어."

4단계: "마지막으로 모든 항목을 조회하는 기능을 구현해 줘."

이런 식으로 단계별로 접근하면, 복잡한 프로젝트도 차근차근 완성해 나갈 수 있다.

> 💡 **투두 리스트(To-Do List)**
> 해야 할 작업이나 목표를 정리한 목록으로, 일정 관리와 업무 효율을 높이기 위해 사용된다.

3. 피드백 주기

AI의 답변이 마음에 들지 않거나 이해가 되지 않는다고 해서 포기하지 말자. AI에게 솔직하게 피드백을 주는 것이 중요하다. AI는 우리의 피드백을 바탕으로 더 나은 답변을 제공할 수 있다.

Q "이건 내가 원하는 게 아니야. 좀 더 간단하게 만들 수 없을까?"

"이 부분이 이해가 안 가. 더 자세히 설명해 줄래?"

"이 코드가 너무 복잡해 보여. 초보자도 이해할 수 있게 다시 설명해줄 수 있어?"

이렇게 계속해서 피드백을 주고받으면서 우리가 원하는 결과에 점점 더 가까워질 수 있다.

4. 예시 요청하기

때로는 AI의 설명이 너무 추상적이거나 이론적으로 느껴질 수 있다. 이럴 때는 구체적인 예시를 요청하는 것이 도움이 된다. 실제 코드나 실생활의 예시를 통해 개념을 이해하는 것이 훨씬 쉽기 때문이다.

Q "이 개념을 실제 코드로 어떻게 구현할 수 있는지 예시를 보여줘."

"이 알고리즘(Algorithm)*을 실생활에서는 어떻게 적용할 수 있을까? 구체적인 예를 들어 줘."

이런 식으로 예시를 요청하면, 추상적인 개념도 쉽게 이해할 수 있다.

> 💡 **알고리즘(Algorithm)**
> 특정 문제를 해결하거나 작업을 수행하기 위해 단계별로 정의된 절차나 규칙의 집합이다. 컴퓨터 과학과 프로그래밍에서 문제 해결의 핵심 역할을 한다.

5. AI 답변 재확인하기

AI가 제공하는 정보나 해결책에 의문이 생긴다면, 주저하지 말고 다시 한 번 확인해 보자. AI도 때로는 실수를 하거나 불완전한 정보를 제공할 수 있다. 따라서, 중요한 정보나 결정적인 해답을 얻었을 때는 추가 검증 과정을 거치는 것이 좋다. 다음과 같은 방법으로 AI의 답변을 재확인할 수 있다.

1) 출처 요청하기

AI가 특정 정보나 통계를 제시했다면, 그 출처를 물어보자. 신뢰할 만한 출처인지 확인할 수 있다.

Q "이 정보의 출처가 어디야? 참고한 자료나 데이터를 알려 줄 수 있어?"

2) 확실성 체크하기

AI에게 자신의 답변에 대한 확신도를 물어볼 수 있다. 때로는 AI도 불확실성을 인정할 것이다.

Q "방금 제공한 정보가 100% 확실한 거야? 혹시 다른 의견이나 해석이 있을 수 있을까?"

3) 검증 방법 요청하기

AI에게 해당 정보를 독립적으로 검증할 수 있는 방법을 물어보자. 이를 통해 스스로 정보의 신뢰성을 확인할 수 있다.

Q "내가 이 정보를 직접 확인하려면 어떻게 해야 할까? 어떤 방법으로 검증할 수 있을까?"

4) 다른 관점 요청하기

AI에게 다양한 관점을 요청하면, 더 균형 잡힌 시각을 가질 수 있다.

Q "이 문제에 대해 다른 시각이나 접근 방식은 없을까? 반대되는 의견도 알려줄 수 있어?"

5) 최신성 확인하기

AI의 학습 데이터는 특정 시점에 제한되어 있을 수 있다. 따라서, 정보의 최신성을 항상 확인하는 것이 중요하다.

Q "이 정보가 최신 것이 맞아? 언제 기준의 데이터야?"

이러한 원칙들을 잘 활용하면, AI의 능력을 최대한 끌어내어 우리가 원하는 결과를 얻을 수 있으며, 추가 질문들을 통해 AI의 답변을 더욱 신중하게 검토할 수 있다.

이는 특히 중요한 결정을 내리거나 전문적인 정보를 다룰 때 매우 유용하다. AI는 강력한 도구지만, 최종적인 판단은 항상 우리의 몫이라는 것을 기억하자.

검증 과정을 거치면서 우리는 AI와의 대화 능력을 더욱 향상시킬 수 있고, 동시에 비판적 사고 능력도 기를 수 있다. 이는 AI 시대를 살아가는 우리에게 필수적인 기술이 될 것이다.

● 코딩을 위한 특화된 질문법: AI 코딩 비서 100% 활용하기

AI에게 코딩 관련 질문을 하는 방법에 대해 알아보기로 하자. 예시로 파이썬(Python) 코드와 실행 결과가 등장하지만, 이들을 완전히 이해하지 못하더라도 걱정하지 않아도 된다.

참고로 코드의 세부 내용이나 실행 방법은 이후 장에서 자세히 다룰 예정이며, 여기에서는 AI에게 어떻게 질문하고 대화를 이어나가는지에 초점을 두기 때문에 편하게 접근하면 될 것이다.

앞서 설명한 기본적인 질문 방법에 더해, 필자만의 특별한 노하우를 소개해 할 것이다. 이 방법들을 활용하면 AI와의 코딩 협업이 훨씬 더 효율적이고 이해하기 쉬워질 것이다.

먼저, 다음과 같은 질문을 통해 간단한 구구단 프로그램을 만드는 것으로 시작해 보자.

📑 [학습자료] – [챗GPT 프롬프트] – [미션04] 파일 활용

10줄 이내의 파이썬으로 구구단을 계산하는 간단한 프로그램을 만들어줘.

python 복사 편집

```python
for i in range(2, 10):
    for j in range(1, 10):
        print(f"{i} x {j} = {i*j}")
    print()  # 줄바꿈
```

이 프로그램은 2단부터 9단까지의 구구단을 출력한다. 아래 그림은 위 구구단을 계산하는 코드를 복사하여 최종적으로 파이썬을 통해 실행한 구구단 프로그램이다. (081페이지 참고)

```
.....
7 x 8 = 56
7 x 9 = 63

8 x 1 = 8
8 x 2 = 16
8 x 3 = 24
8 x 4 = 32
8 x 5 = 40
8 x 6 = 48
8 x 7 = 56
8 x 8 = 64
8 x 9 = 72

9 x 1 = 9
9 x 2 = 18
.....
```

· 구구단 프로그램을 실행한 결과 ·

챗GPT에서 생성된 코드는 파이썬과 그밖에 프로그램 개발 툴을 통해 개별 앱으로 생성되는데, 그 과정은 5장에서부터 자세히 다룰 것이므로 지금의 과정은 신경쓰지 않아도 된다.

◆ 한글 주석 추가하기

코드의 각 부분이 무엇을 하는지 쉽게 이해할 수 있도록 한글로 설명을 추가하는 방법이다. 주석은 코드의 가독성을 높이고, 나중에 코드를 다시 볼 때 빠르게 이해할 수 있게 도와준다.

AI에게 "한글로 자세한 주석을 달아줘"라고 요청하면, 코드의 각 부분에 대한 설명을 한글로 추가해 준다. 이는 특히 복잡한 로직이나 알고리즘을 이해하는 데 큰 도움이 된다.

◆ 진행 상황 확인하기

프로그램 실행 중 현재 어느 단계에 있는지 알 수 있게 하여 진행 상황을 파악하는 방법이다. 특히, 긴 시간이 걸리는 프로그램이나 복잡한 계산을 수행할 때 유용하다.

AI에게 "진행 상황을 확인할 수 있게 해줘"라고 요청하면, 코드 실행 중 현재 진행 상황을 출력하는 기능을 추가해 준다.

이를 통해 프로그램의 실행 과정을 더 명확히 이해하고, 문제가 발생했을 때 어느 부분에서 문제가 생겼는지 쉽게 파악할 수 있다.

다음 그림은 위 진행 상황을 표시하는 구구단을 최종적으로 파이썬을 통해 실행한 구구단 프로그

램의 결과이다. 계산이 진행되는 상황이 표시되는 것을 알 수 있다.

```
......
7 x 8 = 56
7 x 9 = 63

=== 8단 계산 중 ===
8 x 1 = 8
8 x 2 = 16
8 x 3 = 24
8 x 4 = 32
8 x 5 = 40
8 x 6 = 48
8 x 7 = 56
8 x 8 = 64
8 x 9 = 72

=== 9단 계산 중 ===
9 x 1 = 9
9 x 2 = 18
......
```

· 진행 상황을 표시하는 구구단 프로그램을 실행한 결과 ·

◆ 주요 변수 모니터링하기

코드 실행 중 중요 변수들의 값 변화를 추적하여 프로그램의 동작을 더 잘 이해할 수 있게 하는 방법이다.

AI에게 "주요 변수의 변화를 확인할 수 있도록 모니터링할 수 있게 해줘"라고 AI에게 요청하면, 코드 실행 중 주요 변수들의 값을 출력하는 기능을 추가해준다.

이를 통해 프로그램의 내부 동작을 더 깊이 이해하고, 디버깅을 쉽게 할 수 있다.

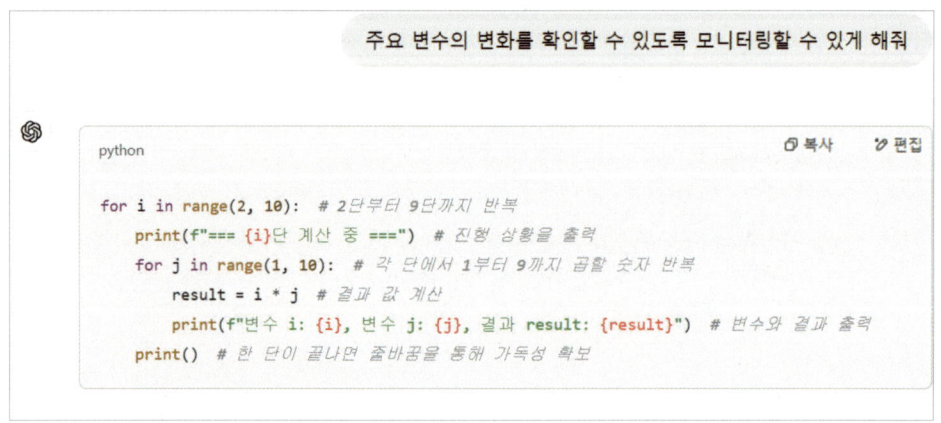

```
........
변수 i: 7, 변수 j: 8, 결과 result: 56
변수 i: 7, 변수 j: 9, 결과 result: 63

=== 8단 계산 중 ===
변수 i: 8, 변수 j: 1, 결과 result: 8
변수 i: 8, 변수 j: 2, 결과 result: 16
변수 i: 8, 변수 j: 3, 결과 result: 24
변수 i: 8, 변수 j: 4, 결과 result: 32
변수 i: 8, 변수 j: 5, 결과 result: 40
변수 i: 8, 변수 j: 6, 결과 result: 48
변수 i: 8, 변수 j: 7, 결과 result: 56
변수 i: 8, 변수 j: 8, 결과 result: 64
변수 i: 8, 변수 j: 9, 결과 result: 72

=== 9단 계산 중 ===
변수 i: 9, 변수 j: 1, 결과 result: 9
변수 i: 9, 변수 j: 2, 결과 result: 18
........
```

· 변수를 모니터링하는 구구단 코드의 결괏값 ·

◆ 코드 한 줄씩 설명하기

각 코드 라인이 어떤 역할을 하는지 상세히 설명하여 코드의 작동 방식을 깊이 이해할 수 있게 하는 방법이다.

AI에게 "**코드 한 줄 한 줄씩 내용을 설명해 줘.**"라고 AI에게 요청하면, 각 라인의 기능과 목적을 자세히 설명해 준다.

이는 특히 복잡한 알고리즘이나 낯선 코드 구조를 이해하는 데 매우 유용하다. 코드의 전체적인 흐름뿐만 아니라 세부적인 동작 원리까지 파악할 수 있게 해준다.

◆ 기존 코드 참조하여 수정하기

이미 작성된 코드를 기반으로 새로운 기능을 추가하거나 다른 목적의 프로그램으로 변경하는 방법이다.

AI에게 "이 코드를 참고해서 [새로운 기능]을 구현해 줘."라고 AI에게 요청하면, 기존 코드의 구조와 로직을 유지하면서 새로운 기능을 추가하거나 목적에 맞게 수정해 준다.

이 방법을 통해 기존 코드의 재사용성을 높이고, 새로운 아이디어를 빠르게 구현해 볼 수 있다.

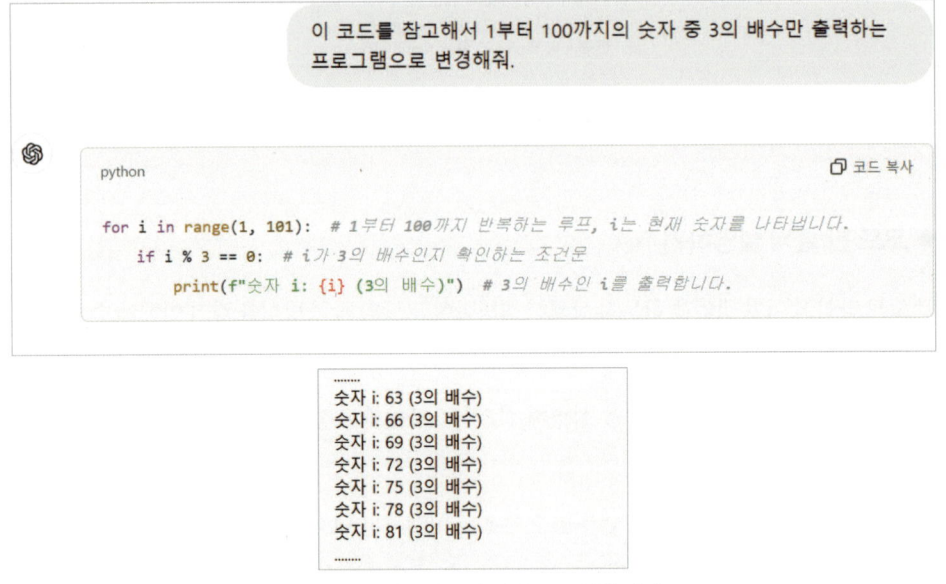

· 3의 배수를 출력하는 수정된 코드 실행 결과 ·

살펴본 다섯 가지 노하우를 활용하면 한글 주석으로 코드의 의도를 명확히 하고, 진행 상황과 변수를 모니터링하며, 필요할 때 상세한 설명을 요청할 수 있기 때문에 AI와의 코딩 협업이 훨씬 쉽고, 효율적이게 된다.

또한, 기존 코드를 참고해 새로운 기능을 만들어내는 것도 가능하다. 이러한 방법들을 잘 활용하면 복잡한 프로그래밍 지식이 없어도 AI의 도움을 받아 원하는 프로그램을 만들 수 있다.

AI와의 대화를 통해 코딩 과정을 단계적으로 이해하고 개선해 나가는 이 방식은, 프로그래밍을 배우는 초보자들에게 특히 유용하다.

경험 많은 개발자들에게도 새로운 아이디어를 빠르게 구현하고 테스트해 볼 수 있는 강력한 도구가 될 수 있다. 이렇듯 AI 코딩 비서와 함께라면, 프로그래밍의 세계가 더욱 넓고 깊어질 것이다.

📑 [학습자료] – [코드] – [미션04_코드.py] 파일 활용

미션 05: AI의 실수, 할루시네이션과 오류 대처법

● AI의 할루시네이션(Hallucination) 이해하기

AI 기술이 발전함에 따라 우리는 점점 더 AI에 의존하게 되었다. 하지만 AI도 완벽하지 않다는 것을 인식하는 것이 중요하다.

그 중에서도 특히 주의해야 할 현상이 바로 "AI 할루시네이션"이다.

할루시네이션이란 AI가 실제로 존재하지 않거나 사실이 아닌 정보를 마치 진실인 것처럼 생성해 내는 현상을 말한다.

이는 마치 인간이 환각을 경험하는 것과 유사하다고 해서 붙여진 이름으로, AI가 '헛것을 본다'고 표현할 수 있을 것이다.

할루시네이션은 다양한 형태로 나타날 수 있다. 예를 들어, AI가 존재하지 않는 책이나 논문을 인용하거나, 실제로 일어나지 않은 역사적 사건을 언급하거나, 허구의 인물이나 장소에 대해 상세히 설명하는 경우 등이 있다.

때로는 이러한 허구의 정보가 매우 그럴듯하게 들려 사람들을 혼란에 빠뜨리기도 한다.

AI 할루시네이션의 원인은 복잡하다. 주로 AI의 학습 데이터와 학습 방식, 그리고 언어 모델의 특성에서 비롯된다.

AI는 방대한 양의 텍스트 데이터를 학습하면서 패턴을 인식하고 그에 따라 텍스트를 생성한다. 이 과정에서 때때로 실제 사실과 허구를 구분하지 못하고 뒤섞어 버리는 일이 발생한다.

그렇지만, 할루시네이션은 단순히 AI의 '실수'가 아닌, 어떤 면에서는 AI의 창의성이 발현된 결과라고 볼 수도 있다.

AI가 학습한 정보를 재조합하고 새로운 맥락에서 적용하려는 시도가 때로는 혁신적인 아이디어로 이어지기도 하지만, 사실 확인이 중요한 상황에서는 이러한 '창의성'이 오히려 문제가 될 수 있다는 것이다.

● AI의 할루시네이션 대처를 위한 전략

AI 할루시네이션은 완전히 피할 수는 없지만, 다음의 설명처럼 이를 인식하고 적절히 대처하는 능력을 기르면 AI를 더욱 효과적으로 활용할 수 있다.

첫째, AI의 답변을 무조건적으로 신뢰하지 않는 태도가 중요하다. 특히 구체적인 날짜, 수치, 인용문 등이 포함된 정보는 더욱 주의 깊게 검토해야 한다.

둘째, 교차 검증(Cross-verification)을 습관화해야 한다. AI가 제공한 정보를 다른 신뢰할 수 있는 출처와 비교해 보는 것이 좋다. 구글 검색, 학술 데이터베이스, 공식 문서 등을 활용할 수 있다.

셋째, AI에게 정보의 출처를 물어보는 것도 좋은 방법이다. "이 정보의 출처가 어디인가요?"라고 물어보면, AI가 실제로 그 정보를 어디서 얻었는지, 아니면 자체적으로 생성한 것인지 알 수 있다.

넷째, 구체적인 예시나 추가 설명을 요구하는 것도 도움이 된다. AI가 제공한 정보에 대해 더 자세한 설명이나 실제 적용 사례를 요청하면, AI의 이해도를 확인할 수 있고 동시에 정보의 신뢰성도 판단할 수 있다.

마지막으로, AI의 한계를 이해하고 있어야 한다. 현재 사용 중인 AI 모델의 버전, 학습 데이터의 범위, 최신 정보 반영 여부 등을 알고 있으면 AI의 답변을 더 잘 해석할 수 있다.

AI는 강력한 도구지만, 결국 최종적인 판단은 인간의 몫이라는 것을 항상 기억해야 한다. Ai의 답변을 비판적으로 검토하고, 필요할 때는 추가 확인을 하는 습관을 들이면, AI와의 협업에서 더 나은 결과를 얻을 수 있을 것이다.

05 노코드 개발, 무엇으로 시작하지?

 미션 06: 엑셀 매크로 세계로 들어가기

● 엑셀 매크로의 무궁무진한 가능성 엿보기

엑셀을 사용하다 보면 반복적인 작업에 지치곤 한다. 같은 일을 매일, 매주 반복하는 것은 지루할 뿐만 아니라 실수의 가능성도 높인다.

하지만 걱정하지 않아도 된다. 엑셀에는 이런 문제를 해결할 수 있는 강력한 도구가 숨어있다. 그것이 바로 "매크로"이다.

◆ 엑셀 매크로란?

엑셀 매크로는 일련의 명령어와 작업을 하나의 단위로 묶어 자동으로 실행할 수 있게 해주는 기능이다. 쉽게 말해, 반복적으로 수행하는 작업을 녹화해 놓고 필요할 때마다 버튼 하나로 실행할 수 있게 해주는 '작업 자동화 도구'라고 할 수 있다.

◆ 엑셀 매크로의 역사

매크로의 역사는 1993년 엑셀 5.0으로 거슬러 올라간다. 처음에는 단순한 작업 기록 도구에 불과했지만, 1994년 엑셀 7.0에서 VBA(Visual Basic for Applications)가 도입되면서 본격적인 프로그래밍 기능을 갖추게 되었다.

이후 2010년 엑셀 2010에서는 64비트 지원이 추가되어 더 큰 데이터를 다룰 수 있게 되었고, 최근 버전에서는 클라우드 연동 기능까지 추가되어 지속적으로 발전해 가고 있다.

◆ **매크로의 장단점**

엑셀 매크로는 강력한 도구지만, 모든 도구가 그렇듯 장단점이 있다. 매크로의 가장 큰 장점은 업무 효율성을 크게 높일 수 있다는 점이다.

반복적인 작업을 자동화하여 시간을 절약할 수 있고, 이는 곧 생산성 향상으로 이어진다. 예를 들어, 매일 작성해야 하는 보고서가 있다면, 매크로를 이용해 데이터 수집부터 형식 지정까지 모든 과정을 자동화할 수 있다.

또한, 엑셀의 기본 기능으로는 구현하기 어려운 복잡한 작업도 사용자가 직접 정의한 기능으로 쉽게 수행할 수 있다. 이는 마치 엑셀에 새로운 기능을 추가하는 것과 같다.

더불어 여러 단계의 복잡한 작업도 매크로를 통해 버튼 하나로 실행할 수 있어, 사용자 실수를 줄이고 일관성을 유지할 수 있다.

하지만 매크로에도 단점은 있다. 가장 큰 단점은 초기 학습에 시간이 필요하다는 점이다. VBA 언어를 배우고 익숙해지는 데 시간이 걸리며, 이는 일부 사용자에게 진입 장벽이 될 수 있다.

또한, 매크로는 보안 측면에서 위험 요소가 될 수 있다. 악성 코드가 포함된 매크로가 실행되면 시스템에 심각한 문제를 일으킬 수 있기 때문에, 많은 기업에서 매크로 사용을 제한하기도 한다.

마지막으로, 엑셀 버전이 업데이트되면서 이전 버전에서 만든 매크로가 새 버전에서 제대로 작동하지 않는 호환성 문제가 발생할 수 있는데, 이는 장기적으로 매크로를 유지보수 해야 하는 부담으로 작용할 수 있다.

그럼에도 불구하고, 매크로의 장점은 이러한 단점을 크게 상회한다. 적절히 사용한다면, 매크로는 업무 효율성을 획기적으로 개선할 수 있는 강력한 도구가 될 것이다.

● **엑셀 VBA 매크로 시작하기**

매크로를 사용하기 위해서는 먼저 엑셀의 '개발자' 탭을 활성화해야 한다. 이는 [파일] - [옵션] 메뉴를 선택한 후 열리는 옵션 창에서 [❶리본 사용자 지정] 항목의 [❷개발 도구]를 체크하면 된다. 개발자 탭이 활성화되면, 매크로 기록이나 VBA 편집기 사용 등 다양한 기능을 사용할 수 있게 된다.

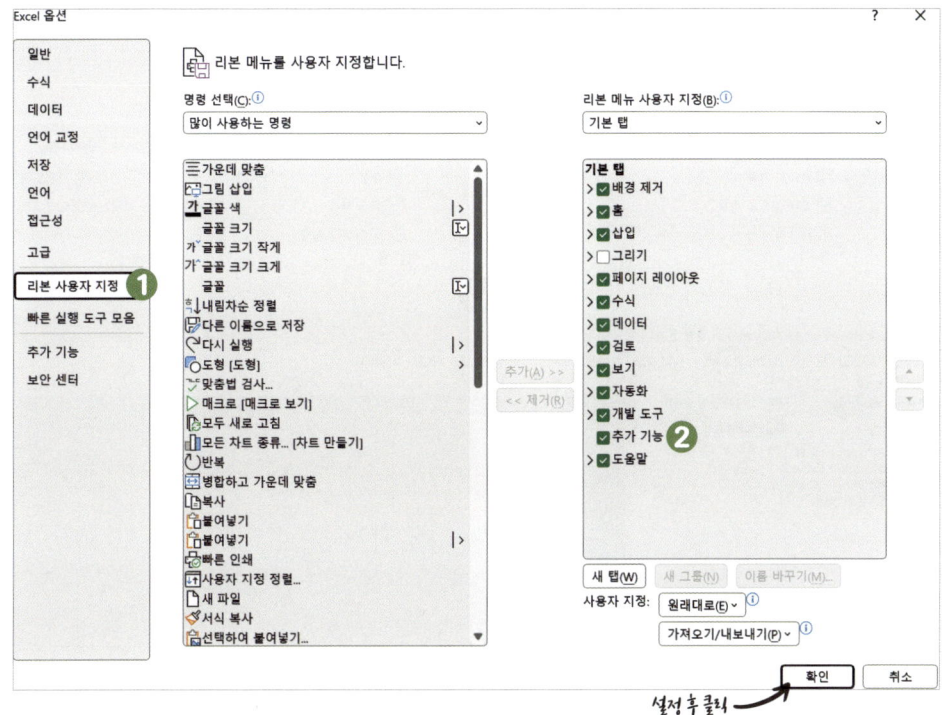

◆ 간단한 매크로 예제: 오늘 날씨 입력 매크로 만들기

매크로를 사용하기 위해 선택한 셀에 오늘 날짜를 입력하는 간단한 매크로 예제를 만들어 보자. 먼저 챗GPT에서 [❶"엑셀에서 선택한 셀에 오늘 날짜를 입력하는 매크로를 만들어줘."]라고 요청하여 다음과 같은 매크로 코드를 생성한다.

생성된 코드 창을 보면 엑셀 매크로를 의미하는 'vba'라고 표시되는 것을 볼 수 있다. 여기에서 매크로를 실행하기 위해 [❷코드 복사]를 눌러 코드를 복사한다.

엑셀을 실행한 후 [❶개발 도구] 메뉴에서 [❷Visual Basic]을 선택(단축키 Alt+F11)하여 VBA 편집기를 열어준다. 그다음 [❸삽입] - [❹모듈]를 선택하여 새 모듈을 삽입한다.

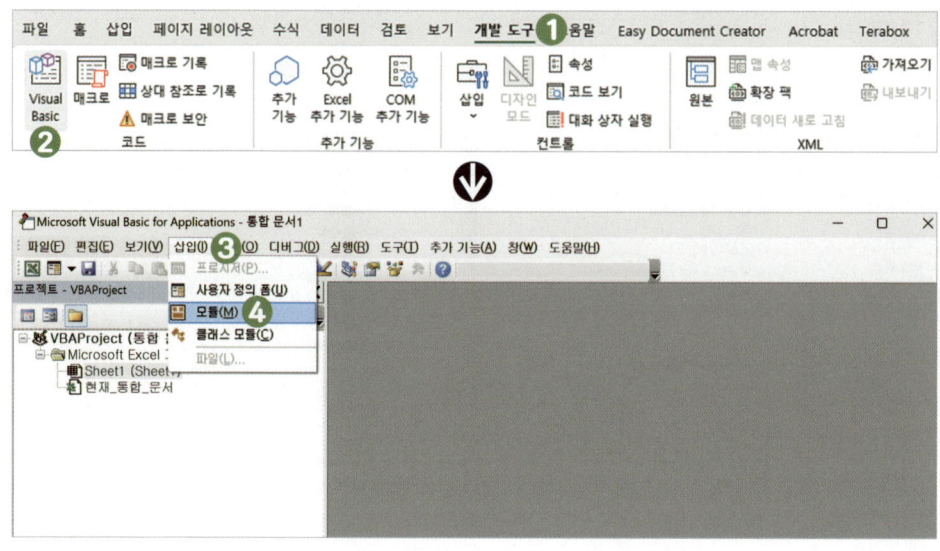

새 모듈이 생성되면 앞서 챗GPT에서 복사했던 코드를 [붙여 넣기(Ctrl+V)] 한다.

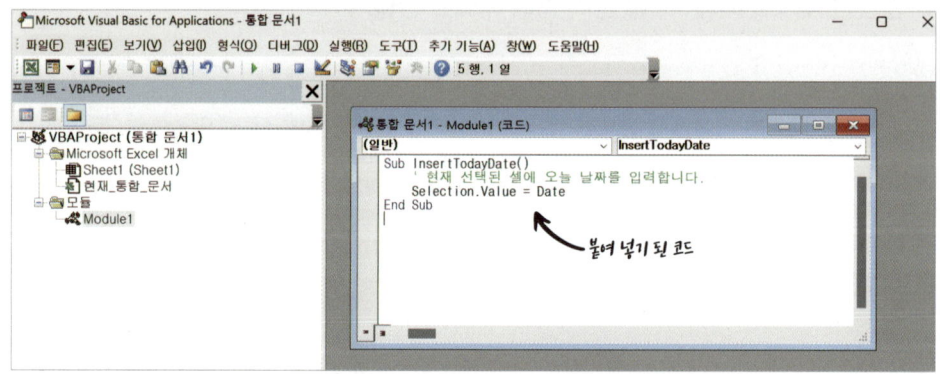

VBA 창을 닫고 엑셀 시트로 돌아와 [❶개발 도구] - [❷매크로] 메뉴를 선택(단축키Alt+F8)하여 '매크로' 실행 창을 열고, [❸InsertTodayDate] 매크로를 [❹실행]하면 된다.

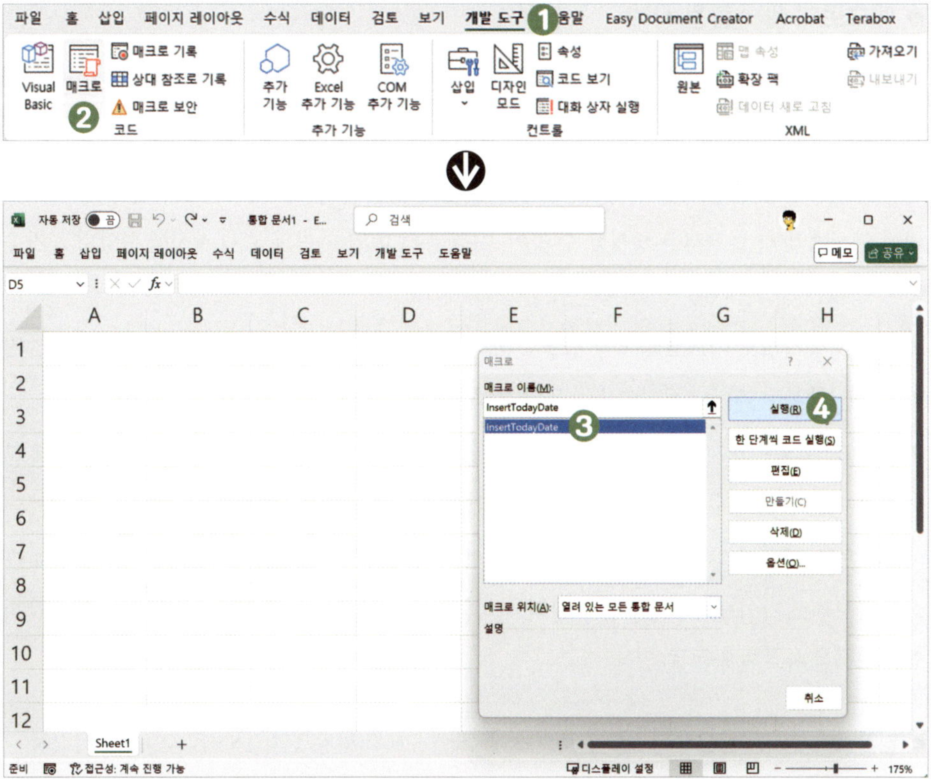

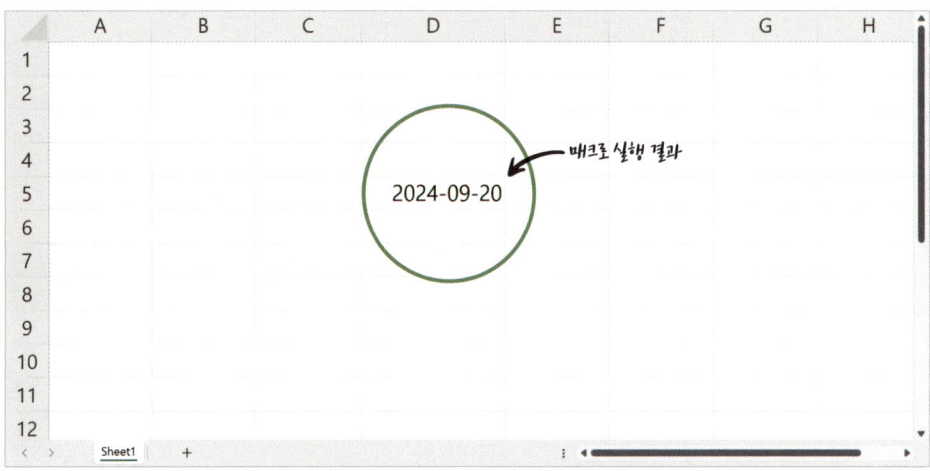

실행된 매크로를 보면, 선택했던 셀에 날짜가 입력되어 있는 것을 볼 수 있다. 이렇듯 엑셀의 모든 기능들을 매크로로 구현할 수 있기 때문에 다양하고 복잡한 업무도 쉽게 처리 할 수 있다.

◆ 매크로의 실제 활용 사례

엑셀 매크로는 다양한 업무 환경에서 활용될 수 있다. 특히, 일일 보고서 자동 생성은 가장 대표적인 사례이다.

일일 보고서 자동 생성은 여러 시트나 파일에 흩어져 있는 데이터를 자동으로 취합하고, 미리 정의된 형식에 맞춰 보고서를 생성할 수 있어, 이를 통해 매일 아침 보고서 작성에 쏟았던 시간을 더 가치 있는 일에 투자할 수 있게 된다.

데이터 정제 작업도 매크로의 주요 활용 분야다. 형식이 통일되지 않은 데이터를 일괄적으로 정리하거나, 중복된 데이터를 찾아내는 등의 작업을 자동화할 수 있다.

또한, 복잡한 계산의 자동화도 가능하다. 재무 분야에서 자주 사용되는 복잡한 수식이나 통계 분석 등을 버튼 하나로 수행할 수 있어 시간 절약과 오류 감소 효과를 얻을 수 있다.

마지막으로, 맞춤형 차트 생성이 있다. 데이터의 특성에 따라 자동으로 적절한 차트를 선택하고, 회사의 브랜드 가이드라인에 맞는 색상과 서식을 적용할 수 있어, 이를 통해 일관성 있고 전문적인 보고서를 빠르게 만들 수 있다.

- **일일 보고서 자동 생성** 여러 시트 및 파일의 데이터를 모아 미리 정의된 양식으로 자동 보고서 작성
- **데이터 정제 자동화** 통일되지 않은 형식 정리, 중복값 제거 등 반복 작업 자동화
- **복잡한 계산 처리** 재무·통계 수식, 반복 계산을 버튼 한 번으로 수행
- **맞춤형 차트 생성** 데이터 특성에 맞는 차트를 자동 선택, 브랜드 색상과 서식 적용
- **대량 이메일 발송 자동화** 엑셀에 입력된 이름과 메일 주소, 내용으로 아웃룩과 연동해 메일 일괄 발송
- **재고 관리 자동화** 입출고 데이터 기반 자동 재고 계산 및 경고 메시지 표시
- **고객 관리** 고객별 이력, 응답, 구매 패턴 정리 및 리마인드 일정 자동 생성
- **보고용 슬라이드 초안 작성** 정리된 데이터와 차트를 PPT 템플릿에 자동 삽입

◆ 매크로 사용 시 주의 사항

매크로의 강력한 기능만큼이나 주의해야 할 점도 있다. 첫째, 보안 설정에 주의해야 한다. 신뢰할 수 있는 소스의 매크로만 실행하도록 하고, 필요한 경우에만 매크로를 활성화하는 것이 좋다.

둘째, 백업의 중요성을 명심해야 한다. 매크로 작업은 때로 예기치 못한 결과를 낳을 수 있으므로, 작업 전 반드시 원본 파일을 백업해 두는 습관을 들여야 한다.

셋째, 복잡한 매크로는 단계적으로 접근해야 한다. 작은 기능부터 시작해서 점진적으로 확장해 나가며, 각 단계마다 테스트를 거쳐 정상 작동하는지 확인해야 한다.

마지막으로, 주석 활용의 중요성을 강조하고 싶다. 코드를 작성할 때 각 부분이 어떤 기능을 하는지, 왜 그렇게 작성했는지를 주석으로 남겨두면, 나중에 코드를 수정하거나 확장할 때 큰 도움이 된다.

이러한 주의 사항들을 잘 지키면서 매크로를 활용한다면, 업무 효율성을 크게 높이면서도 안전하고 신뢰할 수 있는 자동화 시스템을 구축할 수 있을 것이다.

매크로 사용이 익숙해지면, 단순 반복 작업에서 벗어나 더 창의적이고 분석적인 업무에 집중할 수 있게 된다. 이것이 바로 매크로, 나아가 노코드 개발의 핵심 목표다.

- **보안 설정 관리** 신뢰할 수 있는 소스의 매크로만 실행하며, 필요할 때만 매크로 활성화
- **원본 백업 필수** 예기치 못한 오류나 데이터 손실을 대비해 항상 백업
- **단계적 개발 접근** 처음부터 복잡하게 만들지 말고, 작은 기능부터 테스트하며 확장
- **주석 철저히 작성** 코드 내 설명을 꼼꼼히 달아두면 유지보수 및 협업 시 유용

지금까지 살펴본 엑셀 매크로의 강력함에 AI 노코드 기술을 접목하면, 여러분의 업무 자동화는 한층 더 쉽고 강력해 지면, 앞으로 우리가 배우게 될 AI 노코드 기술은 복잡한 VBA 코드 작성 없이도 고급 매크로 기능을 구현할 수 있게 해 줄 것이다.

AI의 도움으로 자연어로 명령을 내리면 자동으로 매크로 코드를 생성하거나, 데이터 패턴을 분석하여 최적의 자동화 솔루션을 제안받을 수도 있게 될 것이다. 이는 프로그래밍 지식이 없는 사용자도 엑셀을 자유자재로 다룰 수 있게 만들어줄 것이다.

엑셀 매크로와 AI 노코드의 결합은 단순히 반복 작업을 자동화하는 것을 넘어, 데이터 분석, 예측 모델링, 맞춤형 보고서 생성 등 고급 기능들을 누구나 쉽게 활용할 수 있게 해 줄 것이다.

이제 엑셀은 단순한 스프레드시트 도구가 아닌, AI 기반의 강력한 비즈니스 인텔리전스 플랫폼으로 진화할 것이다.

미션 07: 코딩계의 만능 도구 파이썬(Python) 맛보기

● 파이썬(Python)이라고 들어는 봤니?

파이썬(Python)의 세계로 오신 것을 환영한다. 파이썬을 단순히 뱀의 한 종류라고 생각했다면, 지금부터 새로운 세계를 만나게 될 것이다.

파이썬은 1991년 '귀도 반 로섬(Guido van Rossum)'이라는 프로그래머가 만든 프로그래밍 언어다. 그는 누구나 쉽게 배우고 사용할 수 있는 언어를 만들고 싶어 했고, 그의 바람대로, 파이썬은 현재 전 세계 개발자들 사이에서 가장 인기 있는 언어 중 하나가 되었다.

· 파이썬 로고 ·

◆ 파이썬의 특징과 강력한 생태계

파이썬이 이렇게 인기를 얻게 된 이유는 '단순함'과 '강력함'의 절묘한 조화에 있다.

파이썬의 문법은 매우 간결하고 읽기 쉽다. 예를 들어, "Hello, World!"를 출력하는 코드는 단 한 줄이면 충분하다.

이런 단순함은 초보자들도 쉽게 프로그래밍을 시작할 수 있게 해준다. 하지만 파이썬의 능력은 결코 단순하지 않다.

파이썬은 웹 개발, 데이터 분석, 인공지능, 게임 개발 등 거의 모든 분야에서 사용할 수 있는 다재다능한 언어이기 때문이다.

파이썬의 진정한 힘은 그 방대한 라이브러리에 있다. 라이브러리란 미리 만들어진 코드 모음이며, 파이썬에서는 수많은 라이브러리를 제공한다. 주요 라이브러리들은 다음과 같다.

- NumPy 수치 계산을 위한 라이브러리로, 대규모 다차원 배열과 행렬 연산을 지원한다.
- Pandas 데이터 분석을 위한 라이브러리로, 엑셀 같은 표 형식의 데이터를 쉽게 다룰 수 있게 해준다.
- Matplotlib 데이터 시각화를 위한 라이브러리로, 다양한 그래프와 차트를 만들 수 있다.
- Scikit-learn 머신러닝을 위한 라이브러리로, 다양한 알고리즘과 도구를 제공한다.

· Top10 파이썬 라이브러리 (출처: DataRundown) ·

이런 라이브러리들을 사용하면 복잡한 작업도 몇 줄의 코드로 해결할 수 있는데, 더 놀라운 점은 이런 라이브러리들을 설치하는 것이 매우 쉽다는 것이다.

파이썬의 패키지 관리자인 'pip'를 사용하면 한 줄의 명령어로 원하는 라이브러리를 설치할 수 있으며, 또한 전 세계적으로 큰 개발자 커뮤니티를 가지고 있어, 문제가 생겼을 때 쉽게 도움을 받을 수 있다.

이러한 특징들로 인해 파이썬을 강력하고, 유연한 프로그래밍 언어로 만들어주고 있다.

◆ 파이썬의 쉬운 환경 설정과 AI를 활용한 개발

파이썬은 설치와 실행이 매우 간단하다. 컴퓨터의 명령 프롬프트나 터미널에서 직접 실행할 수도 있고, 파이참(PyCharm)이나 비주얼 스튜디오 코드(Visual Studio Code) 같은 개발 도구를 사용할 수도 있다.

심지어 웹 브라우저에서 동작하는 에뮬레이터로도 파이썬을 실행할 수 있어, 초보자도 쉽게 시작할 수 있다.

파이썬은 그 자체로 강력한 프로그래밍 언어지만, AI와 결합하면서 더욱 큰 잠재력을 발휘하고 있는데, 챗GPT와 같은 AI 도구와의 결합은 프로그래밍의 새로운 지평을 열고 있다.

파이썬의 간결한 문법과 풍부한 라이브러리는 AI 노코드 개발과 잘 어울린다. AI가 생성한 파이썬 코드는 대체로 읽기 쉽고 이해하기 쉬워, 초보자도 빠르게 학습할 수 있다.

또한, 파이썬의 다양한 라이브러리를 활용한 코드를 AI가 생성해 줌으로써, 복잡한 기능도 쉽게 구현할 수 있게 되었다.

예를 들어, 파이썬에서 데이터 분석을 위해 판다스(Pandas) 라이브러리를 사용하거나, 웹 개발을 위해 장고(Django) 프레임워크를 활용하는 코드를 AI에게 요청할 수 있다.

AI는 이러한 라이브러리와 프레임워크를 활용한 코드를 생성해 주며, 사용자는 이를 바탕으로 더 깊이 있는 프로그래밍 지식을 쌓을 수 있다.

이러한 AI 노코드 개발 방식은 파이썬 학습의 새로운 방법이 되고 있어, 사용자는 AI와의 대화를 통해 파이썬 코드를 만들고 이해하면서, 자연스럽게 프로그래밍 개념과 파이썬의 특성을 전통적인 학습 방식보다 더 직관적이고 실용적인 방법으로 익힐 수 있다.

다음 학습에서는 이러한 AI 노코드 개발을 위한 파이썬 환경 설정 방법과 기본적인 사용법을 알아볼 것이다.

파이썬의 기초를 익히고 AI 도구와 결합하면, 복잡한 업무 자동화, 데이터 분석, 간단한 앱 개발 등 다양한 작업을 수행할 수 있게 된다.

파이썬과 AI의 만남은 프로그래밍의 진입 장벽을 크게 낮추었고, 우리는 이 새로운 개발 패러다임을 활용하여, 더 효율적이고 창의적인 방식으로 문제를 해결할 수 있게 되었다.

06 챗GPT를 활용한 개발 환경 만들기

미션 08: 챗GPT와 함께 파이썬 설치부터 실행까지

● 챗GPT와 함께하는 파이썬 설치

앞선 미션을 통해서 파이썬의 매력에 빠졌다면, 이제 파이썬을 설치하고 실행해 볼 차례다. 아직은 어떻게 해야 할지 모르겠지만, 우리의 든든한 조력자 챗GPT를 활용하면 쉽게 파이썬을 설치하고 실행할 수 있다.

먼저 챗GPT에게 다음과 같이 **"파이썬을 처음으로 설치해야하는데 방법을 알려줘."** 라고하면 구체적인 파이썬 설치 방법을 알려준다.

[학습자료] – [챗GPT 프롬프트] – [미션08] 파일 활용

☑ **Windows에서 파이썬 설치 방법**

1. 공식 사이트 접속
- 아래 주소로 들어간다: 파이썬 공식 웹사이트 (클릭하여 열기)
  👉 https://www.python.org

2. 최신 버전 다운로드
- 상단 메뉴에서 **"Downloads"** → **"Windows"** 클릭
- "Download Python 3.xx" 버튼 클릭 (xx는 버전 번호)

3. 설치 프로그램 실행
- 다운로드한 `python-3.xx.exe` 파일을 더블클릭하여 실행

4. 중요한 체크!
- 중요: 아래 체크박스를 꼭 클릭!
  ☑ **Add Python 3.xx to PATH** → 이거 체크 안 하면 나중에 실행 안 됨!
- 그 다음 **"Install Now"** 클릭

5. 설치 완료 확인
- 설치가 끝나면 "Setup was successful" 창이 뜸
- "Close" 클릭

◆ 파이썬 다운로드 및 설치하기

앞서 챗GPT는 친절하게 내가 이동해야 할 곳을 파란색으로 하이퍼링크를 걸어 주었다. 이 링크를 눌러 파이썬 공식 웹사이트로 이동한다.

파이썬 메인화면 상단 메뉴에서 [❶Downloads] 버튼을 클릭한 후, 사용자 운영체제(Windows, macOS, Linux)를 선택한다. 여기에서는 가장 선호하는 [❷윈도우즈]를 사용하기로 한다.

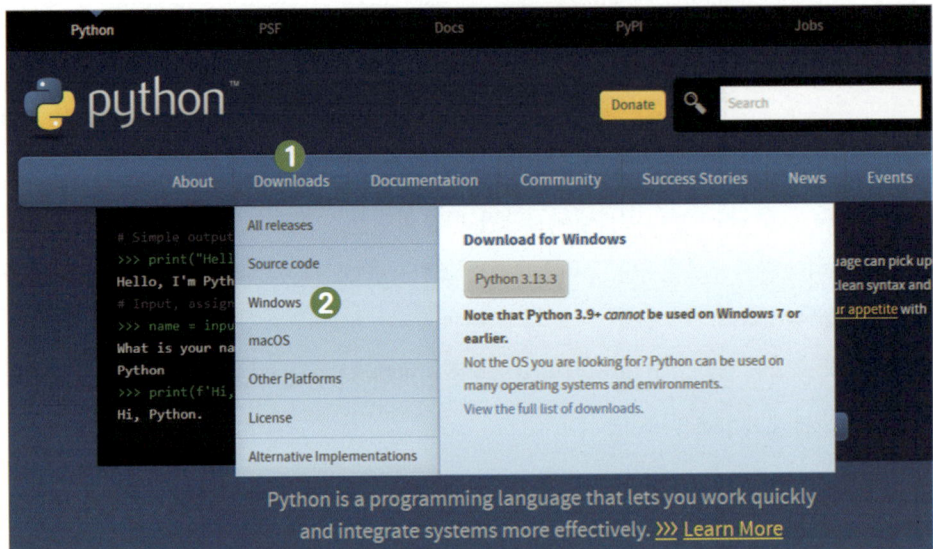

열린 페이지에는 파이썬의 버전 등 복잡한 이야기가 나오지만, 상관하지 말고 일단 맨 위쪽에 있는 [최신 파이썬 버전]을 받기 위해 클릭한다.

해당 버전 파이썬을 다운로드 받을 수 있는 페이지가 열리면 아래쪽으로 스크롤해서 [Windows installer (64-bit)]"를 클릭한다. 참고로 32비트 윈도우 사용자는 32-bit를 받으면 된다.

다운로드 받은 파일을 [❶더블클릭]하여 설치를 진행한다. 첫 번째 대화상자가 나타나면 [❷Add Python to PATH] 체크박스를 반드시 선택(체크)한 후, [❸Install Now]를 클릭하여 설치한다.

📢 Add Python to PATH 체크박스는 매우 중요하다. 필자도 처음 설치할 때 이를 놓쳐 다시 설치한 적이 있다. 이 옵션은 운영체제가 프로그램 실행 파일의 위치를 찾아가는 경로 목록으로, 파이썬이 설치된 폴더를 윈도우즈의 PATH 환경 변수에 자동으로 추가해 준다. 그러므로 파이썬을 컴퓨터 어디서나 쉽게 실행할 수 있게 해준다.

이후의 파이썬 설치 과정은 특별한 것이 없기 때문에 설치가 완료되면 [Close] 버튼을 클릭하여 대화상자를 닫는다.

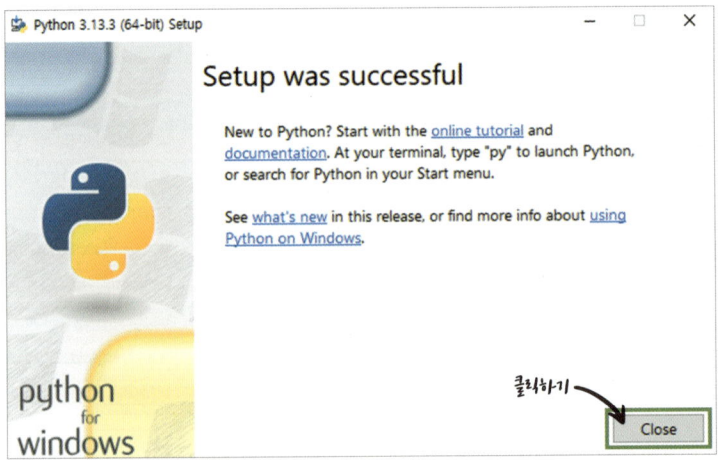

◆ **명령 프롬프트에서 설치 확인하기**

파이썬을 설치했지만, 앞서 챗GPT가 알려준 "설치 확인 방법의 명령 프롬프트 열기에서 python --version을 입력하여 정상 설치 여부 확인"할 수 있다는 것이 아직 모호하게 느껴질 수 있다.

이럴 땐 다음과 같이 "**파이썬 설치 확인 방법을 구체적으로 알려줘**"라고, 다시 구체적으로 물어보는 것이 좋다.

이제 챗GPT가 알려준 대로 키보드 좌측 하단에 있는 [윈도우즈] 키와 [R] 키를 동시에 누른 후, '실행' 창이 열리면 [❶cmd]를 입력한 다음 [❷확인] 버튼을 클릭한다.

cmd 창이 열리면 기본적으로 표시된 C 경로 뒤쪽에 [❸python --version]를 입력하며 자동으로 아래쪽에 설치된 파이썬 버전이 표시된다.

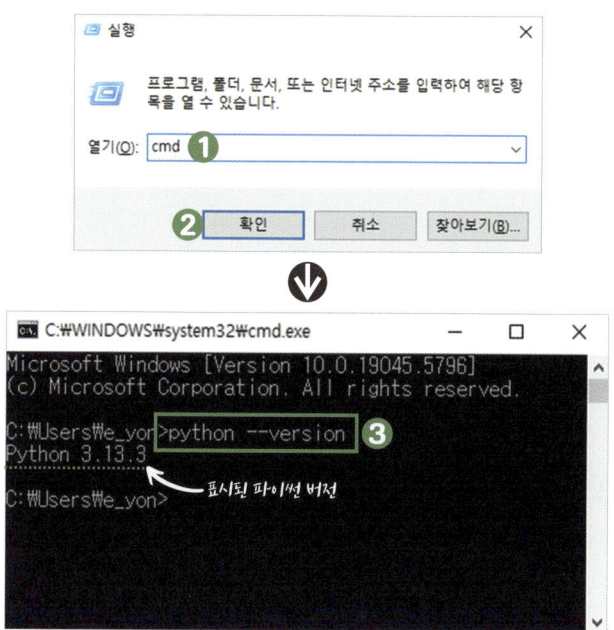

혹시 버전 정보가 보이지 않거나 오류 메시지가 뜬다면, PATH 설정에 문제가 있을 수 있으니 파실선을 지우고 다시 설치하면서 "Add Python to PATH" 옵션을 꼭 체크해야 한다는 점을 다시 한번 기억하자.

챗GPT의 도움을 받아 파이썬을 성공적으로 설치하고 설치 여부까지 확인하였다. 파이썬의 기본 환경 설정을 완료했으니, 이제 실제 코드를 작성하고 실행할 준비가 되된 것이다.

다음 미션에서는 파이썬 코드를 더욱 편리하게 작성하고 실행할 수 있는 "VSCode"라는 도구에 대해 알아보도록 한다.

VSCode는 일종의 고급 메모장으로, 실제 메모장처럼 텍스트를 입력할 수도 있지만, 코드 작성에 특화된 다양한 기능들이 있어 초보자들도 쉽게 코딩을 시작할 수 있게 도와준다.

VSCode를 이용해 파이썬에서의 첫 프로그램을 작성하고 실행해 볼 것이다.

미션 09: 개발자의 필수템, VSCode 설치하기

챗GPT와 함께하는 VSCode 설치

이전 미션을 통해 파이썬을 제대로 설치했다면, 이제 파이썬 코드를 편리하게 작성하고 실행할 수 있는 도구가 필요하다.

이번에 소개할 비주얼 스튜디오 코드(Visual Studio Code: VSCode)는 마이크로소프트가 개발한 텍스트 에디터로, 전 세계 개발자들 사이에서 가장 인기 있는 도구 중 하나다.

VSCode는 단순히 개발자만을 위한 도구가 아니다. 일반 사용자들도 무료로 사용할 수 있으며, 그 편리함 때문에 많은 사람들이 메모장 대신 VSCode를 사용하기도 한다. 처음엔 다소 복잡해 보일 수 있지만, 실제로는 사용하기 쉽고 다양한 기능을 제공하여 업무 효율을 크게 높여준다.

VSCode는 '오픈 소스' 프로젝트로, 누구나 무료로 사용할 수 있으며, 마이크로소프트라는 대기업이 지원하고 있어 지속적인 업데이트와 안정성이 보장된다.

또한, 전 세계적으로 수많은 사용자들이 있기 때문에 문제가 발생되었을 때에도 쉽게 도움을 받을 수 있다.

VSCode의 설치는 아주 간단하다. 처음 보는 프로그램을 설치하는 것이 조금 걱정될 수 있지만, 역시 챗GPT의 도움을 받으면 어렵지 않게 설치할 수 있다.

먼저, 챗GPT에게 VSCode 설치 방법에 대해 다음과 같이 "**윈도우11을 사용하고 있는데 VSCode를 설치하는 방법을 알려줘.**"라고 물어보자.

그러면 다음과 같이 VSCode를 설치하는 방법을 자세히 알려준다.

▌[학습자료] – [챗GPT 프롬프트] – [미션09] 파일 활용

☑ **1단계: 공식 사이트 접속**
- 브라우저에서 아래 링크 클릭 또는 입력:
  🔖 https://code.visualstudio.com ← VSCode 공식 웹사이트 (클릭하여 열기)

☑ **2단계: 다운로드**
- 메인 화면에서 **"Download for Windows"** 버튼 클릭
  (버튼 아래쪽에 "Windows 11, 10"이라고 표시됨)

******************** 이 하 생 략 ********************

◆ VSCode 다운로드 및 설치하기

VSCode를 다운로드하기 위해 먼저 챗GPT가 알려준 [VSCode 공식 웹사이트 링크]를 클릭해 VSCode 웹사이트로 이동한다.

웹사이트가 열리면 [Download for Windows] 버튼을 클릭해 설치 파일을 다운로드한다. 만약 다른 운영체제를 사용한다면, 우측 상단의 다운로드 버튼을 눌러 여러 운영체제 목록이 있는 페이지로 이동하여 자신에게 맞는 버전을 다운로드하면 된다.

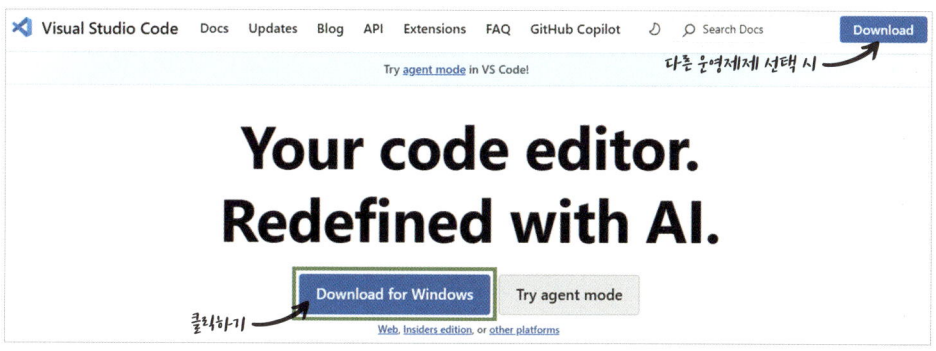

다운로드한 [❶VSCode] 파일을 더블클릭하여 설치를 진행한다. [❷라이선스] 동의 후 설치 마법사의 안내에 따라 [❸진행]하면 되면, 대부분의 경우 기본 설정으로 설치해도 충분하다.

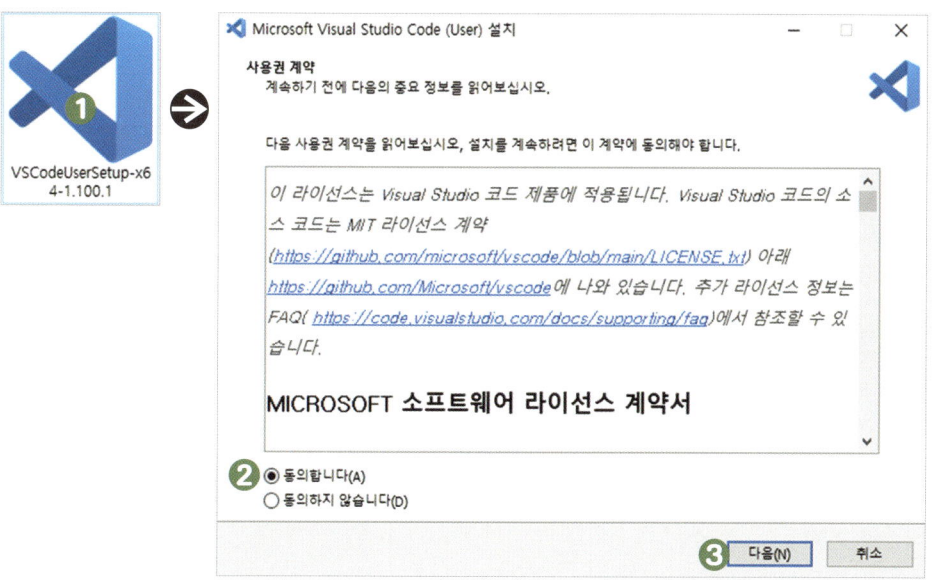

설치가 완료되면 VSCode를 실행한다. 설치 과정에서 마지막에 Visual Studio Code 실행을 체크했다면 설치 후 자동으로 실행된다.

실행된 VSCode를 보면 전체적으로 깔끔하고 현대적인 인터페이스가 눈에 들어올 것이다. VSCode는 사용자 친화적인 인터페이스를 제공하여 초보자도 쉽게 사용할 수 있다.

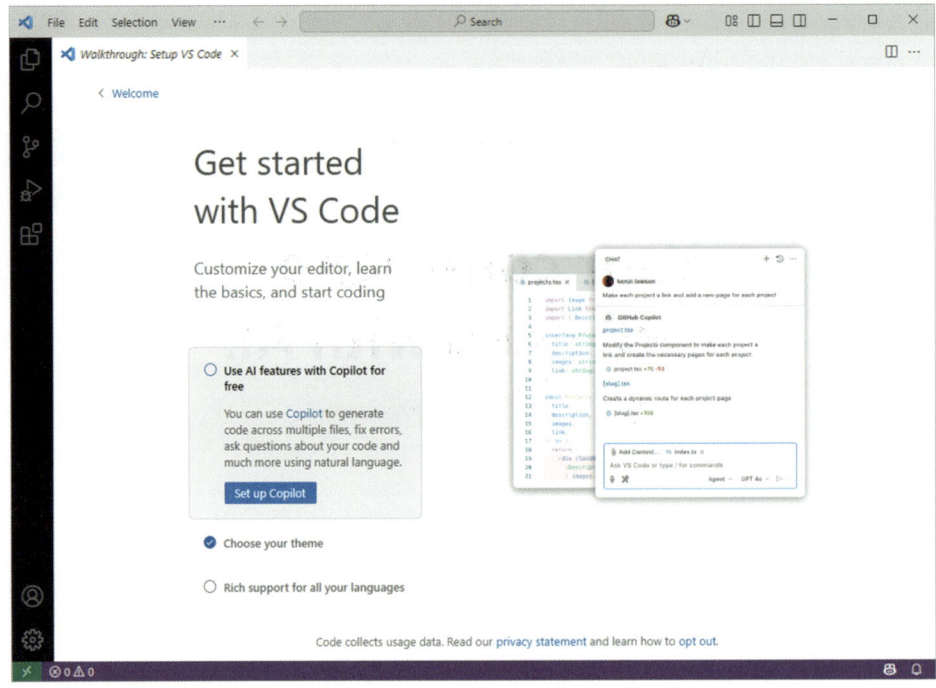

· VSCode 인터페이스 ·

> **VSCode 인터페이스 밝기 조절하기**
>
> VSCode의 기본 인터페이스는 어두운 배경이다. 하지만, 본 도서에서는 가독성을 높이기 위해 밝은 배경으로 변경하였다. 인터페이스 변경은 VSCode 좌측 하단의 톱니바퀴 모양의 [설정] - [Themes] - [Color Theme] 메뉴를 통해 원하는 밝기(색상)로 변경할 수 있다.

◆ **VSCode의 매력에 대하여**

VSCode는 단순한 코드 에디터를 넘어, 일반적인 업무에서도 매우 유용하게 사용할 수 있는 다재다능한 도구다.

특히, 일반 문서 작업에서 그 강점을 발휘하며, 다양한 파일 형식을 지원하기 때문에 텍스트 파일뿐만 아니라 CSV(Comma-Separated Values)*, JSON(JavaScript Object Notation)*, 그리고 마크다운(Markdown)*과 같은 문서 포맷도 편리하게 편집할 수 있다.

이렇게 다양한 포맷을 한 곳에서 관리할 수 있으니 여러 도구를 번갈아 사용할 필요가 없으며, 또한, 자동 완성과 실시간 오류 감지 기능은 일반 텍스트 작성에서도 매우 유용하다.

예를 들어, 긴 문장을 자주 반복해야 할 때 자동 완성 기능을 사용하면 시간을 절약할 수 있고, 문법이나 형식 오류가 있을 경우 실시간으로 알려주므로 문서 품질도 높아진다.

검색 및 치환 기능도 강력하다. 대용량 문서나 복잡한 파일에서 특정 단어나 문장을 찾고 수정해야 할 때, VSCode의 고급 검색 기능을 사용하면 매우 쉽게 원하는 부분을 찾아 빠르게 수정할 수 있으며, 여러 문서나 파일에서 동시에 치환할 수도 있어 효율적이다.

또한, 다양한 테마와 개인화된 환경을 제공해, 사용자가 편한 대로 인터페이스를 조정할 수 있다. 이는 글씨 크기나 색상, 배경 등을 자유롭게 설정해 장시간 작업해도 눈의 피로를 줄일 수 있다.

결론적으로, VSCode는 단순한 코드 작성 도구가 아닌, 문서 편집과 업무 효율을 극대화할 수 있는 강력한 도구로써, 일반 텍스트 에디터보다 훨씬 많은 기능을 제공하여 업무에서 생산성과 편리함을 크게 높여줄 것이다.

💡 **CSV(Comma-Separated Values)**
데이터를 쉼표로 구분하여 저장하는 파일 형식으로, 표 형태의 데이터를 간단하게 저장하고 교환하는 데 사용된다. 주로 스프레드시트나 데이터베이스 간 데이터 전송에 활용된다.

💡 **JSON(JavaScript Object Notation)**
데이터를 키-값 쌍으로 표현하는 경량 데이터 형식으로, 인간이 읽고 쓰기 쉽고, 컴퓨터가 쉽게 해석할 수 있다. 주로 웹 애플리케이션에서 서버와 클라이언트 간 데이터 교환에 사용된다.

💡 **마크다운(Markdown)**
텍스트를 서식화하기 위한 경량 마크업 언어로, 간단한 문법을 사용해 텍스트를 HTML 등 다양한 형식으로 변환할 수 있다. 주로 문서 작성, README 파일, 블로그 글 등에 사용된다.

◆ VSCode를 위한 파이썬 확장 기능 설치하기

VSCode에서 파이썬을 더욱 편리하게 사용하기 위해서는 파이썬 확장 기능을 설치하는 것을 권장한다. 이 확장 기능은 파이썬 개발 환경을 자동으로 설정해 주고, 코드를 더 효율적으로 작성할 수 있게 도와준다.

설치 방법은 간단하며, "VSCode에 Python 확장 기능을 어떻게 설치하지?"라는 질문으로 챗GPT의 안내에 따라 쉽게 진행할 수 있다.

> 🔧 **설치 방법 (Windows, macOS, Linux 공통)**
>
> 1. **VSCode 실행**
>   먼저 VSCode를 실행한다.
>
> 2. **확장 프로그램 탭 열기**
>   왼쪽 사이드바에서 네모 아이콘(확장 프로그램) 클릭
>   또는 단축키 `Ctrl + Shift + X` (macOS는 `Cmd + Shift + X`)를 누른다.
>
> 3. **검색창에 "Python" 입력**
>   상단 검색창에 `Python` 을 입력한다.
>
> 4. **Microsoft의 Python 확장 선택**
>   `Python` - by Microsoft 라고 되어 있는 항목을 클릭한다.
>   (아이콘에 노란 뱀이 있는 것이 특징이다.)
>
> 5. **설치 버튼 클릭**
>   오른쪽 상단의 `"설치"` 버튼을 클릭한다.

*********************** 이 하 생 략 ***********************

챗GPT가 알려준 방법을 참고하면서, 먼저, "VSCode"를 실행한 후, 왼쪽 사이드바에서 퍼즐 모양의 [❶확장(Extensions)] 아이콘을 클릭한다.

그다음 검색창에 [❷python]을 입력하여 파이썬 관련 확장 프로그램이 나타나도록 한 후, 맨 위쪽에 있는 Microsoft의 Python 확장 프로그램의 [❸Install] 버튼을 클릭하여 설치를 진행한다.

설치가 완료되면, "Python 파일(.py)"을 열거나 새로 만들어 코드를 작성할 수 있다. 이러한 확장 기능을 설치하면 VSCode 내에서 파이썬 코드를 더 쉽게 작성하고 관리할 수 있으며, 자동 완성, 코드 오류 감지, 디버깅 기능 등이 포함되어 있어 초보자들도 편리하게 파이썬을 다룰 수 있다.

이제부터 본 도서의 예제에 사용되는 파이썬 파일을 열 수 있게 된 것이다.

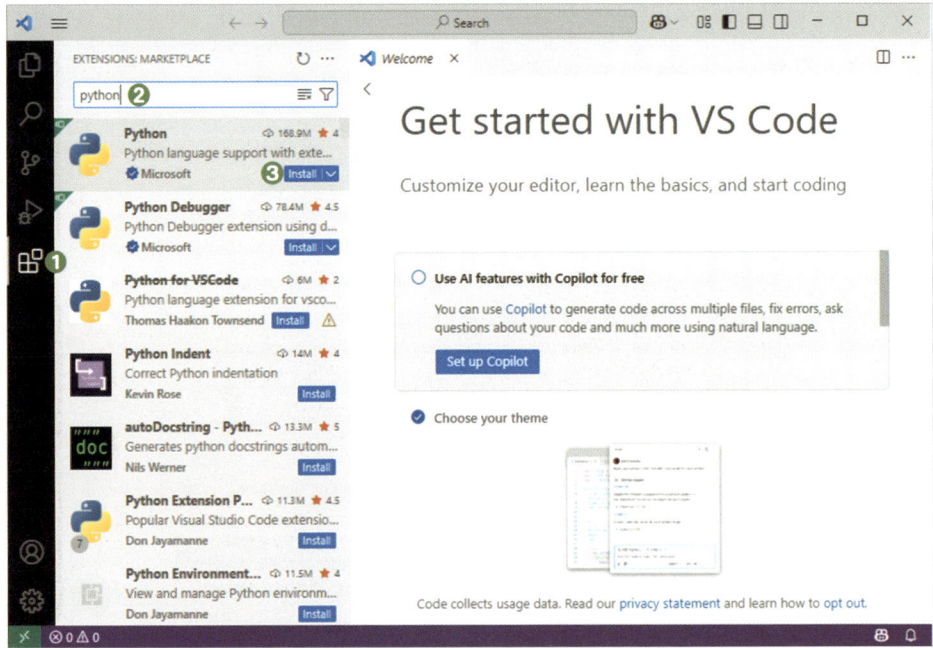

◆ 첫 파이썬 코드 작성과 실행하기

이제 VSCode에서 파이썬 코드를 작성하고 실행해 보도록 하자. 여기에서는 제1장에서 배운 구구단 코드를 예로 들어, 간단한 파이썬 프로그램을 만들어 보자.

먼저, 원하는 위치에 작업용 폴더를 하나 만들어 놓는다. 필자는 C 드라이브에 [❶no_code]라는 이름의 폴더를 만들었다.

그다음 VSCode에서 [❷익스플로러(Explorer)] - [❸폴더 열기(Open Folder)] 메뉴를 선택하여 방금 생성된 폴더를 가져오면 된다.

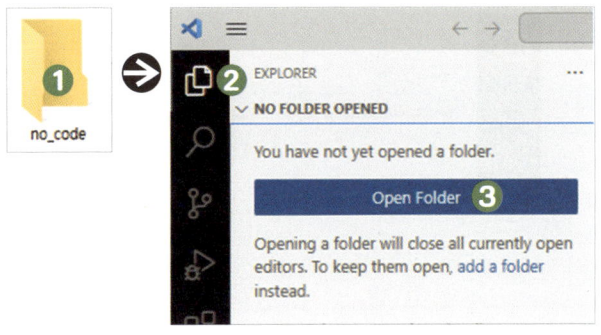

오픈 폴더 창이 열리면 앞서 생성한 "no_code" 폴더를 가져온다. 이때, 대화 상자에서는 선택된 폴더를 신뢰하기 때문에 [I trust the authors] 버튼을 누르면 된다.

참고로 제한 모드로 폴더를 사용하고자 한다면 "No, I don't trust the authors"로 가져온다.

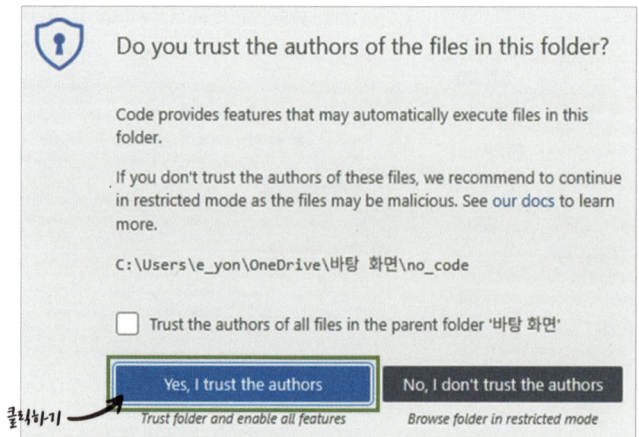

📢 "No, I don't trust the authors"를 선택하여 폴더를 가져오게 되면, 해당 폴더에 있는 파일은 자동 실행 차단, 확장 기능 제한, 코드 실행 차단, 워크스페이스 설정 무시, Live Share, Remote Development 등 기능 작동이 되지 않는다.

[❶새 파일(New File)] 버튼을 누른 후, [❷gugudan.py]를 입력하여, 방금 불러온 NO_CODE 작업 폴더에서 해당 파일을 생성한다. (바탕화면에 있는 폴드를 열어보면 해당 파일이 생성되었을 것) 여기서 ".py"는 파이썬 파일을 나타내는 확장자로, 파이썬 코드를 담는 파일은 항상 이 확장자를 사용해야 한다.

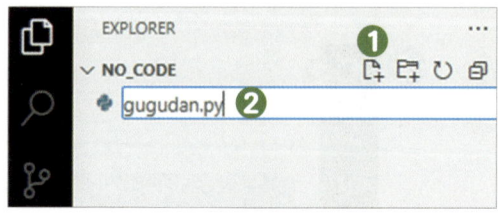

그리고 [1장]에서 만들었던 아래 코드를 붙여 넣고(Ctrl+V), 저장(Ctrl+S) 한다.

📑 [학습자료] – [챗GPT 프롬프트] – [미션04_코드 파일 활용]

```
for i in range(2, 10):
    for j in range(1, 10):
        print(f"{i} x {j} = {i*j}")
    print()  # 단 사이에 빈 줄 출력
```

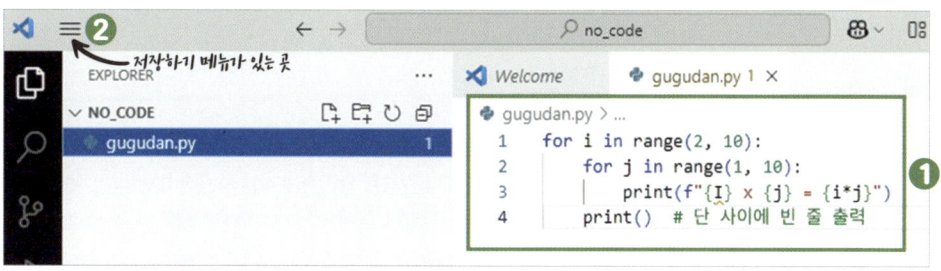

이제 방금 적용된 코드를 실행해 보기 위해 [❶메뉴] - [❷View] - [❸Terminal] 메뉴 또는 단축키 "Ctrl+`"를 선택한다. 그러면 코드 하단에 터미널이 나타난다.

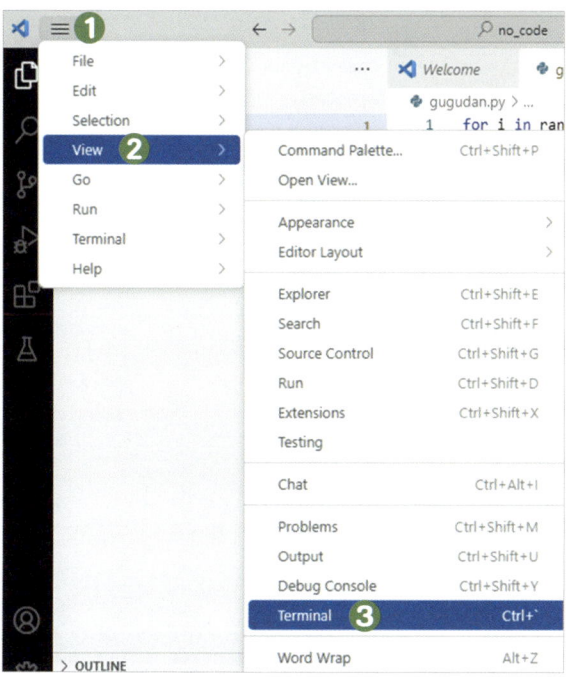

> 💡 **터미널(Terminal)**
> 운영체제의 명령어를 입력하는 창으로, 파이썬 파일을 실행하고 그 결과를 확인하기 위한 필수 도구로, VSCode 내에서 명령어를 입력해 프로그램을 실행하거나 결과를 확인하는 창을 제공하여, 우리가 작성한 파이썬 파일을 실행할 수 있다.

그다음 [❶gugudan.py] 파일 위에서 "우측 마우스 버튼"을 클릭하여 메뉴를 열고, 이 메뉴 중 [❷Run Python File in Terminal]을 선택하여 선택한 파일 실행을 선택한다.

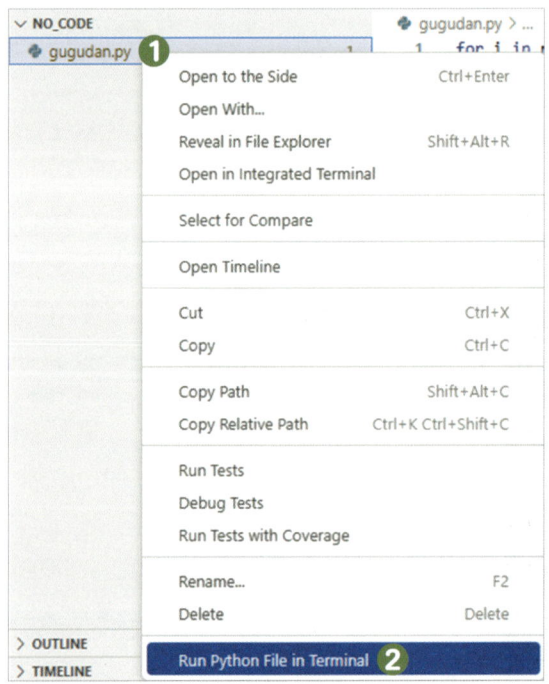

그러면 터미널 창에 다음과 같이 구구단 코드의 결과가 표시된다. 이것으로 4장에서 설명한 구구단 코드 프로그램이 어떻게 실행되는지에 대한 궁금점이 해결되었다.

처음으로 파이썬 프로그램이 성공적으로 실행되었다. 이처럼 VSCode는 코드 작성부터 실행까지 한 곳에서 모두 처리할 수 있는 강력한 도구다.

터미널을 활용해 코드를 실행하고, 결과를 직접 확인하는 과정이 코딩의 핵심적인 부분이며, 특히 VSCode는 이 과정이 간단하고 직관적으로 이루어져 있어 초보자도 쉽게 사용할 수 있다. 또한, 무료로 사용할 수 있어 접근성도 뛰어나며, 코딩뿐만 아니라 일반 문서 작업에도 유용하다.

이제 파이썬 개발을 위한 기본 환경이 준비되었으니, 다음 미션에서는 더 다양한 파이썬 프로그램을 만들어 보며 실력을 키워 나가도록 하자.

📢 책에 나온 질문을 챗GPT에 그대로 물어보면, 답이 책과 조금 다를 수 있다. 하지만 걱정하지 않아도 된다. 챗GPT는 같은 질문에도 상황에 따라 다양한 답을 만들 수 있는 AI이기 때문이다. AI는 정해진 답을 주기보다는 그때그때 새로운 방식으로 설명해 준다. 그래서 답이 달라 보여도 핵심은 같고, 코드 결과도 같으며, 오히려 이런 다양함 덕분에 우리는 더 쉽게 이해하고, 더 나은 방법을 배울 수 있다. 그러므로 챗GPT의 답변이 다르게 나왔다고 당황하지 말고, 풍부한 표현을 통해 더 깊이 익혀보자.

이제 나도 당당한 개발자!

🤖 미션 10: 엑셀로 만드는 초특급 헬로 월드(Hello World)

지난 과정을 통해 우리는 엑셀에서 VBA 매크로를 사용하고, 파이썬을 실행하는 방법에 대해 배웠고, 이번에는 직접 코딩을 시작해보려고 한다.

많은 프로그래머가 처음 코딩을 배울 때 "Hello World"를 출력하는 것부터 시작하는데, 그 이유는 간단하면서도 컴퓨터와의 첫 소통을 확인할 수 있기 때문이다.

"Hello World"는 프로그램이 제대로 작동하는지 확인할 수 있는 가장 기본적인 테스트이며, 우리도 이 과정을 함께해 보기로 하자.

먼저, 엑셀에서 어떻게 "Hello World"라 글자가 멋지게 출력할 수 있을지 **"내가 엑셀 매크로를 사용해서 'Hello World'를 아주 특별하게 임팩트 있게 만들려면, 어떤 방식이 좋을까?"** 라고 챗GPT에게 질문해 보자. 그러면 다음와 같은 답변을 얻을 수 있다.

📎 [학습자료] – [챗GPT 프롬프트] – [미션10] 파일 활용

✅ **1. 화려한 메시지 박스 (MsgBox + 이모지 + 타이밍)**

```vba
Sub SpecialHelloWorld()
    MsgBox "👋 Hello, World! 🌍" & vbCrLf & "Welcome to Excel Magic ✨", vbInformation, "🚀 시
End Sub
```

- 이모지, 줄바꿈, 아이콘, 제목 등을 활용해 임팩트를 준다.

✅ **2. 셀에 글자가 타이핑되듯 한 글자씩 나타나기**

```vba
Sub TypeHelloWorld()
```

******************** 이 하 생 략 ********************

챗GPT의 답변은 아주 쉽게 구현할 수 있는 방법이어서 바로 따라 해볼 수 있을 것 같다. 그런데, [미션06]의 엑셀에서 VBA를 실행했던 것이 기억나지 않는다면? 어떻게 할까?

걱정할 필요 없다. 우리는 언제든지 챗GPT에게 다시 물어보고 도움을 받을 수 있다. 그러면 다시 한번 챗GPT에게 다음과 같이 "음 좋아 다시한번 엑셀에 VBA를 어떻게 넣고 실행하는지 알려 줄래?"라고 물어 보자.

그러면 지난 질문에 대한 답변을 기억했다가 다시 정확하고 친절하게 소개해 줄 것이다.

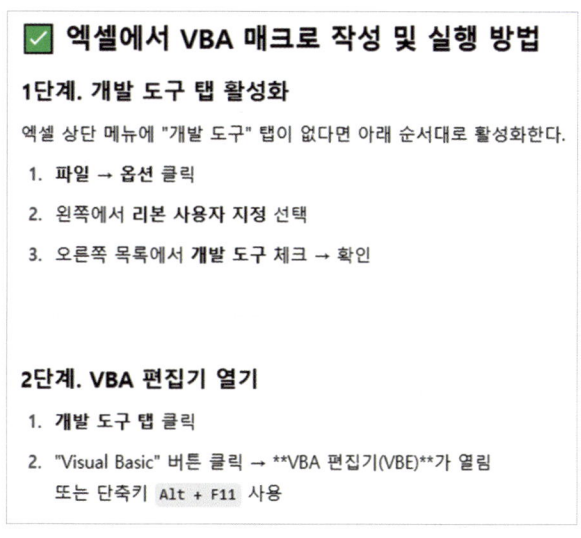

*********************** 이 하 생 략 ***********************

기억이 돌아왔다면, 챗GPT가 알려준 방법대로 다시 엑셀에서 VBA를 실행하고, 코드를 복사해 넣어보자. (앞선 학습에서 이미 "개발 도구"를 체크했기 때문에 지금은 다시 체크할 필요는 없음) 엑셀을 실행한 후 [❶개발 도구] 메뉴에서 [❷Visual Basic]을 선택(단축키 Alt+F11)하여 VBA 편집기를 열어준다. 그다음 [❸삽입] - [❹모듈]를 선택하여 새 모듈을 삽입한다

▌[학습자료] – [GPT 질의응답 텍스트] – [미션10.vba 파일 활용]

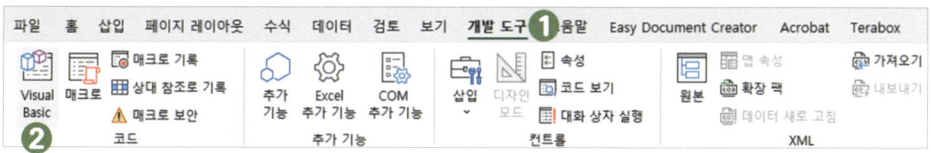

07. 이제 나도 당당한 개발자! •••• 083

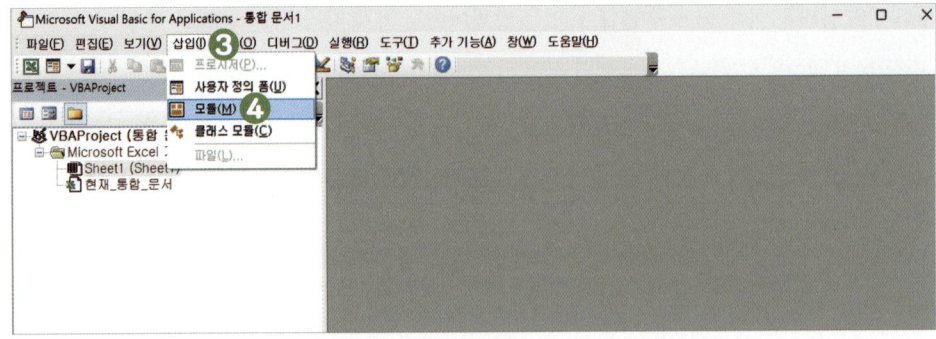

학습자료 폴더에 미리 준비된 [미션10.vba] 파일을 열고, 그 안에 있는 코드를 모두 복사(Ctrl+C)한 후, 생성된 새 모듈에 코드를 [붙여 넣기(Ctrl+V)] 한다.

▌[학습자료] – [코드] – [미션10_코드.vba] 파일 활용

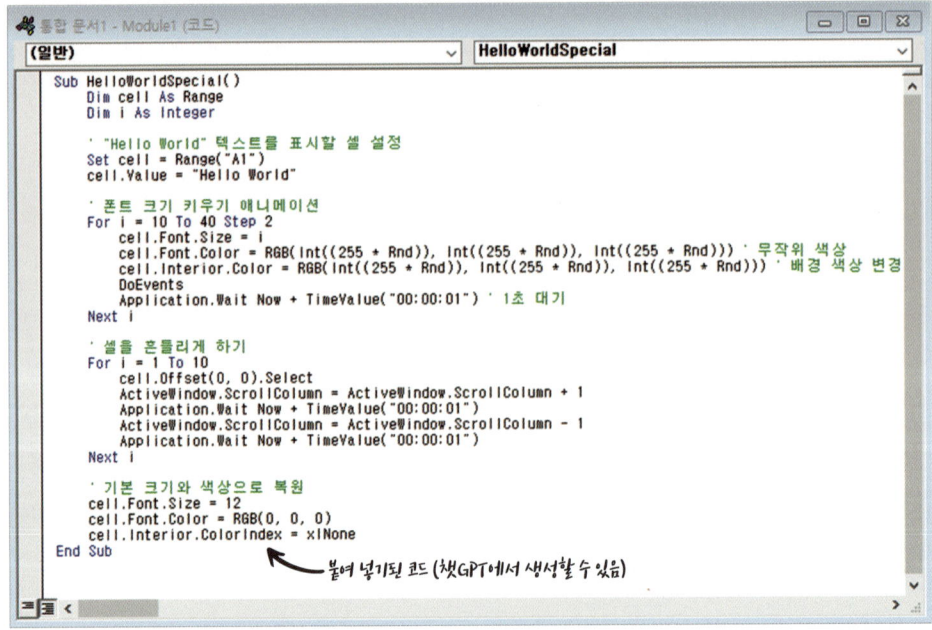

이제 매크로를 실행하기 위해, VBA 창을 닫고 엑셀 시트로 돌아와 [❶개발 도구] – [❷매크로] 메뉴를 선택(단축키Alt+F8)하여 '매크로' 실행 창을 열고, [❸HelloWorldSpecial] 매크로를 [❹실행]하면 된다.

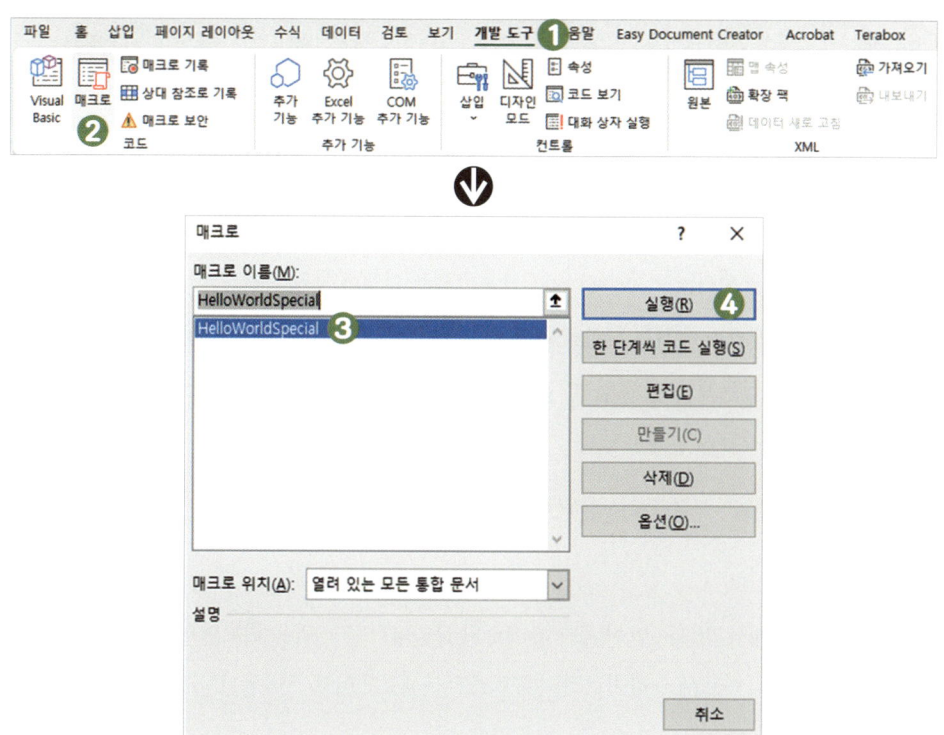

실행된 매크로를 보면, "Hello World"가 멋지게 엑셀 화면에 나타나는 것을 확인할 수 있다.

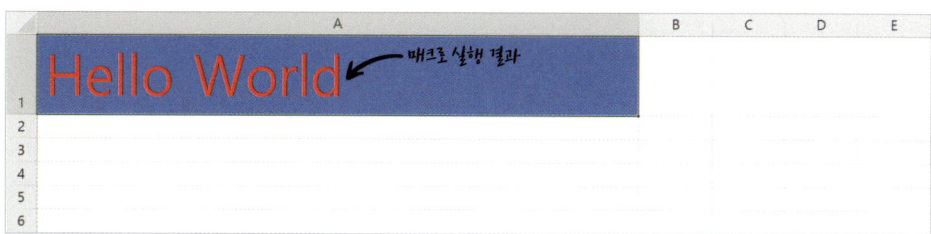

📢 이제 우리는 AI 노코드 개발을 통해 직접 코드를 작성하지 않아도 원하는 기능을 구현할 수 있게 되었다. 챗GPT와 대화하며 아이디어를 코드로 구현하고, 필요할 때마다 쉽게 수정할 수 있다는 것이 큰 장점이며, "Hello World 글자가 커지며 이동하게 해줘"처럼 요청하면, 원하는 결과를 얻고 학습까지 가능하다. 이번 학습 경험을 바탕으로, 더 다양한 자동화 작업을 실무에 적용해 보자. 참고로 "학습자료"에 포함된 '프롬프트'와 '코드'를 활용하면 더욱 효과적인 학습이 가능하다.

미션 11 : 파이썬으로 만드는 100가지 "Hello World"

이번 미션에서는 파이썬을 활용해 "Hello World"를 다양한 방식으로 출력하려고 한다. 다양한 텍스트 출력 방법과 효과를 이용해 파이썬의 참 매력을 알아보자.

앞서 "미션09"에서 VSCode를 통해 파일을 생성하고, 코드를 복사해 실행하는 방법을 배웠기 때문에 이 방법을 활용해 재미있는 "Hello World" 프로그램을 실행해 보자.

먼저 챗GPT에게 "Python에서는 'Hello World'를 단순히 출력하는거 말고 , 다양한 방식으로 재미있게 만들어 볼수 있는게 어떤 것일까? 제안 부탁해."라는 질문으로 파이썬으로 흥미로운 Hello World를 만들어 달라고 요청해 보았다.

[학습자료] – [챗GPT 프롬프트] – [미션11] 파일 활용

챗GPT의 제안 중에서 3번과 6번 예제가 흥미로워 보인다. 먼저 3번을 해보면서 파이썬의 기능을 살펴보자. 파이썬의 아트(Art) 라이브러리로 텍스트를 ASCII 아트 스타일로 쉽게 출력할 수 있다.

만약, 여러분의 챗GPT의 결과가 책의 내용과 다르다면 "학습자료" 폴더에 있는 "코드" 자료를 활용하면 된다.

6. 진행 바로 출력

텍스트가 마치 진행 중인 작업처럼 보여주는 방식.

```python
import time

def progress_hello():
    message = "Hello World"
    for i in range(len(message) + 1):
        print("\r" + message[:i], end="")
        time.sleep(0.2)
    print()

progress_hello()
```

설명

- 텍스트가 점점 출력되면서 마치 로딩 중인 것 같은 느낌을 줄 수 있음.

********************* 이하생략 *********************

◆ 텍스트를 아스키(ASCII) 아트로 출력하기

해당 코드를 실행하기 위해 [미션 09]에서 배웠던 것처럼, 먼저 VSCode를 실행한 후, [❶새 파일(New File)] 버튼을 누른 후, [❷ascii_hello.py]를 입력하여, 앞서 생성한 NO_CODE 작업 폴더에서 해당 파일을 생성한다.

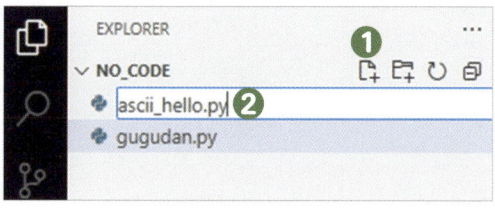

그리고 [3. 텍스트를 ASCII 아트로 출력]코드를 [❶붙여 넣고(Ctrl+V)], [❷저장(Ctrl+S)] 한다.

▌[학습자료] – [코드] – [미션11_코드.py] 파일 활용

```
from art import text2art
def ascii_hello():
    art_text = text2art("Hello World")
    print(art_text)
ascii_hello()
```

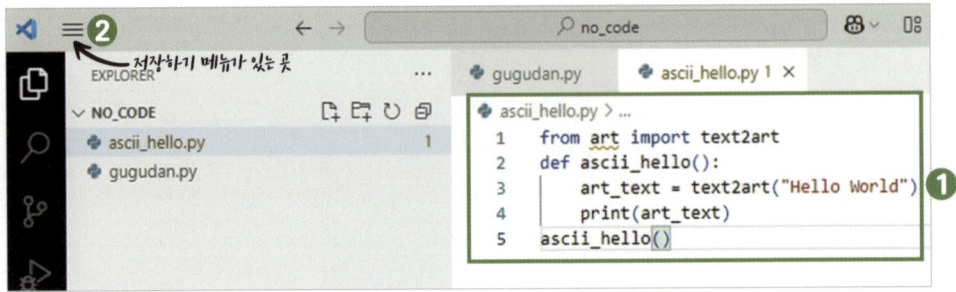

이제 방금 저장된 코드를 실행해 보기 위해 [❶메뉴] - [❷View] - [❸Terminal] 메뉴 또는 단축키 "Ctrl+`"를 선택한다. 그러면 코드 하단에 터미널이 나타날 것이다.

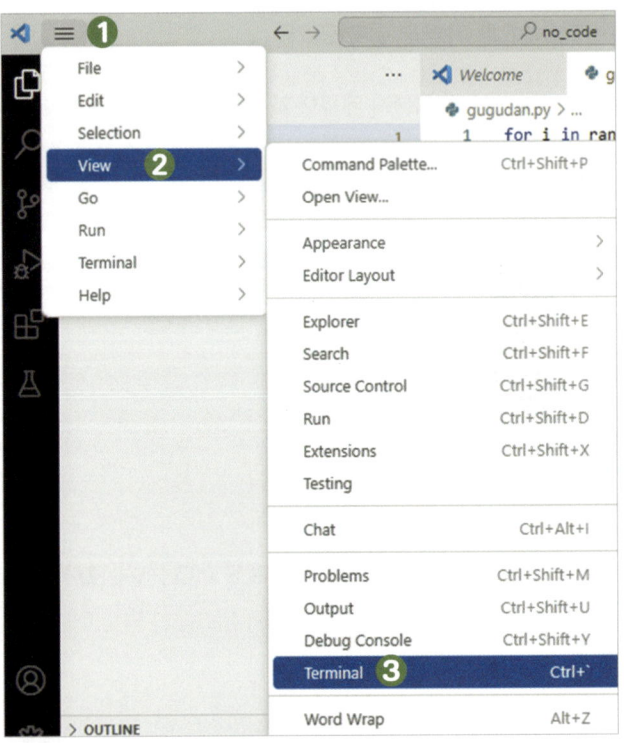

그다음 [❶ascii_hello.py] 파일 위에서 "우측 마우스 버튼"을 클릭하여 메뉴를 열고, 이 메뉴 중 [❷ Run Python File in Terminal]을 선택하여 선택한 파일 실행을 선택한다.

하지만, 실행 후 터미널에 결과가 출력되지 않고, 다음과 같은 무슨 뜻인지 정확히 알 수 없는 에러 메시지가 표시된다.

· 뜻 모를 터미널 에러 메시지 ·

하지만 우리는 AI 노코드 개발자이기 때문에 에러 메시지가 무슨 뜻인지 몰라도 해결할 수 있다. 에러 메시지를 그대로 복사해서 챗GPT 채팅창에 붙여 넣어 물어보면 된다.

· 챗GPT에 에러 메시지를 그대로 실행한 후의 답변 ·

에러 메시만으로도 챗GPT는 "art" 모듈이 설치되지 않았고 하고, 터미널에서 "pip install art" 명령어를 실행하라고 제시하는 것을 알 수 있다.

이제 이 제시를 따라 "pip install art" 명령어를 터미널에 [❶복붙(복사 후 붙여 넣기)]한 후, [❷엔터]를 눌러 실행해 보면, "art" 라이브러리가 설치되는 것을 확인할 수 있다.

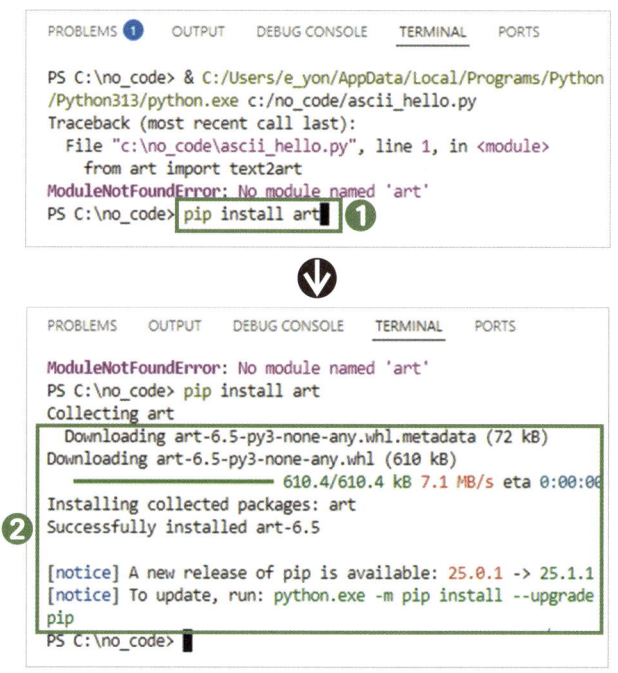

· pip install art가 설치된 모습 ·

다시 "Run Python File in Terminal" 메뉴를 선택하여 "ascii_hello.py"를 실행해 보면 ASCII 아트로 멋진 "Hello World"가 출력될 것이다.

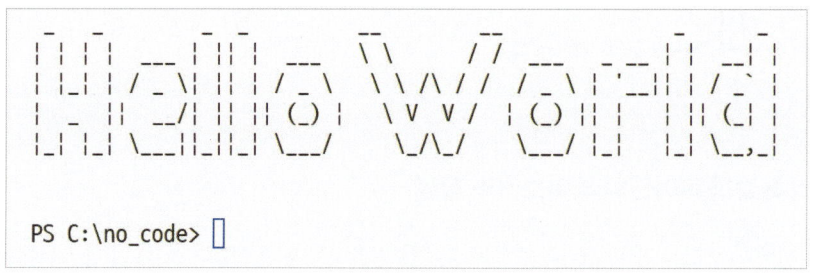

◆ 진행 바(Progress Bar)로 "Hello World" 출력하기

이번에는 앞서 제시한 6번 코드가 실행될 때, 진행 상태를 시각적으로 보여주는 진행 바 형태의 "Hello World" 출력 방식도 시도해 보자.

이 코드는 텍스트가 한 글자씩 출력되며, 진행 상태를 시각적으로 보여준다.

```
def progress_hello():
    message = "Hello World"
    for i in range(len(message) + 1):
        print(f"\r{message[:i]}", end="")
        time.sleep(0.5)
progress_hello()
```

이번 예제는 앞선 두 예제를 참고하면서 "progress_hello.py"이란 이름의 파일을 만들어 실행해 보자. 메시지가 서서히 나타나는 멋진 효과를 볼 수 있을 것이다.

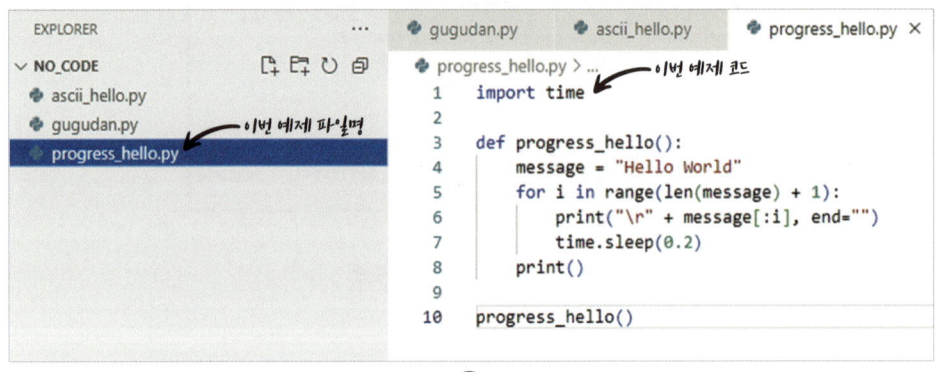

```
PS C:\no_code> & C:/Users/e_yon/AppData/Local/Programs/Python
/Python313/python.exe c:/no_code/progress_hello.py
Hello W
```
― 한 글자씩 나타나는 모습

◆ 에러 해결과 파이썬의 라이브러리 장점

이번 미션에서 우리는 라이브러리 설치의 중요성과 편리함을 경험했다. 이처럼 파이썬에는 수많은 라이브러리가 존재하며, 필요에 따라 "pip" 명령어로 간단히 설치해 사용할 수 있었다.

또한, 코드 사용 시 에러가 발생하면 에러 메시지를 그대로 복사하여 챗GPT에게 물어보면, 빠르고 간단하게 문제를 해결할 수 있다는 것도 알 수 있었다. AI 노코드 개발의 매력 중 하나는 바로 이러한 에러 처리의 용이성이다.

프로그래밍에서 가장 어려운 부분은 종종 코드를 작성하는 것보다 에러를 해결하는 과정이라고 한다. 하지만 우리는 AI와 함께 코딩하면서 복잡한 에러를 쉽게 해결하는 방법을 배웠다.

에러 메시지를 챗GPT에게 복사해 질문하고, 해결 방법을 바로 적용하면 문제를 간단히 해결할 수 있다는 점에서 AI 노코드 개발의 강력한 장점이라는 것을 경험한 것이다.

◆ 직접 시도해 보면서 발전하기

본 도서에서 다룬 예제 외에도, 파이썬으로 Hello World를 출력하는 여러 가지 방법을 시도해 보자. 그러면 책에 나오는 모든 코드는 제공된 샘플 파일에서 확인할 수 있으며, 학습한 "미션 11.py.txt" 파일에서 필요한 부분을 복사해 사용할 수 있다.

이렇게 직접 코드를 실행하면서 느낀 점이나 추가하고 싶은 변화를 시도해 보는 것도 좋은 학습 방법이다.

AI 노코드 개발의 큰 장점 중 하나는, 에러 메시지만 복사해도 빠르게 문제를 해결할 수 있다는 점에서 우리는 이번 미션을 통해 파이썬에서 Hello World를 다양한 방식으로 출력하는 방법을 배웠고, 특히 에러가 발생했을 때 이를 쉽게 해결하는 방법을 알게 되었다는 것은 본격적으로 실무에 필요한 "파이썬 AI 노코드 개발"을 시작할 수 있다는 의미라고 보면 될 것이다.

PART 03

실전! AI 노코드 개발 미션

이제 진짜 개발자처럼 움직일 시간이다.

3부에서는 AI와 함께 직접 만드는 노코드 프로젝트 미션을 통해 실전 감각을 키운다.

파일 정리, 문서 편집, 엑셀 자동화, 게임 개발, 업무 자동화까지, 당장 써먹을 수 있는 31가지 미션이 기다리고 있다.

단순한 따라하기를 넘어서, 실생활 문제를 AI로 해결하는 뿌듯함을 느낄 수 있을 것이다.

처음 만든 게임을 친구에게 실행 파일로 선물하고, 1,000명의 성적표를 자동으로 메일 보내는 그날까지...

이제, AI와 함께 진짜 "작동하는 결과물"을 만들어보자.

08 나만의 파일 정리 프로그램 만들기

미션 12: 한방에 끝내는 파일명 바꾸기 (타임스탬프)

이메일이나 다양한 작업에서 여러 개의 파일을 다운로드하다 보면, 특정 폴더에 비슷한 이름의 파일들이 잔뜩 쌓여 헷갈릴 때가 있다. 특히 최신 파일이 무엇인지, 어떤 파일이 업데이트된 파일인지 구분하기 어려울 때가 많다.

이번 미션에서는 바로 여러 개의 파일명을 한 번에 이해하기 쉽게 바꿀 수 있는 '타임스탬프' 개발 방법에 대해 알아 볼 것이다.

다음 그림을 보면 100개의 파일이 동일한 폴더 안에 들어 있다. 이런 상황에서는 원하는 파일을 찾기 어렵고, 파일을 관리하는 것이 더 복잡해진다.

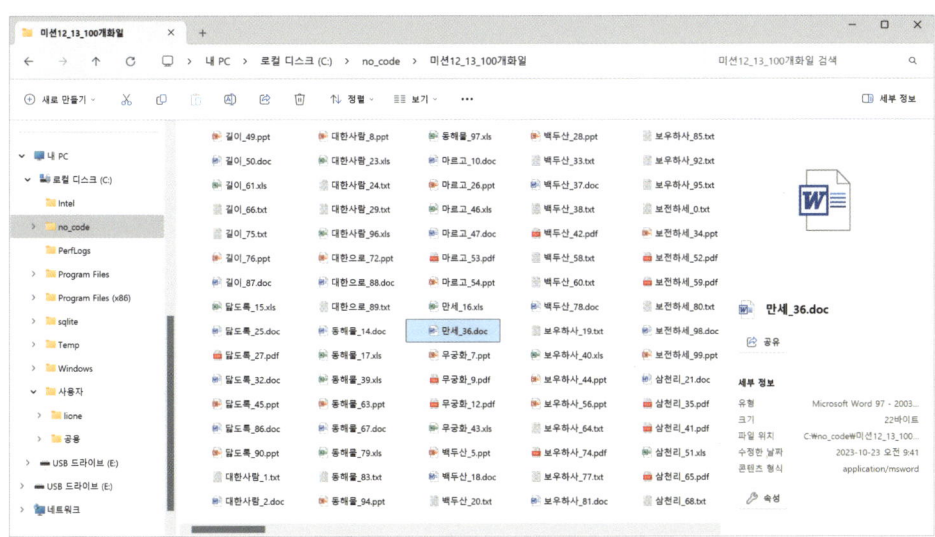

그래서 이번 미션에서는 파일의 날짜 정보를 활용하여 각 파일에 '타임스탬프'를 추가하는 방법을 배워보기로 한다.

참고로 본 미션은 학습 자료를 통해 100개의 샘플 파일들을 제공하기 때문에 이 파일들을 직접 실습해보며, 파일명 변경 연습에 효과적으로 활용할 수 있다.

🔖 [학습자료] – [샘플 파일] – [미션12] 파일 활용

💡 **타임스탬프(Timestamp)**
파일의 생성일자나 수정 일자를 기록하는 정보를 의미한다. 이번 미션에서는 YYMMDD(년월일) 형식을 사용했는데, 이는 두 자릿수 연도, 월, 일 순으로 표시하는 방식이다. 파일명에 타임스탬프를 추가하면, 파일 정렬 시 날짜 순으로 정리할 수 있어 파일 관리가 훨씬 쉬워지며, 또한 시간이 필요한 경우에는 HHMMSS 형식을 더해 시간을 기록할 수도 있다. 이를 통해 프로젝트 진행 상황을 좀 더 명확하게 추적할 수 있다. 타임스탬프는 파일 관리뿐만 아니라, 데이터를 백업하거나 특정 시점에 작성된 파일을 찾을 때 매우 유용하다. 파이썬의 'time' 모듈을 활용해 시간 정보에 대한 다양한 포맷을 사용해볼 수 있기 때문에, 이 방식도 적용해 보길 권장한다.

먼저, 챗GPT를 통해 샘플 파일에 대한 파이썬 코드 작성을 요청하기 위해 [학습 자료] – [샘플 파일] – [미션 12] 100개의 샘플 파일]의 압축을 푼 후, 학습의 편의를 위해 C 드라이브에 만들어 놓은 [no_code] 폴더 안으로 갖다 놓는다.

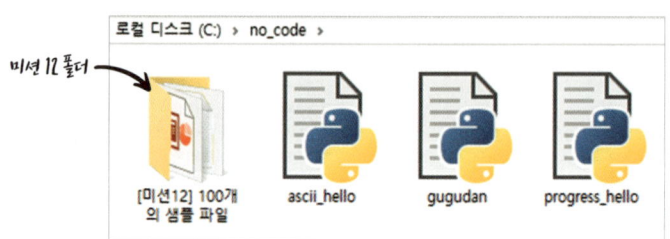

📢 실제 작업에서는 다른 위치에 있는 파일들을 사용하겠지만, 여기에서는 학습의 편의를 위해 만들어 놓은 "no_code"폴더를 활용하였다.

먼저, 챗GPT를 통해 "C:\no_code\[미션12] 100개의 샘플 파일 폴더의 모든 파일의 날짜 정보를 읽어서 YYMMDD_기존 파일명 형식으로 파일명을 변경하는 Python 코드를 만들어줘."라는 질문으로 다음과 같은 파이썬 코드를 생성해 보자.

다음은 `C:\no_code\[미션12] 100개의 샘플 파일` 폴더 내 모든 파일의 생성 날짜 정보를 읽어와서, 파일 이름 앞에 `YYMMDD_` 형식으로 붙여 이름을 변경하는 Python 코드이다. Windows 환경 기준이며, 파일 생성일은 `os.path.getctime()` 을 사용한다.

```python
import os
import time

# 대상 폴더 경로
folder_path = r"C:\no_code\[미션12] 100개의 샘플 파일"

# 폴더 내 모든 파일 처리
for filename in os.listdir(folder_path):
    full_path = os.path.join(folder_path, filename)

    # 폴더가 아닌 파일만 처리
    if os.path.isfile(full_path):
        # 파일 생성 시간 가져오기
        created_time = os.path.getctime(full_path)

        # YYMMDD 형식으로 변환
        date_str = time.strftime("%y%m%d", time.localtime(created_time))

        # 새로운 파일명 만들기
        new_filename = f"{date_str}_{filename}"
        new_full_path = os.path.join(folder_path, new_filename)

        # 파일명 변경
        os.rename(full_path, new_full_path)

print("파일 이름 변경이 완료되었습니다.")
```

✅ 사용 전 주의사항

1. 파일 이름이 중복될 경우 덮어쓰기가 일어날 수 있다.
   - 원한다면 중복 확인 로직을 넣을 수 있음.
2. `getctime()` 은 Windows에서는 생성 시간, macOS/Linux에서는 마지막 메타데이터 변경 시간을 반환함.
3. 실행 전에 원본 백업을 권장함.

◆ VSCode에서 실행하기

이제 앞서 챗GPT에서 생성한 코드를 VSCode에서 실행해 보자. 앞서 학습했던 것처럼 VSCode에서 [❶rename_files.py]이란 이름으로 "새 파일"을 생성한 후, 앞서 생선한 [❷코드를 복붙]한다. 그리고 rename_files.py 파일을 "저장(Ctrl+S)"한다.

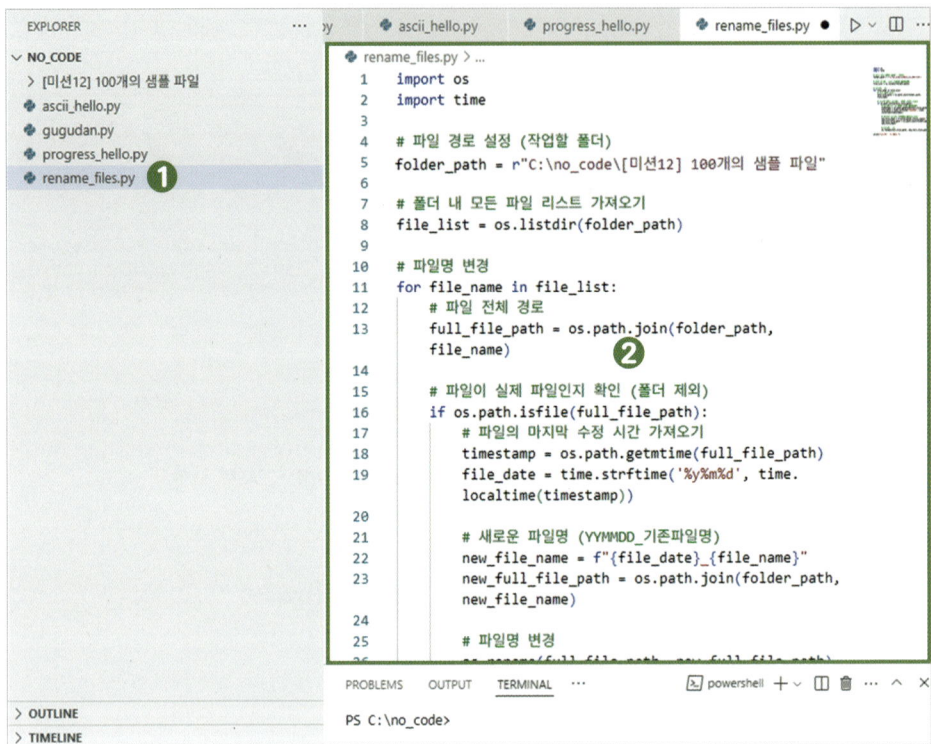

저장된 "rename_files.py" 파일 위해서 [우측 마우스 버튼] - [Run Python File in Terminal]을 선택하여 파이썬 파일을 실행한다. 그러면 다음과 같이 "파일명 변경 완료"라는 메시지가 뜨는 것을 볼 수 있다.

📢 만약, 정상적으로 완료되지 않았다면, 그음과 같이 파일이 있는 곳의 경로가 코드에서 잘못 입력됐기 때문이다. 그러므로 정확한 경로 확인 및 수정으로 통해 해결할 수 있다.

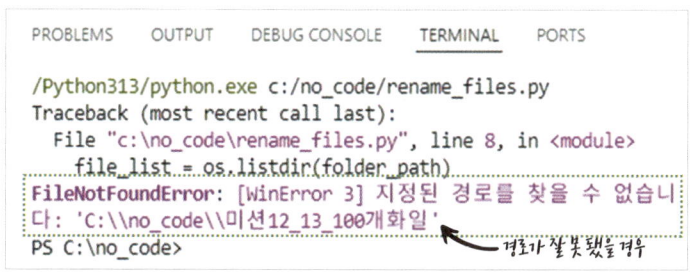

완료 후, "C:₩no_code₩[미션12] 100개의 샘플 파일" 폴더로 들어가 보면 다음과 같이 파일명 앞에 타임스탬프가 찍혀 있는 것을 확인할 수 있다.

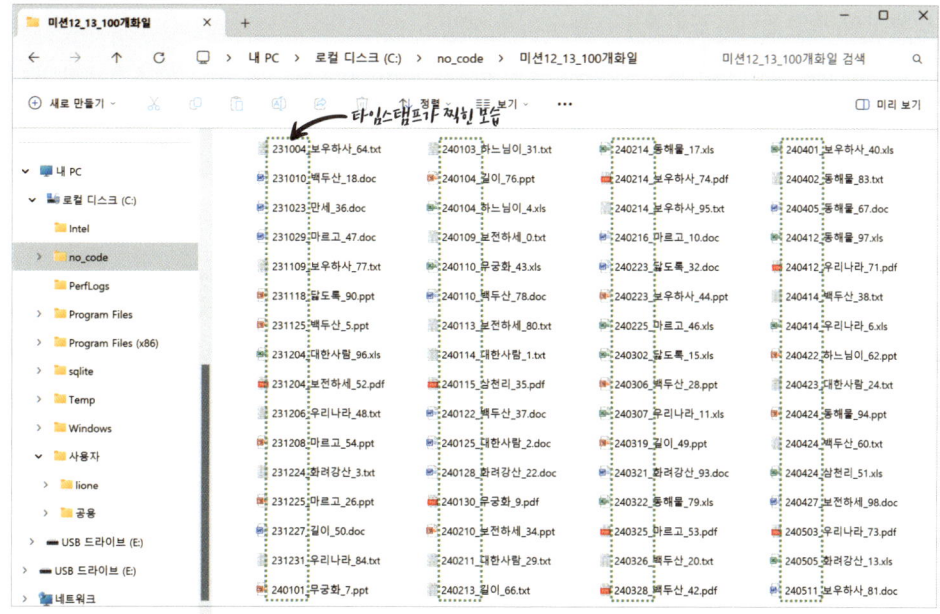

참고로 파이썬 코드를 보면 다음과 같이 폴더 경로가 지정되어 있는 것을 확인할 수 있다. 이 경로를 다른 폴더 경로로 바꿔주면 바꾼 폴더의 파일들도 동일한 방식으로 작업할 수 있다.

08. 나만의 파일 정리 프로그램 만들기 •••• 099

💡 **폴더 경로 쉽게 찾기**

윈도우 탐색기에서 특정 폴더에서 [❶우측 마우스 버튼] - [❷주소를 텍스트로 복사] 메뉴를 사용하면 해당 폴더의 경로를 쉽게 복사하여 파이썬 코드로 사용할 수 있다.

◆ 다른 방법으로 시도해 보기

이번에 배워 본 미션에서 배운 것처럼 타임스탬프를 활용하면 파일명을 훨씬 더 체계적으로 정리할 수 있다는 것을 알 수 있다.

이를 기반으로 파일 크기나 확장자 정보를 추가하여 파일명을 더 구체적으로 바꿔보는 방법도 시도해 보면, 파일 관리의 편리함을 느낄 수 있을 것이다.

이와 같은 방법으로 파이썬으로 파일명을 변경하는 다양한 방식을 시도해 보며, 효율적인 파일 정리를 경험해 보길 권장한다.

미션 13: 만 개의 파일을 날짜, 확장자별로 정리하기

이번 미션은 2020년도부터 필자의 파일 서버에 쌓인 약 1만 개의 파일들을 체계적으로 정리하는 것이다. 파일 수가 워낙 많기 때문에 복사하는 데에도 시간이 오래 걸릴 것이다. 그렇다면 어떻게 효율적으로 정리할 수 있을까?

이와 같은 작업도 AI 노코드 개발을 활용해 문제를 해결할 수 있다. 이제 준비된 만개의 파일을 연도별, 월별, 확장자별로 정리해야 한다. 그래서 챗GPT에게 파일의 마지막 수정일을 기준으로 폴더를 생성하고, 그 안에서 확장자별로 분류하는 방법을 제시했다.

"C:\no_code\[미션13] 10000개의 샘플 파일 폴더에 있는 파일 전체를 년도 폴더(0000년), 아래 월 폴더(00월), 아래 확장자별 폴더(pdf 등)를 만들어서 새로운 폴더인 'C:\no_code\[미션13_10000개 파일_정리' 폴더에 복사해서 만들어주는 파이썬 코드 부탁해."

그러면 다음과 같이 챗GPT는 파일을 효율적으로 관리할 수 있는 파이썬 코드를 생성해 준다.

📗 [학습자료] – [챗GPT 프롬프트] – [미션13] 파일 활용

아래는 요청하신 기능을 수행하는 Python 코드다.
즉, `C:\no_code\[미션13] 10000개의 샘플 파일` 폴더에 있는 모든 파일을 읽어:

- `생성일 기준`
- `0000년 / 00월 / 확장자명` 구조로 하위 폴더를 만들어
- 새로운 위치 `C:\no_code\미션13_10000개화일_정리` 에 복사해 정리해준다.

✅ 코드

```python
import os
import shutil
import time

# 원본 폴더 경로
source_folder = r"C:\no_code\[미션13] 10000개의 샘플 파일"

# 정리할 폴더 경로
target_base_folder = r"C:\no_code\미션13_10000개화일_정리"

# 원본 폴더에서 모든 파일 가져오기
for filename in os.listdir(source_folder):
    source_path = os.path.join(source_folder, filename)

    if os.path.isfile(source_path):
        # 파일의 생성 시간 읽기
        created_time = os.path.getctime(source_path)
        year = time.strftime("%Y", time.localtime(created_time))
        month = time.strftime("%m", time.localtime(created_time))

        # 파일 확장자 추출 (.pdf → pdf로)
        ext = os.path.splitext(filename)[1][1:].lower()
        if not ext:
            ext = "no_extension"

        # 정리 대상 경로 생성
        target_folder = os.path.join(target_base_folder, f"{year}년", f"{month}월
```

********************* 이하생략 *********************

이번에도 역시, 챗GPT를 통해 샘플 파일에 대한 파이썬 코드 작성을 요청하기 위해 [학습 자료] – [샘플 파일] – [미션 13] 10000개의 샘플 파일]의 압축을 푼 후, 학습의 편의를 위해 C 드라이브에 만들어 놓은 [no_code] 폴더 안으로 갖다 놓는다.

▌[학습자료] – [샘플 파일] – [미션13] 파일 활용

◆ VSCode에서 실행하기

이제 앞서 챗GPT에서 생성한 코드를 VSCode에서 실행해 보자. 이번에는 [❶organize_files.py]란 이름의 "새 파일"을 생성한 후, 복사한 코드를 [❷붙여 넣기]한다. 그리고 organize_files.py 파일을 "저장(Ctrl+S)"한다.

▌[학습자료] – [코드] – [미션13-1_코드.py] 파일 활용

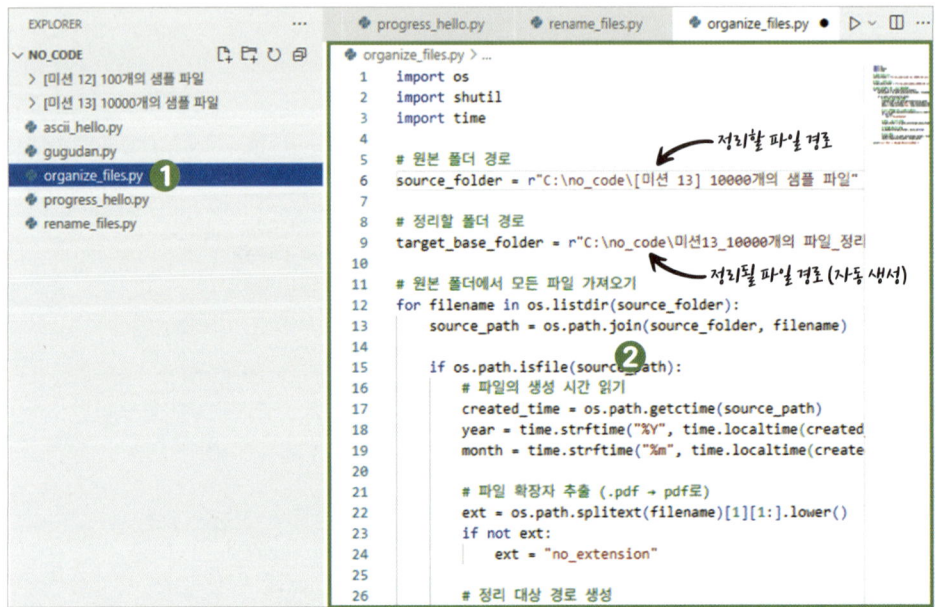

저장된 "organize_files.py" 파일 위에서 [우측 마우스 버튼] - [Run Python File in Terminal]을 선택하여 파이썬 파일을 실행한다. 그러면 다음과 같이 "파일 정리 및 복사 완료"라는 메시지가 뜨는 것을 볼 수 있다.

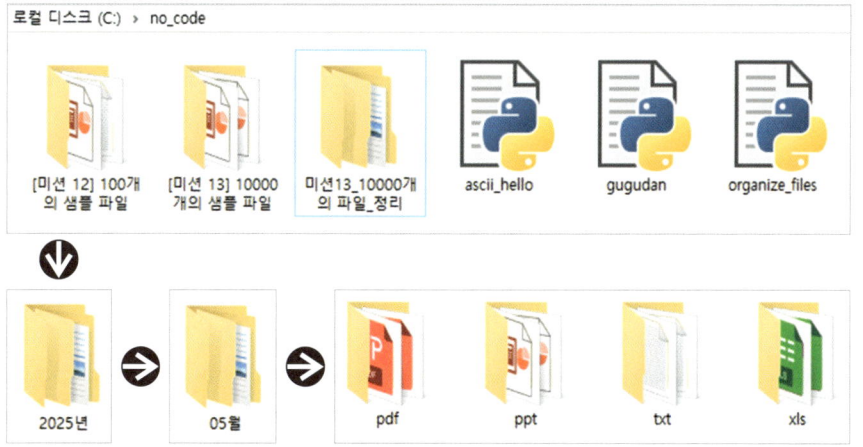

이제 C:\no_code 폴더로 들어가 보면, 코드에 의해 자동 생성된 "미션13_10000개의 파일_정리" 폴더에 파일들이 연도별, 월별, 확장자별로 새롭게 정리된 것을 볼 수 있다.

◆ **새로운 아이디어 추가 및 파일 개수 표시하기**

앞선 방법으로 폴더를 체계적으로 정리하니 작업이 훨씬 수월해졌다. 하지만 여기서 한 가지 더 개선할 수 있는 아이디어가 떠올랐다.

각 폴더에 포함된 파일 개수를 폴더 이름에 추가하면 관리가 더 편리해지지 않을까? 그러면 파일 개수를 확인하지 않고도 한눈에 폴더 안에 몇 개의 파일이 있는지 알 수 있기 때문이다.

그래서 다시 챗GPT에게 다음과 같이 "**방금 전의 코드에서 대상 폴더인 정리할 기본 폴더인 '미션 13_10000개의 파일_정리' 폴더부터 하위 폴더까지 각각의 폴더 이름 뒤에 그 하위 폴더 전체 파일의 개수를 넣어줄 수 있어? (1,000개 파일) 방식으로 넣어줘."라고 부탁했다.

그러면 챗GPT는 즉시 파일 개수를 폴더 이름 뒤에 추가하는 파이썬 코드를 생성했다. 이제 코드를 사용하면 각 폴더의 이름에 파일 개수가 자동으로 추가되어 더 편리해진다.

네, 가능합니다. 요청하신 대로:
- 폴더 이름 뒤에 **"(1000개 파일)"** 형식으로
- 해당 폴더 하위의 모든 파일 수를 계산해서 반영해주는 코드를 아래에 완성했어.

✅ **전체 코드 (파일 복사 + 폴더 이름 변경까지 포함)**

```python
import os
import shutil
import time
from collections import defaultdict

# 원본 폴더 경로
source_folder = r"C:\no_code\[미션13] 10000개의 샘플 파일"    ← 정확한 폴더 경로와 이름 확인

# 정리할 기본 폴더
base_target_folder = r"C:\no_code\미션13_10000개화일_정리"    ← 정확한 폴더 경로와 이름 확인

# 1단계: 파일 복사 및 폴더 생성
# 폴더별 파일 수 저장용 딕셔너리
folder_file_count = defaultdict(int)

for filename in os.listdir(source_folder):
    source_path = os.path.join(source_folder, filename)

    if os.path.isfile(source_path):
        created_time = os.path.getctime(source_path)
        year = time.strftime("%Y", time.localtime(created_time))
        month = time.strftime("%m", time.localtime(created_time))
        ext = os.path.splitext(filename)[1][1:].lower() or "no_extension"

        # 최종 폴더 경로 (초기 이름으로 생성)
        year_folder = os.path.join(base_target_folder, f"{year}년")
        month_folder = os.path.join(year_folder, f"{month}월")
        ext_folder = os.path.join(month_folder, ext)
```

********************* 이하생략 *********************

방금 생성된 코드를 VSCode에서 [❶add_total_file_count_to_folder.py]라는 이름의 파일을 생성한 후, [❷코드를 실행]해 보자.

참고로 챗GPT에서 생성된 코드 중 폴더 이름(예: 화일 → 파일)과 경로가 다를 수 있으므로 확인 후 문제가 있는 부분은 수정한 후 다시 실행해야 한다.

📑 [학습자료] – [코드] – [미션 13-2_코드.py] 파일 활용

그러면 다음의 그림처럼 각 폴더의 이름 뒤에 파일 개수가 표시된다. 결과적으로, 각 폴더의 이름에 포함된 파일 개수가 추가되어, 파일 관리가 훨씬 직관적이고 편리해진 것을 알 수 있다.

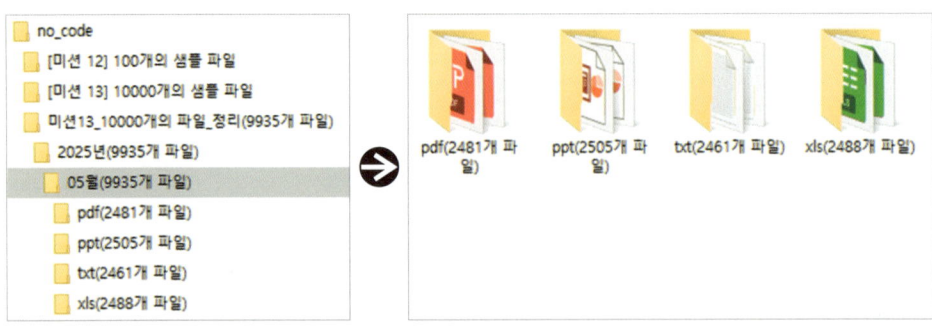

◆ 아이디어 추가하기

이번 미션에서는 만 개 이상의 파일을 체계적으로 정리하면서 실시간으로 기획을 수정하고 개선하는 방법을 활용해 본 것처럼, 작은 아이디어에서 출발해 최종적으로 더 나은 결과를 도출하는 방식은 AI 노코드 개발의 큰 장점이다.

이번 학습을 통해, 실무에서도 유용하게 적용할 수 있는 파일 정리 방법을 통해 AI 노코드 개발로 기획부터 실행까지 빠르고 유연하게 작업해 보자.

미션 14: 똑같은 이름의 중복된 파일 자동 삭제하기

[학습자료] - [샘플 파일] - [미션14 같은 파일 찾기] 파일을 열어 보면, '최종', '최최종', '완전최종' 등의 같은 이름의 파일명이 가득하다는 것을 알 수 있다.

📑 [학습자료] – [샘플 파일] – [미션14 같은 파일 찾기] 파일 활용

우리는 파일을 계속 수정하고 공유하다 보니, 어느 순간 파일 이름 규칙도 잊고 중복된 파일들이 쌓이게 된다. 이처럼 최종 파일이 어디인지 헷갈릴 정도로 버전이 많아지면, 혼란스러워지기 마련이다.

이런 상황에서는 더 이상 방치하지 않고 이름만 다른 중복된 파일을 찾아 정리해야 파일 히스토리 관리도 제대로 할 수 있다.

하지만 파일 이름만 다르고 내용이 같은 파일을 찾는 것은 쉽지 않다. 이럴 때 챗GPT에게 어떻게 해결할 수 있는지 물어보자.

앞서 [미션13]에서는 단순한 파일 정리 작업을 했다면, 이번 미션에는 같은 파일을 찾아내는 방법이 필요하다.

단도직입적으로 챗GPT에게 "**이름과 확장자가 다르지만 내용이 같은 파일을 찾아낼 수 있을까?**"라고 물어본다. 그러면 챗GPT는 해시(Hash) 값을 통한 비교 방법을 제시한다.

📑 **[학습자료] - [챗GPT 프롬프트] - [미션14] 파일 활용**

> 네, **제목과 확장자가 다르더라도 같은 파일을 찾을 수 있습니다**. 하지만 이를 위해서는 **파일 내용**을 비교해야 합니다. 파일 이름과 확장자는 파일을 식별하는 데 사용될 수 있지만, 파일의 실제 내용과는 관계없기 때문에, **내용이 같은 파일**을 찾으려면 다음과 같은 방법을 사용할 수 있습니다:
>
> **1. 파일 해시(Hash) 비교**
>
> 파일의 내용을 해시 알고리즘(MD5, SHA256 등)을 통해 고유한 값을 생성하고, 그 해시값을 비교하면 파일 이름과 확장자가 달라도 **내용이 동일한 파일**을 정확하게 찾을 수 있습니다. 해시값이 같은 파일은 내용이 동일하다고 판단할 수 있습니다.
>
> **2. 파일 크기 비교**
>
> 파일 크기를 먼저 비교하여 크기가 다른 파일은 바로 제외할 수 있습니다. 같은 파일은 보통 크기가 동일하기 때문에, 빠르게 비교할 수 있는 방법입니다. 이후, 크기가 동일한 파일들끼리 해시를 비교하는 방법으로 더 정확한 검증을 할 수 있습니다.

계속해서 "**파이썬으로 중복 파일을 삭제하는 방법과 실시간으로 어떤 파일이 삭제되는지도 알 수 있도록 요청**"해 보면 다음과 같이 파이썬으로 파일의 해시값(Hash Value)*을 비교하면 파일 이름과 확장자가 달라도 같은 파일을 찾아낼 수 있다고 알려준다.

08. 나만의 파일 정리 프로그램 만들기 ···· **107**

> 네, **파이썬으로 가능합니다**. 파이썬은 파일 내용을 비교하는 기능을 제공하며, 특히 **해시(hash)** 알고리즘을 사용해 파일 내용을 비교하는 방식으로 파일 이름과 확장자가 다르더라도 동일한 파일을 찾을 수 있습니다.
>
> **가능성 요약:**
>
> 1. **파일 해시값 계산**: 파이썬의 내장 모듈인 `hashlib` 을 사용해 파일의 해시값(MD5, SHA256 등)을 계산할 수 있습니다. 같은 해시값을 가지면, 파일의 내용이 동일하다고 판단할 수 있습니다.
> 2. **파일 크기 비교**: 파이썬의 `os.path.getsize()` 함수를 사용하여 파일 크기를 먼저 비교한 후, 크기가 같은 파일들끼리 해시값을 비교할 수 있습니다.
>
> **사용 모듈:**
>
> - `hashlib` : 파일의 해시값을 계산하기 위한 모듈.
> - `os` : 파일 경로 및 크기 등을 처리하는 모듈.
>
> 따라서 파이썬을 사용하면 이름과 확장자가 다르더라도 같은 파일을 찾는 것이 충분히 가능합니다.

 해시값(Hash Value)
데이터를 고정된 길이의 고유한 값으로 변환한 결과로, 데이터의 무결성 검증이나 빠른 검색을 위해 사용된다. 주로 암호화, 데이터베이스 인덱싱, 파일 검증 등에 활용된다.

이번에도 챗GPT에게 파이썬으로 중복 파일을 찾아 자동으로 삭제하는 코드를 다음과 같이 요청해 보자. 이때, 우리는 진행 상황을 실시간으로 확인할 수 있도록 요청할 수도 있다.

"그럼 C:₩no_code₩[미션14]_중복 파일 폴더안에서 중복 파일을 찾아 가장 최신 화일만 남겨두고 삭제해 주는 파이썬을 만들고, 터미널에서 진행 상황을 알수 있게 만들어줘."

이렇게 하면 중복 파일이 삭제될 때마다 어느 파일이 삭제되었는지 알 수 있다.

> ✅ **기능 요약**
>
> - `C:\no_code\[미션14]_중복 파일 폴더` 안의 모든 파일을 검사
> - 이름이나 확장자가 달라도 내용이 같으면 중복으로 판단
> - 같은 내용이 여러 개 있다면, 가장 마지막으로 수정된 파일만 남기고 나머지 삭제
> - 터미널에 진행 상황을 출력

챗GPT가 제시한 코드는 기능 요약에 대한 설명과 함께 파이썬 코드를 생성해 주었다.

🐍 Python 코드

```python
import os
import hashlib
import time

# 1. 폴더 경로 설정
target_folder = r"C:\no_code\[미션14]_중복 파일 폴더"

# 2. 파일 해시 계산 함수
def get_file_hash(file_path):
    hasher = hashlib.md5()
    with open(file_path, 'rb') as f:
        while chunk := f.read(8192):
            hasher.update(chunk)
    return hasher.hexdigest()

# 3. 중복 판단용 해시 딕셔너리: { 해시값: [파일경로1, 파일경로2, ...]}
hash_map = {}

print(f"🔍 '{target_folder}' 안의 파일을 검사 중입니다...\n")

# 4. 모든 파일 탐색 및 해시 계산
for root, _, files in os.walk(target_folder):
    for filename in files:
        full_path = os.path.join(root, filename)
        try:
            file_hash = get_file_hash(full_path)
            if file_hash not in hash_map:
                hash_map[file_hash] = [full_path]
            else:
                hash_map[file_hash].append(full_path)
            print(f"✅ 해시 계산 완료: {filename}")
        except Exception as e:
            print(f"⚠️ 오류 발생: {full_path} → {e}")

# 5. 중복 제거 작업
print("\n🧹 중복 파일 삭제 시작...\n")
deleted_count = 0

for file_list in hash_map.values():
```

********************* 이하생략 *********************

08. 나만의 파일 정리 프로그램 만들기 •••• 109

◆ **VSCode에서 실행하기**

이제 생성한 코드를 VSCode에서 실행해 보자. 이번에는 [❶delete_duplicates.py]란 이름의 "새 파일"을 생성한 후, 복사한 코드를 [❷붙여 넣기]한다.

이제 "코드 실행"을 하면 터미널 창에서 삭제되는 파일과 남은 파일들이 실시간으로 표시된다. 마치 터미널에서 휘익 올라가는 로그를 보며 중복 파일이 정리되는 과정을 볼 수 있다

📑 [학습자료] – [코드] – [미션14_코드.py] 파일 활용

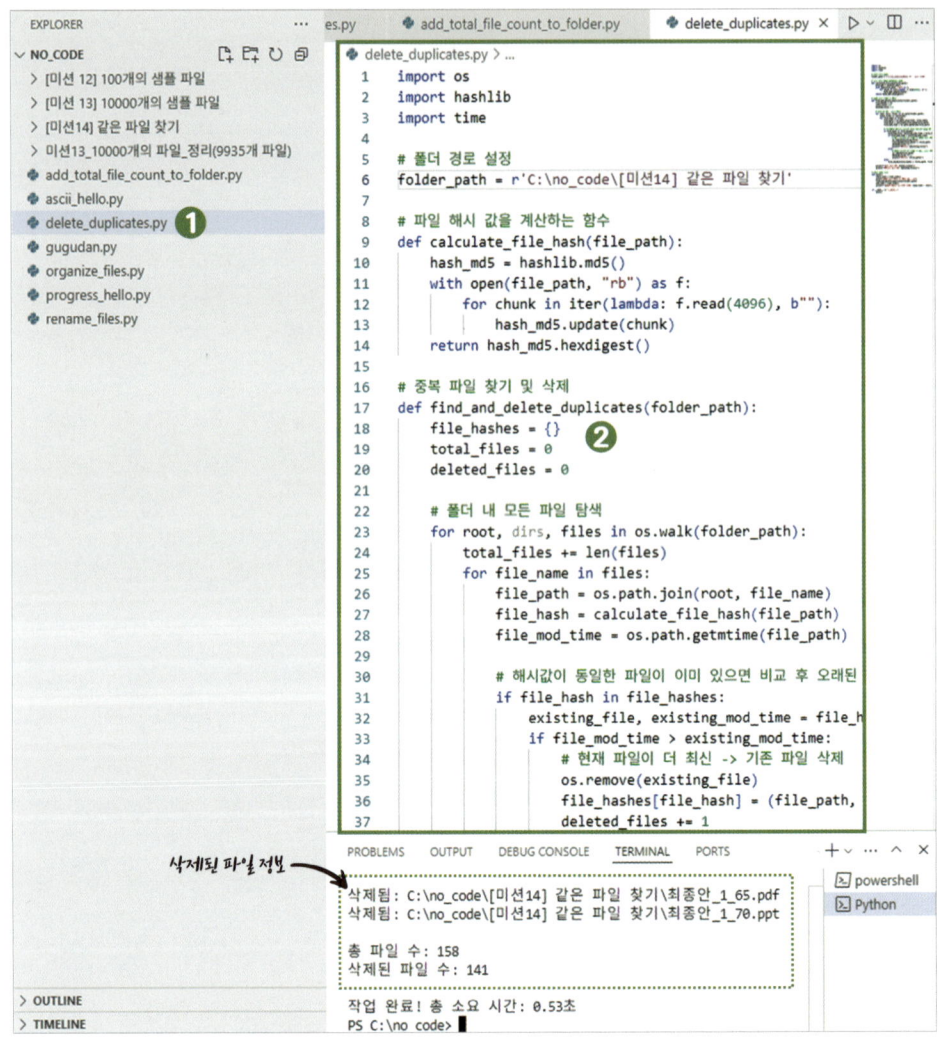

📢 코드를 실행할 때 새로운 모듈이 필요한지에 대한 것도 중요하다. 만약, 코드 실행 시 원만한 결과를 위해 새로운 모듈이 필요하다면, 챗GPT에 먼저 묻는 것도 하나의 방법이다. 다음은 이번 미션에 새로운 모듈이 필요한지에 대한 질문의 결과로, 특별한 모듈 없이 파이썬의 기본 라이브러리만으로 실행할 수 있다는 점도 확인하였다.

> 새로 깔아야 하는 모듈이 있나?
>
> 이 코드에서는 파이썬의 **기본 내장 라이브러리만** 사용하므로 **새로 설치해야 하는 모듈은 없습니다.**
>
> 사용된 모듈:
> - `os` : 파일 경로와 파일 작업을 위한 모듈.
> - `hashlib` : 파일의 해시값(MD5)을 계산하기 위한 모듈.
> - `time` : 시간 측정 및 진행 상황을 위한 모듈.
>
> 이 모듈들은 파이썬 설치 시 기본적으로 포함되어 있으므로, 추가적인 설치 없이 바로 실행 가능합니다.

코드가 실행된 결과를 보면 폴더 안에 있던 중복 파일이 정리되고, 최종적으로 17개의 파일만 남은 것을 알 수 있다. 이로써 불필요한 파일 정리가 깔끔하게 마무리된 모습이다.

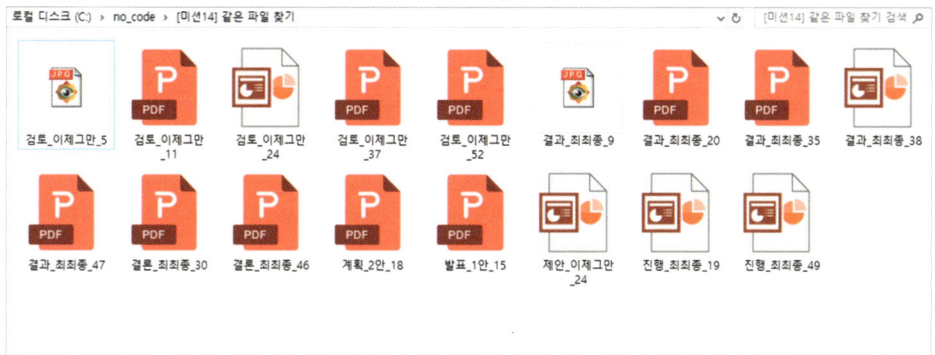

예전에는 기능을 직접 기획하고 코딩하며 시행착오를 거쳐야 했고, 필요한 모듈이나 해결법을 찾는 데도 많은 시간이 들었다.

이번 미션은 기존 개발 방식과 달리, AI 노코드 개발의 효율성과 혁신성을 직접 체감한 경험이었으며, 챗GPT에 질문만 던지면 필요한 코드가 즉시 생성되었고, 그 과정에서 문제 해결 방식까지 배울 수 있었다.

AI 노코드 개발의 가장 큰 장점은 '즉시 실행'이다. 궁금한 점이 생기면 바로 물어보고, 코드를 받아 곧바로 실행할 수 있다. 중복 파일 삭제 작업도 몇 줄의 코드로 빠르게 처리할 수 있었다.

무엇보다, AI가 실시간으로 적절한 해결책을 제시해주기 때문에 모든 걸 외우지 않아도 되고, 기획부터 실행까지의 시간이 크게 단축된다는 점이 인상 깊었다.

AI 노코드 개발은 복잡한 작업도 쉽게 처리하게 해주는 실질적인 도구이며, 앞으로 더 폭넓게 활용될 것이다.

미션 15: 특정 키워드로 문서 파일 찾아 모으기

영문 이메일을 통해 받은 다양한 첨부 파일들이 있다고 가정하고, 이 중에서 'Proposal'이라는 단어가 들어있는 제안서 파일만 골라달라는 요청을 받았다고 하자.

하지만 파일 포맷이 TXT, XLS, DOC 등 다양하고, 파일마다 내용을 일일이 열어보는 것은 현실적으로 쉽지 않으며, 이렇게 다양한 형식의 파일에서 특정 단어를 찾아내는 것은 정말 복잡한 작업처럼 느껴질 것이다.

하지만 걱정할 필요가 없다. 이번 미션이 바로 이 수많은 파일 속에서 숨은 보물을 찾을 수 있는 방법이 될 테이까 말이다.

📑 [학습자료] – [샘플 파일] – [미션15 텍스트 검색하기] 파일 활용

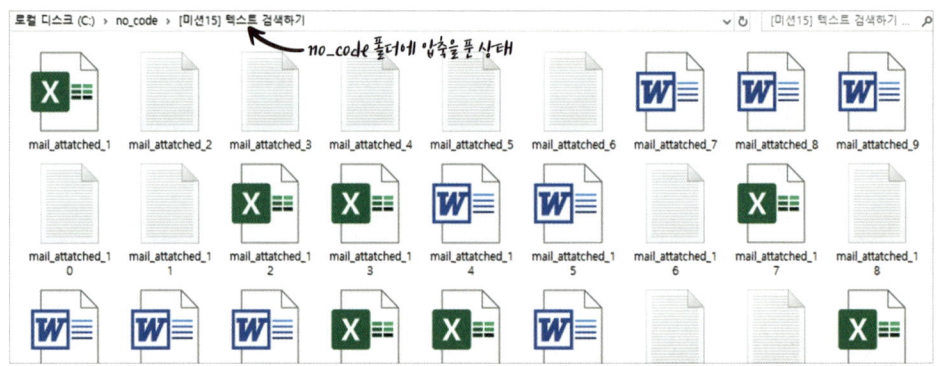

이 문제를 해결하기 위해서는 파일 내의 내용을 검색해야 한다. 그래서 챗GPT에게 다음과 같이 지금의 작업이 가능한지 물어본다.

"xls, doc, txt 파일 등의 텍스트를 파이썬으로 검색할수 있니?"

위 질문에 챗GPT는 텍스트 파일, 엑셀 파일, 그리고 워드 파일까지 다양한 포맷에서 파일의 내용을 검색할 수 있는 코드를 제안하였다.

특히, 각 파일 형식에 맞는 라이브러리를 사용하여, 파이썬을 통해 'Proposal'이 포함된 파일들을 찾아주는 코드를 작성할 수 있다는 답변을 받았다.

📑 [학습자료] – [챗GPT 프롬프트] – [미션15] 파일 활용

> xls, doc, txt 화일의 내용을 파이썬으로 검색할수 있을까?
>
> 네, 가능합니다. Python에서는 `xls` 파일은 `pandas` 와 `openpyxl` 같은 라이브러리로, `doc` 파일은 `python-docx` 로, `txt` 파일은 기본 파일 입출력 기능으로 내용을 검색할 수 있습니다.
>
> - xls/xlsx : `pandas.read_excel()` 을 사용
> - doc/docx : `python-docx` 라이브러리의 `Document()` 를 사용
> - txt : 기본 `open()` 함수로 파일을 읽고 검색
>
> 필요하면 샘플 코드도 제공하겠습니다.

이제 챗GPT에게 다음과 같이 파이썬 코드를 요청하여, 각 파일 형식별로 'Proposal'이라는 단어가 포함된 파일을 찾고 이동시키는 코드를 받는다.

"C:₩no_code₩[미션15] 텍스트 검색하기 폴더에 있는 xls, doc, txt 에서 'Proposal'이라는 단어가 들어간 문서를 'Proposal' 이라는 폴더에 넣어서 이동해 주는 파이썬 코드를 만들어줘."

> ✅ 기능 요약
>
> - C:\no_code\[미션15] 텍스트 검색하기 폴더 안에서
> - .txt, .doc, .docx, .xls, .xlsx 파일들을 모두 검색하여
> - 내용 중 **"Proposal"**이라는 단어가 포함된 파일을
> - 같은 경로의 `Proposal` 폴더로 **이동**합니다.

챗GPT가 제시한 코드는 기능 요약에 대한 설명과 함께 파이썬 코드를 생성해 주었으며, 파이썬 라이브러리 설치가 필요하다는 안내도 함께 받았다.

🐍 Python 코드

```python
import os
import shutil
import textract
import pandas as pd
from docx import Document

# 검색 대상 폴더
base_path = r"C:\no_code\[미션15] 텍스트 검색하기"
proposal_folder = os.path.join(base_path, "Proposal")
os.makedirs(proposal_folder, exist_ok=True)

# 검색 대상 확장자
target_exts = ['.txt', '.doc', '.docx', '.xls', '.xlsx']

# 텍스트 추출 함수
def extract_text(file_path, ext):
    try:
        if ext == '.txt':
            with open(file_path, 'r', encoding='utf-8', errors='ignore') as f:
                return f.read()
        elif ext == '.doc':
            return textract.process(file_path).decode('utf-8', errors='ignore')
        elif ext == '.docx':
            doc = Document(file_path)
            return "\n".join([p.text for p in doc.paragraphs])
        elif ext in ['.xls', '.xlsx']:
            all_text = ""
            excel = pd.read_excel(file_path, sheet_name=None)
            for sheet in excel.values():
                all_text += sheet.astype(str).to_string()
            return all_text
    except Exception as e:
        print(f"⚠ 텍스트 추출 실패: {file_path} → {e}")
        return ""

# 파일 검색 및 이동
for filename in os.listdir(base_path):
    file_path = os.path.join(base_path, filename)
```

*********************** 이 하 생 략 ***********************

필자가 받은 라이브러리는 다음과 같다. 이 패키지를 복사하여 터미널에서 실행해 보았지만, 에러가 발생되었다.

위 패키지를 터미널에서 설치할 때 에러가 발생되었기 때문에, 에러를 챗GPT에게 복붙하여 해결책을 찾았다. 이유는 pip 최신 버전과 호환되지 않는 형식이기 때문이었기에, 해결 방법을 다시 요청하여 다음과 같은 방법을 찾아 차례대로 설치하는 것으로 해결하였다.

◆ 터미널에 라이브러리 설치하기

이제 챗GPT가 제시한 세 가지의 방법을 차례대로 시행하면 필요한 라이브러리를 설치해 보자. 라이브러리의 설치는 "미션 10"에서 한 것처럼 터미널의 [❶PS C:/no code〉 뒤쪽에 복사한 라이브러리를 붙여 넣기]한 후, [❷엔터] 키를 누르면 된다.

◆ VSCode에서 실행하기

이제 VSCode에서 [❶search_proposal_files.py]란 이름의 새로운 파이썬 파일을 생성하고, 챗GPT가 제안한 코드를 [❷붙여 넣기] 한다.

그다음 search_proposal_files.py 파일 위에서 [우측 마우스 버튼] - [Run Python File in Terminal]를 선택하여 파이썬 코드를 실행한다.

그러면 'Proposal'이라는 단어가 포함된 파일들을 자동으로 찾아내고, 해당 파일을 'Proposal'이라는 새로운 폴더(코드의 명령으로 생성)로 이동해 준다.

실행 결과, 폴더에 저장된 수많은 파일 중 'Proposal'이라는 단어가 포함된 파일들만 정확히 분류되어 'Proposal' 폴더로 이동된 모습을 볼 수 있다.

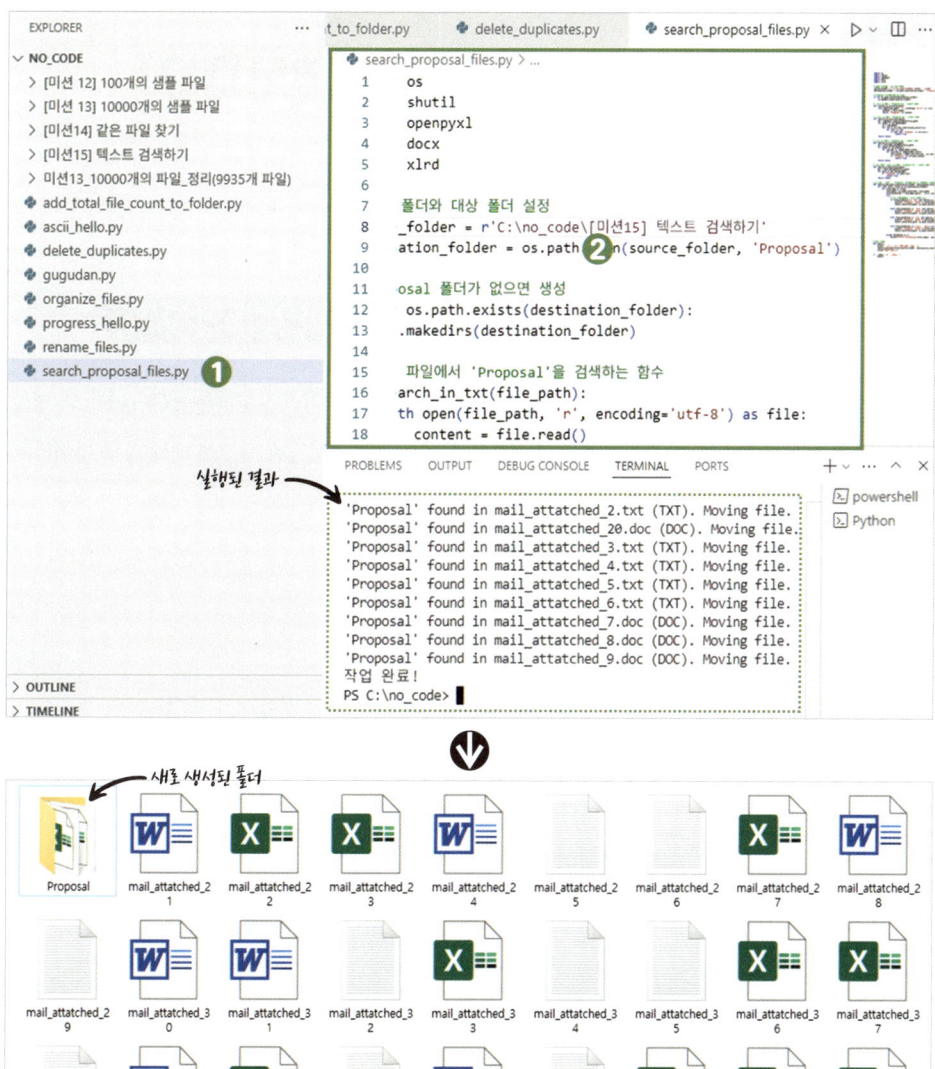

이번 미션을 통해 AI 노코드 개발에 많이 익숙해져 챗GPT에게 질문하고, 라이브러리를 설치한 뒤 코드를 복사해 VSCode에서 실행하는 과정이 이제는 자연스럽고 능숙해 졌다.

처음엔 생소했던 방식이었지만, 이제는 파일을 일일이 열어보지 않고도 AI를 활용해 더 효율적이고 체계적으로 작업할 수 있게 되었다.

다음 미션에서는 더 실용적이고 복잡한 예제를 다루며, AI 노코드 개발의 가능성을 본격적으로 확장해 보기로 하자.

09 문서를 자르고 붙이고, 정리하기

미션 16: 같은 날짜에 생성된 텍스트 파일 통합하기

지금까지의 학습은 '실행'과 '사용' 방법에 중점을 두고 설명했다면, 이번 장부터는 챗GPT에게 더 명확하고 효율적으로 질문하는 방법, 즉 프롬프트를 설계하는 조금 더 복잡한 방법에 대해 다룰 것이다. 이를 통해 AI와의 협업이 더욱 자연스럽게 되고 견고해질 것이다.

◆ 수많은 회의록, 어떻게 정리해야 하나?

기획팀에서 중요한 업무 중 하나는 회의록을 작성하고 관리하는 일이며, 다양한 팀의 회의록이 날짜별로 쌓이다 보면, 이를 일일이 확인하고 정리하는 것이 어려울 때가 있다.

다음의 그림처럼, 9월 한 달 동안 작성된 회의록만 해도 88개나 되어, 파일 이름만으로는 어떤 회의 내용이 담긴 파일인지 쉽게 파악하기 어렵다.

▌[학습자료] – [샘플 파일] – [미션 16 텍스트 파일 통합] 파일 활용

이러한 파일들을 날짜별로 통합하여 하나하나 수동으로 열어보고 합치는 것은 매우 번거로운 작

업이므로, 이번 미션에서는 AI 노코드 개발을 이용해 이 문제를 해결해 보기로 하자.

AI와 함께하는 노코드 개발의 핵심은, 문제 해결을 위한 구체적인 프롬프트를 어떻게 설계하느냐에 달려 있기 때문에 회의록 파일들을 날짜별로 통합하려면 먼저 작업 과정을 단계별로 생각해 보는 것이 좋다.

다음과 같은 프로세스를 생각해 보자.

- **파일 이름 규칙 파악** 파일들이 "OO회의_YYMMDD.txt"와 같은 형식으로 되어 있기 때문에 이 형식에서 YYMMDD 부분을 추출하여 날짜별로 파일을 그룹화할 수 있다.
- **날짜별 통합** 같은 날짜에 진행된 회의록을 하나로 통합하면 더 효율적으로 관리할 수 있다.
- **회의 정보 추가** 각 회의록이 시작될 때 "아래는 YY년 MM월 DD일 OO회의 회의록입니다."라는 설명을 추가하면 통합된 파일이 더 알아보기 쉽다.
- **새 폴더에 저장** 원본 파일들은 삭제하지 않고, 결과물을 새로운 폴더에 저장하는 방식이 좋다.

위와 같은 내용을 바탕으로, 다음과 같이 자연스러운 하나의 질문을 만들었다.

"C:\no_code\[미션16] 텍스트 파일 통합 폴더에 수많은 회의록 텍스트 파일들이 OO회의_YYMMDD.txt 로 되어 있는데, 이것을 같은 날짜별로 통합하는 파이썬을 만들어줘.

YYMMDD 회의록 통합.txt로 만들어 주고 각각의 회의록을 합할 때, '아래는 YY년 MM월 DD일 OO회의 회의록 입니다.'라고 넣고 한 줄 띄어줘.

파일을 합치면서 두 줄씩 띄어주고, 이 파일들은 상위 폴더 서브 폴더 '일자별 회의록' 이라는 폴더를 만들어서 넣어줘."

챗GPT는 위 질문의 요구 사항을 바탕으로 파이썬 코드를 생성해 주었다. 이 코드는 텍스트 파일들을 날짜별로 그룹화하여 하나의 파일로 통합하고, 통합된 파일을 새로운 폴더에 저장하는 방식이다.

🔖 [학습자료] – [챗GPT 프롬프트] – [미션16] 파일 활용

🐍 Python 코드

```python
import os
import re
from collections import defaultdict

# 1. 기본 경로 설정
base_path = r"C:\no_code\[미션16] 텍스트 파일 통합 폴더"
output_folder = os.path.join(base_path, "일자별 회의록")
os.makedirs(output_folder, exist_ok=True)

# 2. 날짜별 파일 모으기
meeting_files = defaultdict(list)
pattern = re.compile(r"(.+)_([0-9]{6})\.txt")

for filename in os.listdir(base_path):
    match = pattern.match(filename)
    if match:
        meeting_name, yymmdd = match.groups()
        full_path = os.path.join(base_path, filename)
        meeting_files[yymmdd].append((meeting_name, full_path))

# 3. 날짜별로 파일 합치기
for yymmdd, file_list in meeting_files.items():
    yy, mm, dd = yymmdd[:2], yymmdd[2:4], yymmdd[4:]
    output_filename = f"{yymmdd} 회의록 통합.txt"
    output_path = os.path.join(output_folder, output_filename)

    with open(output_path, 'w', encoding='utf-8') as out_file:
        for meeting_name, file_path in file_list:
            # 안내 문구 추가
            out_file.write(f"아래는 20{yy}년 {mm}월 {dd}일 {meeting_name} 회의록 입
            # 회의록 본문 추가
            with open(file_path, 'r', encoding='utf-8') as f:
                out_file.write(f.read())
            # 회의록 사이 두 줄 공백
            out_file.write("\n\n")
    print(f"✅ {output_filename} 생성 완료")

print("\n📁 모든 날짜별 회의록 통합 완료.")
```

◆ VSCode에서 실행하기

이제 VSCode에서 [❶merge_meeting_notes.py]란 이름의 새로운 파이썬 파일을 생성하고, 챗GPT가 제안한 [❷코드를 붙여 넣는]다.

그다음 merge_meeting_notes.py 파일 위에서 [우측 마우스 버튼] – [Run Python File in Terminal]를 선택하여 파이썬 코드를 실행한다.

🔖 [학습자료] – [코드] – [미션16_코드.py] 파일 활용

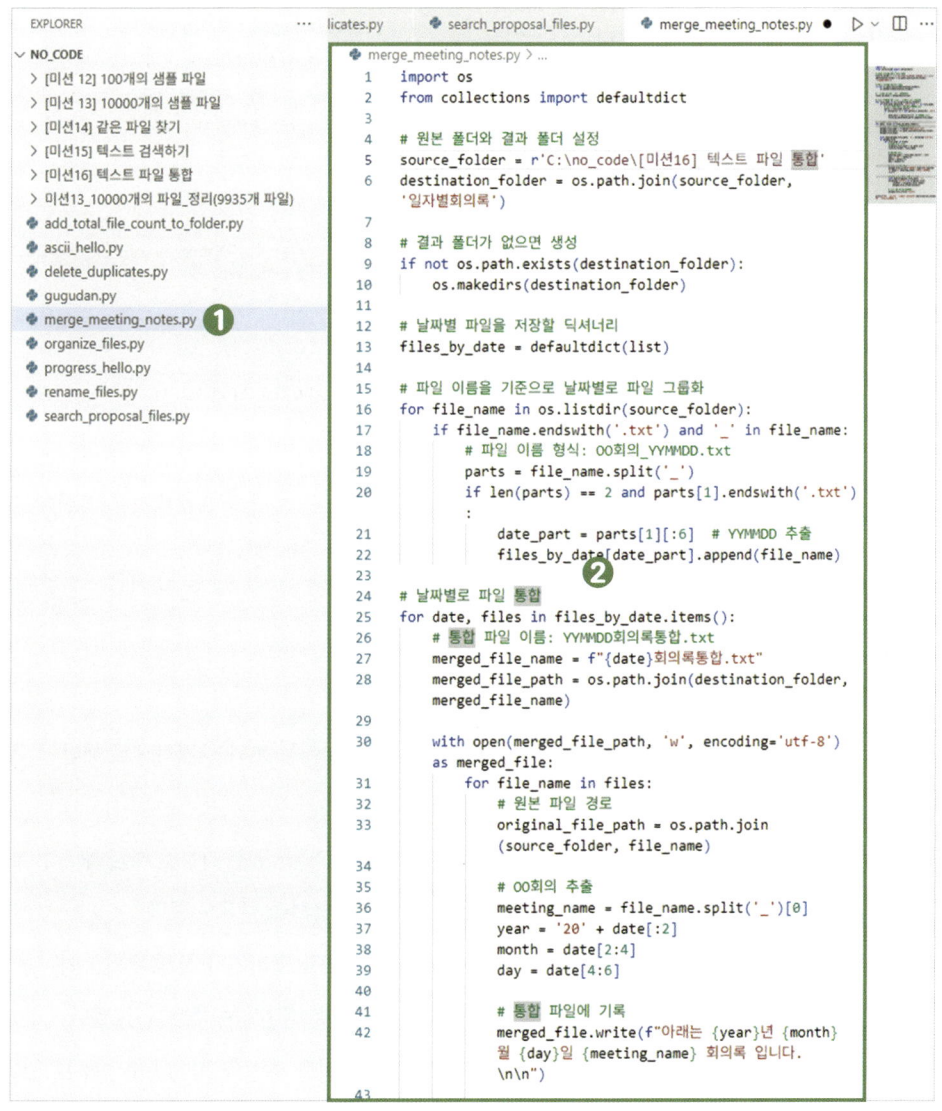

그러면 "일자별회의록"이라는 새로운 폴더가 생성되고, 그 안에는 날짜별로 통합된 회의록 파일들이 들어간다.

또한, 각 파일은 요청한 형식대로 통합되었으며, 회의 정보도 정확히 추가된 것을 알 수 있다.

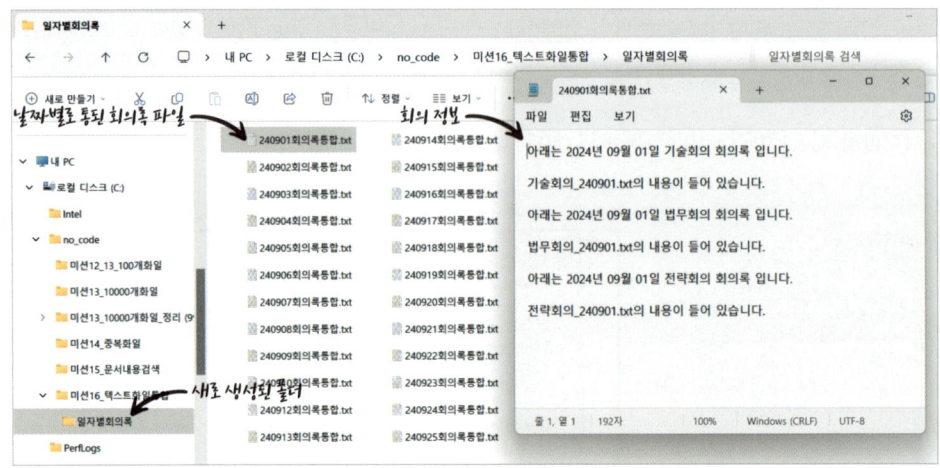

이것으로 AI 노코드 개발을 활용하면 이렇게 복잡한 파일 정리 작업도 쉽게 해결할 수 있다는 것을 알 수 있었다.

이것은 마치 손으로 직접 하나하나 작업을 하는 것처럼, 차근차근 생각한 프로세스를 자연어로 정리해 챗GPT에게 맡기기만 하면 된다.

◆ AI 노코드 개발의 새로운 도약

이번 미션을 통해 우리는 기존 개발 방식과 AI 노코드 개발의 차이를 보다 구체적으로 체감할 수 있었다.

전통적인 개발은 순서도나 개발 계획서 같은 형식적인 절차를 거쳐, 모든 기능을 하나하나 설계하고 검증해야 했으며, 코드를 작성하기 전까지도 많은 시간과 단계를 필요로 했다.

하지만 AI 노코드 개발은 이런 복잡한 과정을 생략하고, 순서도를 그리거나 상세 계획을 세우는 대신, 일상 언어로 문제를 설명하고 AI에게 해결책을 요청하는 방식이라는 것을 알 수 있다.

내가 손으로 작업한다면 어떤 순서로 할지를 상상한 뒤, 그 과정을 자연스럽게 챗GPT의 프롬프트로 표현하면 된다.

이번 미션에서는 파일을 날짜별로 통합하고 회의 정보를 덧붙이는 일도, 우리가 생각하는 순서를 AI에게 설명하면 챗GPT가 그에 맞는 코드를 실시간으로 제안하여, 복잡한 파일 정리 작업도 간단한 프롬프트 하나로 해결할 수 있다는 걸 보여주었다.

이와 같은 방식은 개발의 진입 장벽을 크게 낮추고, 누구나 손쉽게 개발에 도전할 수 있는 환경을 만들어, 더 복잡한 문제가 있어도 AI와 협업해 더 창의적이고 실용적인 해결책을 찾을 수 있을 것이다.

AI 노코드 개발은 단순한 도구를 넘어, 우리의 사고 방식을 곧바로 실행 가능한 결과로 바꾸어주는 혁신적인 방식임을 이번 미션을 통해 다시 한번 확인할 수 있었다.

미션 17: PDF 파일을 특정 용량에 맞춰 쪼개기

요즘은 많은 업무 자료가 PDF 형식으로 배포되며, 작은 문서부터 많은 페이지의 전자책을 PDF 형태로 만들어진다.

이번 미션에서는 PDF 파일을 용량에 맞게 나누어 관리하는 방법에 대해 배워 볼 것이다.

여기에서 다룰 PDF 파일은 행정안전부 사이트에서 다운로드한 "Cases of Good Governance in Korea 2020.pdf" 문서이다.

참고로 해당 파일은 2020년에 코로나에 잘 대응했던 우리나라의 사례를 해외에 공유하기 위해 작성된 문서이다.

▌[학습자료] – [샘플 파일] – [미션17 Cases of Good Governance in Korea 2020] 파일 활용

이 파일의 용량은 50MB가 넘기 때문에 이를 지인에게 이메일로 보내기 위해서는 10MB 이하로 분할해야 한다.

이 파일을 분할하여 여러 권으로 나누고 싶을 때에는, 파일명을 규칙적으로 관리할 수 있도록 하고 각 파일마다 순번과 전체 권수를 표기하는 작업을 해야 하며, 또한 기존의 압축 방식 대신 각 권을 하나씩 읽어볼 수 있도록 나누어야 한다.

그러므로 단순히 하나로 압축하는 것보다는 각 페이지가 포함된 개별 PDF로 나누어 보내는 것이 효율적이다.

이제 이와 같은 상황을 다음과 같이 챗GPT에 설명하여 원하는 코드를 생성해 보자.

"C:\no_code\[미션17] Cases of Good Governance in Korea 2020.pdf 파일을 10MB 용량 이하로 분할하고 싶어. 모든 파일의 용량이 비슷했으면 하고, 만들어진 파일은 '분할' 폴더를 만들어서 넣어줘.

파일명은 기존의 파일명 뒤에 _1_5.pdf 식으로 현재 파일 순번과 전체 파일 개수 스타일로 만들어줘."

이와 같은 프롬프트 작성 시 중요한 것은 너무 어렵게 생각하지 않고, 내가 실제로 하고 싶은 작업을 그대로 설명하듯 작성하는 것이다.

결과를 보면 파이썬 코드와 함께 "pyPDF2"라는 새 라이브러리 설치가 필요하다고 알려주었다.

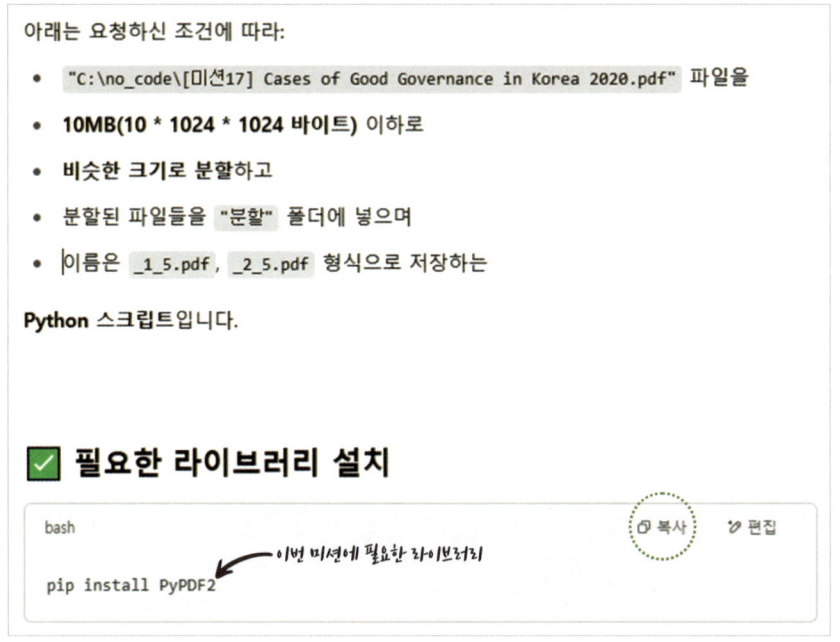

********************* 중간생략 *********************

Python 코드

python 복사 편집

```python
import os
import math
from PyPDF2 import PdfReader, PdfWriter

# 1. 경로 설정
input_path = r"C:\no_code\[미션17] Cases of Good Governance in Korea 2020.pdf"
output_folder = os.path.join(os.path.dirname(input_path), "분할")
os.makedirs(output_folder, exist_ok=True)

# 2. PDF 읽기
reader = PdfReader(input_path)
total_pages = len(reader.pages)
base_filename = os.path.splitext(os.path.basename(input_path))[0]

# 3. 파일 용량 (bytes)
max_size = 10 * 1024 * 1024  # 10MB
file_size = os.path.getsize(input_path)

# 4. 분할할 그룹 수 계산
# 전체 파일 용량을 기준으로 예상 그룹 수
approx_chunks = math.ceil(file_size / max_size)

# 페이지 수 기준으로 분할 페이지 수 계산
pages_per_chunk = math.ceil(total_pages / approx_chunks)
```

********************** 이하생략 **********************

그렇다면 먼저 라이브러리를 설치하기 위해 "pyPDF2" 라이브러리 설치 명령어를 복사한 후 VSCode 터미널의 PS C:/no_code> 뒤에 [붙여 넣기]한 후 [엔터] 키를 눌러 설치한다.

앞으로 진행될 많은 미션에서도 새로운 라이브러리를 설치해야 할 상황이 많기 때문에 일단 설치된 라이브러리는 빼고, 챗GPT가 설치하라고 한 것은 모두 설치하도록 하자.

```
PROBLEMS   OUTPUT   DEBUG CONSOLE   TERMINAL   PORTS

모든 파일이 날짜별로 통합되어 C:\no_code\[미션16] 텍스트 파일
 통합\일자별회의록에 저장되었습니다.
PS C:\no_code> pip install PyPDF2
>> 
```

라이브러리 설치하기

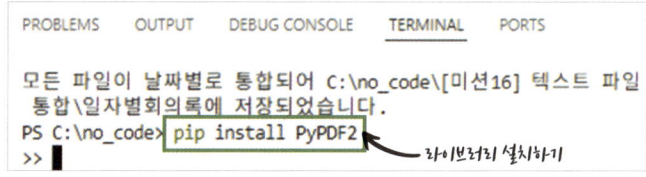

◆ VSCode에서 실행하기

이제 VSCode에서 [❶split_pdf_by_size.py]란 이름의 새로운 파이썬 파일을 생성하고, 챗GPT가 제안한 [❷코드를 붙여 넣는]다.

그다음 split_pdf_by_size.py 파일 위에서 [우측 마우스 버튼] - [Run Python File in Terminal]를 선택하여 파이썬 코드를 실행한다.

그러면 "PDF 파일이 10MB 이하로 분할되어 C:₩no_code₩분할 폴더에 저장됐다."는 메시지가 출력된다.

> 📑 [학습자료] – [코드] – [미션17_코드.py] 파일 활용

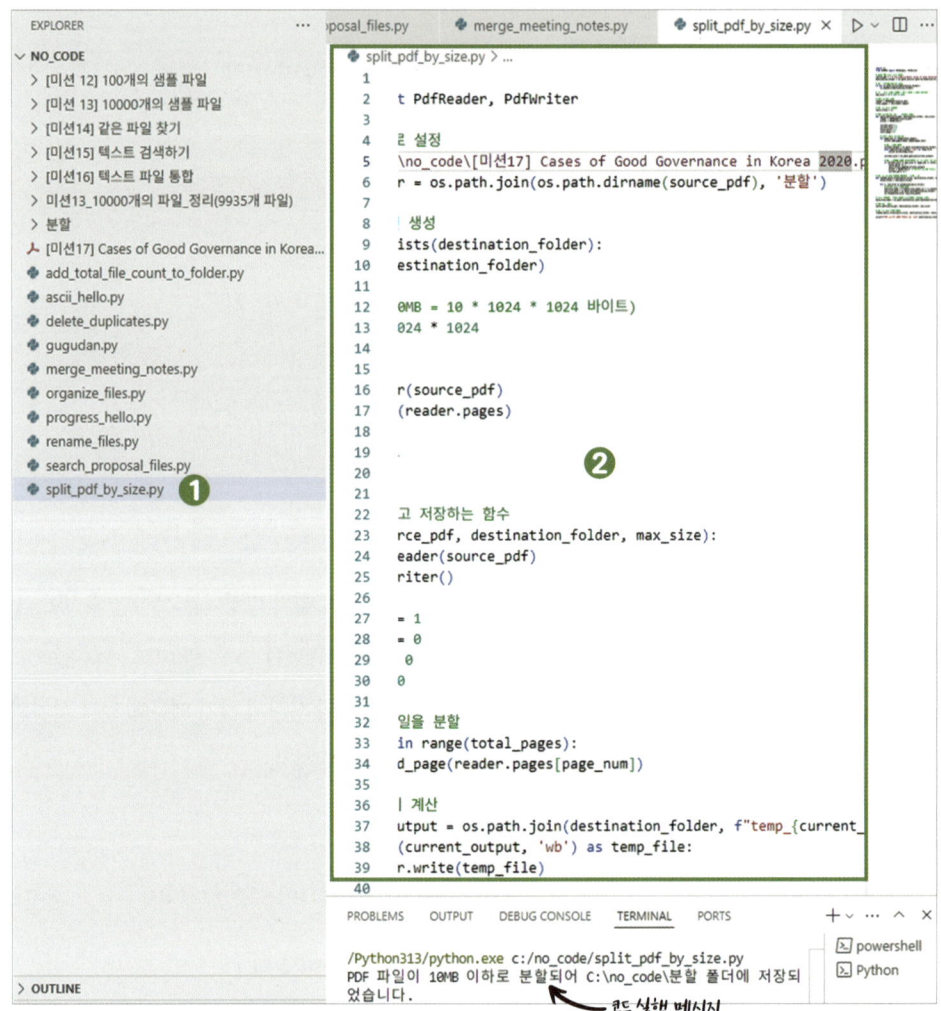

이제 자동 생성된 '분할' 폴더를 확인해 보면, 10MB씩 분리된 PDF 파일들이 생성되어 있는 것을 알 수 있으며, 분할된 파일명은 각각 _1_5, _2_5 식으로 규칙적으로 사용되었다.

이렇듯 용량이 큰 파일들은 지금과 같은 방법으로 적당한 크기로 불할하여 파일을 쉽게 관리하고, 원하는 파일을 즉시 찾아볼 수 있다.

◆ AI와의 협업을 통한 PDF 관리

이번 미션을 통해 우리는 PDF 파일도 손쉽게 관리할 수 있음을 배웠으며, 특히 AI를 통해 PDF 파일을 자동으로 분할하고, 규칙적인 파일명으로 저장하는 과정을 통해 AI 노코드 개발의 장점을 다시 한 번 실감했다.

이제 다양한 라이브러리 설치에 익숙해지고, 챗GPT에게 필요한 라이브러리를 물어보며 문제를 해결할 수 있게 되었다.

이렇듯 챗GPT는 필요할 때마다 즉시 질문하고, 그에 맞는 코드를 제안받을 수 있다는 점에서 AI와의 협업은 개발을 한층 더 빠르고 효율적으로 만들어 준다.

예를 들어, 앞서 설치한 'pyPDF2' 라이브러리가 무엇인지 궁금하다면, "**pyPDF2 라이브러리는 어떤 역할을 하지?**"라는 질문을 통해 확인해 볼 수 있을 것이다.

이렇게 AI 노코드 개발은 우리의 개발 과정을 간편하게 만들어 주고, 복잡한 문제도 해결해 주기 때문에 앞으로도 필요할 때마다 AI에게 질문하여 효과적인 해결책을 찾아가기를 바란다.

미션 18: PDF 첫인상 바꾸기: 첫 페이지에 파일 정보 넣기

이번 미션에서는 [미션17]에서 분할된 PDF 파일들에 첫 페이지를 추가하여 파일 정보를 표지로 넣어볼 것이다.

이렇게 하면 여러 개로 나뉜 PDF 파일을 쉽게 구분할 수 있고, 파일명을 비롯한 정보가 한눈에 들어와 문서를 찾는 데 유용하다.

표지에는 각 파일의 이름, 전체 페이지 수, 그리고 파일 용량을 표시하여 정보를 한눈에 볼 수 있도록 PDF의 첫 페이지를 표지로 만들어 붙이는 작업을 시작해 보자.

◆ 작업 구상과 프롬프트 구상하기

이번 미션은 쉽게 말해 문서에 '첫인상'을 더하는 것으로, 먼저 문서의 표지에는 어떤 정보가 필요할지, 그 정보가 어떻게 배치되면 보기 쉬울지를 먼저 고민해 보자.

파일을 열었을 때 첫눈에 파일명이 보이고, 그 아래에 총 페이지 수와 파일 용량이 함께 표기되어 있다면, 각 문서의 정보가 한눈에 들어오고, 용량과 페이지 수도 바로 확인할 수 있어 문서 관리가 훨씬 편리해 질 것이다.

"C:\no_code\분할 폴더에 있는 전체 PDF 파일에 첫 페이지로 표지를 만들어서 삽입하고 싶어.

표지는 A4 가로 형태로 하고, 문서 중앙에 24포인트로 제목을 쓰고, 한 줄 건너서 다음 줄에 22포인트로 'Total 000 Pages, 0000KB'라고 써 있는 표지를 만들고 싶어.

전체 페이지 수는 표지를 제외한 페이지 수로 표시하고, 새롭게 만들어진 파일은 '표지 포함' 폴더를 만들어서 저장해 주는 파이썬 코드를 작성해 줘."

이와 같은 프롬프트를 작성한 뒤 챗GPT에게 해결책을 요청해 본다. 그러면, 챗GPT는 다음과 같이 파이선 코드와 "reportlab"라는 라이브러리 설치를 제안했다.

📌 [학습자료] – [챗GPT 프롬프트] – [미션04] 파일 활용

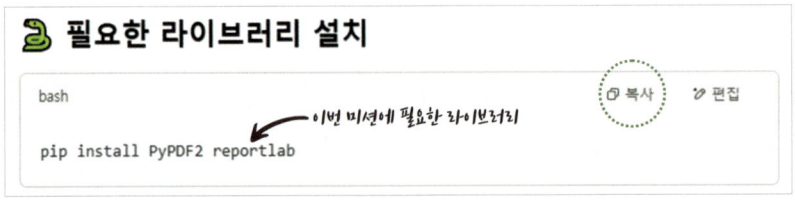

"reportlab" 라이브러리는 PDF 파일을 생성하고 수정하는 데 매우 유용한 도구로, 단순히 표지를 추가하는 것뿐만 아니라 다양한 그래픽 요소와 레이아웃을 PDF에 삽입할 수 있어, 이를 통해 다음과 같은 작업도 가능해 진다.

- PDF 표지 생성 및 텍스트 추가
- 여러 페이지에 걸친 차트나 그래프 생성
- PDF 내 다양한 텍스트 스타일과 폰트 적용
- 이미지를 포함한 복잡한 레이아웃 구성

이러한 기능은 이번 미션에서는 간단한 표지 삽입에 사용하지만, 추후 보고서, 프레젠테이션 자료, 디자인 문서 등을 더 복잡한 PDF 작업을 할 때도 중요한 도구가 될 것이다.

◆ 라이브러리 설치 및 코드 실행하기

먼저 라이브러리를 설치하기 위해 VSCode의 터미널에 "pip install reportlab" 설치 명령어를 입력하여 설치를 진행한다.

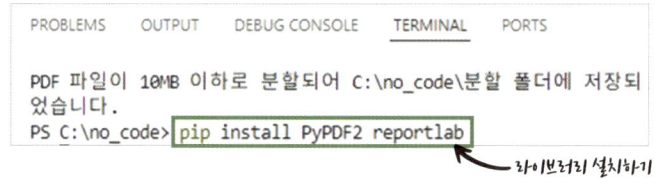

이어서 [❶cover_page_insert.py]란 이름의 새로운 파이썬 파일을 생성하고, 챗GPT가 제안한 [❷코드를 붙여 넣는]다.

그다음 cover_page_insert.py 파일 위에서 [우측 마우스 버튼] - [Run Python File in Terminal]를 선택하여 파이썬 코드를 실행한다.

그러면 "모든 PDF 파일에 표지가 추가되어 C:\no_code\표지 포함 폴더에 저장됐다."는 메시지가 출력된다.

🔖 [학습자료] - [코드] - [미션18_코드.py] 파일 활용

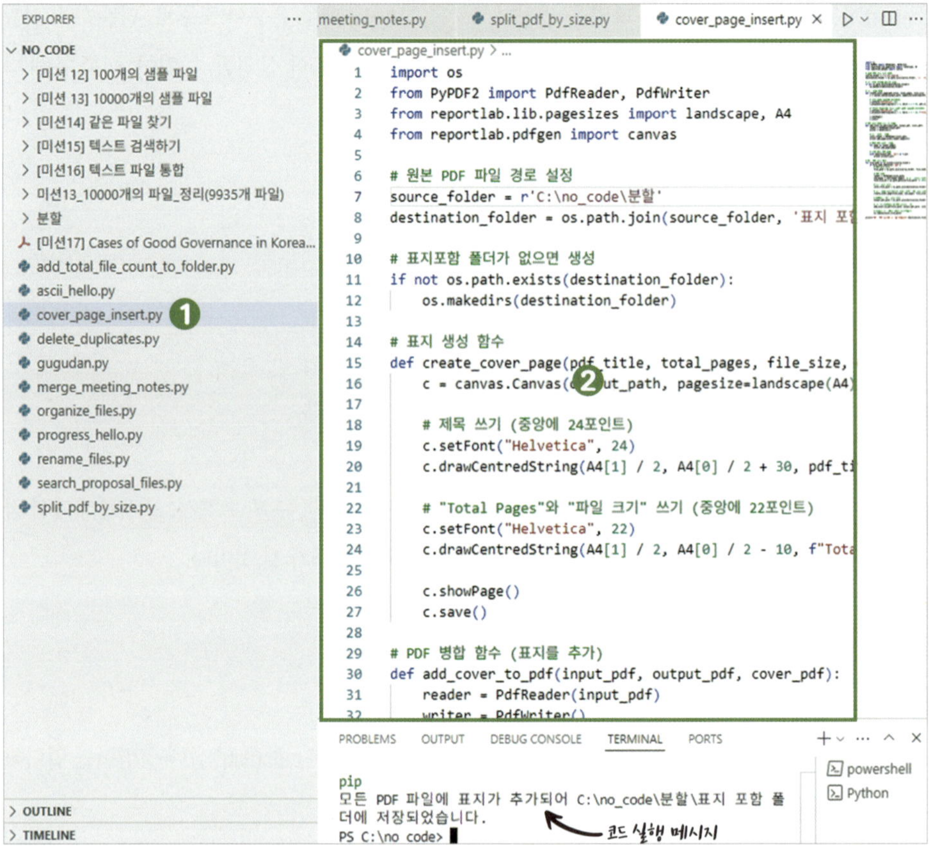

작업 결과를 보면 '표지 포함' 폴더가 새로 생성되고 그 안에는 각 PDF 파일에 우리가 원하는 파일명과 페이지 수, 파일 용량이 포함된 표지가 추가되었다.

표지가 추가된 모습을 확인하기 위해 특정 PDF 파일을 더블클릭하여 열어보면, 파일명과 페이지 수, 파일 용량이 포함된 표지가 추가된 것을 확인할 수 있다.

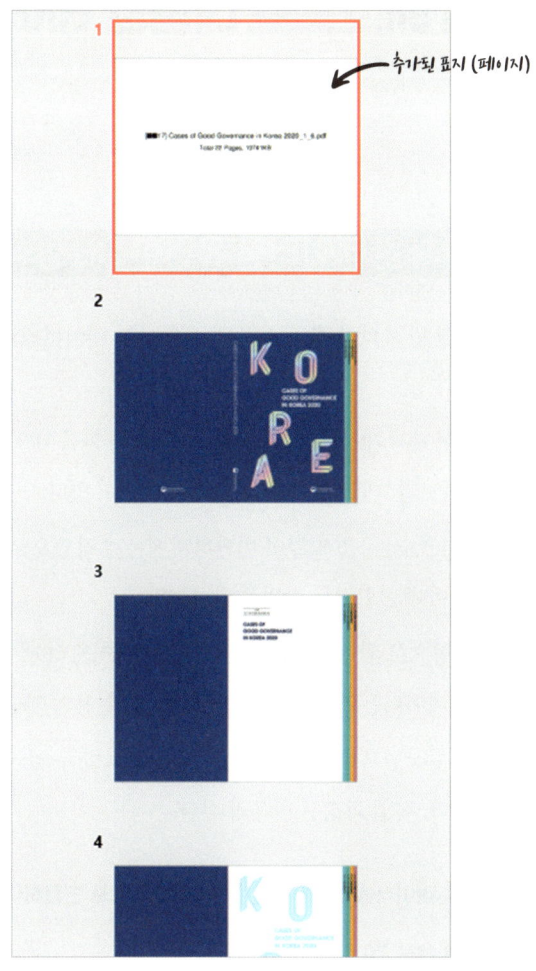

이번 미션을 통해 AI와의 협업을 통해 우리가 구상한 아이디어를 즉시 실행할 수 있는 코드로 변환하는 능력과 PDF 작업에 특화된 'reportlab' 라이브러리가 단순히 파일을 다루는 것을 넘어, 보고서나 자료를 효율적으로 만들 수 있다는 것을 할 수 있었다.

이렇듯 파이썬의 라이브러리는 계속 확장 가능하며, 필요에 따라 언제든지 설치하고 적용할 수 있는 강력한 도구이다.

이것으로 향후 더 복잡한 작업도 두려워하지 않고, 챗GPT(AI)와 함께 효율적으로 해결해 나갈 수 있다는 확신을 갖게 됐을 것이다.

엑셀 매크로로 대용량 데이터 다루기

미션 19: 다차원 데이터를 유연한 DB 형식으로 바꾸기

환율 데이터를 분석하려면 먼저 엑셀에 정리된 가로 확장형 데이터를 세로로 변환하여 DB 테이블 형식으로 만들어야 한다.

이번 미션에서는 한국은행에서 제공한 2년치 주요국 대원화 환율 데이터로, A열에서 SD열까지 총 498개의 일자별 환율 정보가 "대원화 환율" 시트에 정리되어 있다.

이렇게 정된 수백 개의 열(Column)을 일일이 변환하기에는 수작업으로는 비효율적이기 때문에, 엑셀의 VBA를 이용해 한 번에 변환하는 방법을 알아보자.

엑셀 데이터는 가로 확장형으로 되어 있어 이것을 세로로 늘어뜨려 데이터베이스(DB) 형식으로 변환해야 하는데, 변환한 데이터는 분석이 용이하고 다양한 활용이 가능하다.

이 작업을 엑셀에서 직접 수작업으로 할 경우, 많은 시간이 걸릴 수 있지만 VBA를 사용하면 자동화하여 쉽게 처리할 수 있다. 작업 과정은 다음과 같다.

- 대원화 환율 시트의 가로 데이터를 DB 방식 변환 시트에 세로로 변환하여 입력
- 데이터가 없는 경우 해당 셀을 건너뛰도록 설정
- 각 행의 열(Column) 데이터를 1행에 있는 날짜를 기준으로 세로로 정리

> **가로 확장형 데이터 표와 DB 테이블 형식의 이해**
>
> 가로 확장형 데이터표(Horizontally Expanded Data Table)시각적으로 보기에는 편리하지만, 대용량 처리나 분석에는 비효율적이며, 반면 DB 테이블 형식(Relational Database Table Format)은 데이터를 행 단위로 저장해 검색, 필터링, 집계에 최적화되어 있으며, 대용량 데이터 분석에 훨씬 유리하다. 또한, DB 테이블은 필요 시 가로 확장형으로 쉽게 변환 가능하지만, 가로 확장형을 다시 세로로 바꾸는 것은 복잡하고 비효율적이다. 따라서, 데이터 분석에는 DB 테이블 형식을 사용하는 것이 더 적합하고 장기적으로 유리하다.

◆ 엑셀 표를 챗GPT에 활용하기

엑셀 표를 복사하여 챗GPT에 붙여 넣는 방법은 엑셀 데이터를 설명할 때 매우 유용하다. 자신이 직접 할 수 있는 작업을 VBA로 처리하고 싶다면, 데이터 구조를 보여주는 것이 중요하다.

살펴보기 위해 먼저, 샘플 엑셀 파일인 [❶대원화 환율 시트]의 일부를 [❷복사(Ctrl+C)]해서 챗GPT 프롬프트(채팅창)에 [❸붙여 넣기(Ctrl+V)]해 보자.

▎[학습자료] – [샘플 파일] – [미션19 주요국 통화의 대원화 환율_한국은행] 파일 활용

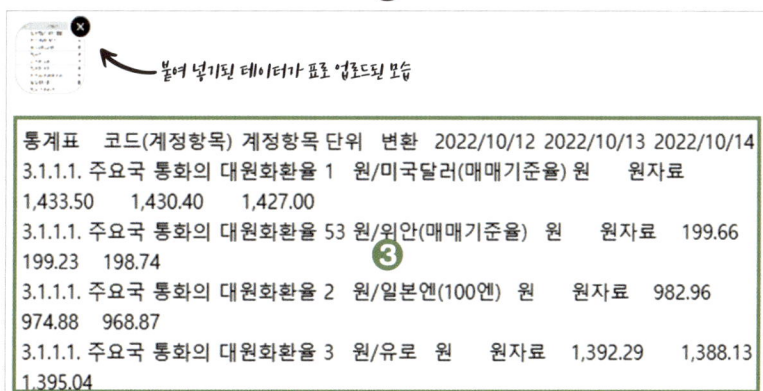

챗GPT에 데이터를 붙여 넣으면 표가 자동으로 생성되며, 복붙된 텍스트는 지워준다. 계속해서 이번엔 변환하고자 하는 [❶DB 방식 변환 시트]의 형식을 [❷복사]한 후 챗GPT 채팅창에 [❸붙여넣기]한다.

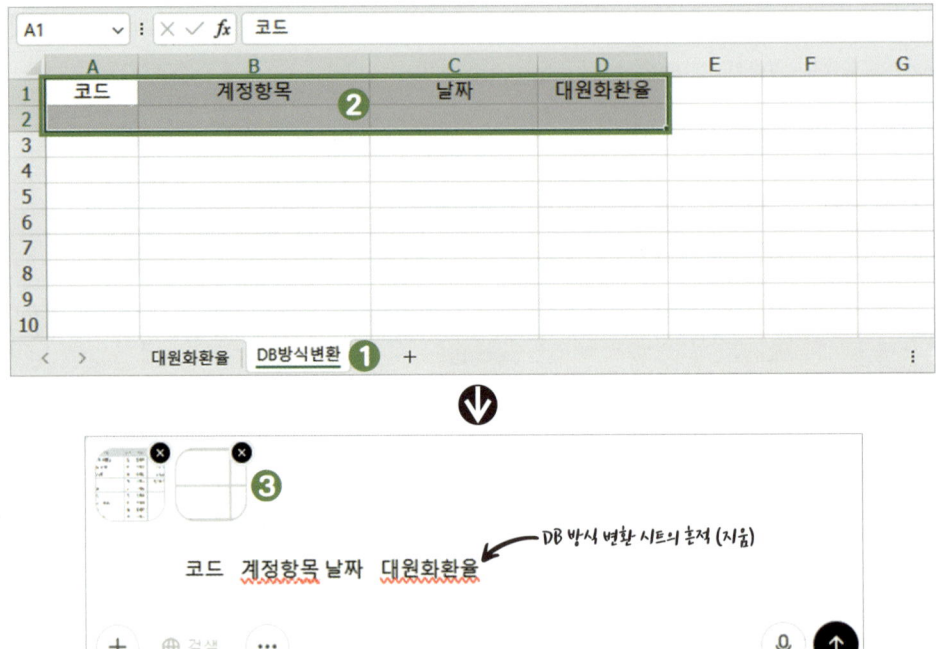

엑셀 표가 생성되었기 때문에 이제 프롬프트를 입력할 차례이다. 프롬프트는 자신의 작업 방식을 구체적으로 설명하면 된다. 채팅창에 표를 붙여 넣은 후에는 다음과 같이 요청할 수 있다.

"첫 번째로 업로드한 표는 '대원화환율'이라는 이름의 시트에서 가져온 일부 데이터이다. 이 데이터는 E열부터 날짜가 계속해서 늘어나 가로로 확장된 형태이고, 두 번째로 업로드한 표는 'DB방식변환'이라는 DB 테이블 형식의 데이터를 일부 보여준다.

'대원화환율' 시트의 2행부터 '대원화환율' 시트의 B열 '코드(계정과목)' 값을 'DB방식변환' 시트의 A열 '코드' 값에 넣고, '대원화환율' 시트의 C열 '계정항목' 값을 'DB방식변환' 시트의 B열 '계정항목' 값에 넣고, '대원화환율' 시트의 F열부터 마지막 열까지, 1행에 있는 날짜 값을 'DB방식변환' 시트의 C열 '날짜'에 넣으며, 현재 위치한 열에 있는 값을 'DB방식변환' 시트의 D열 '대원화환율'에 넣는다.

이 작업을 각 행에 대해 차례대로 실행하고, 대원화환율 값이 없는 경우에는 해당 행을 건너 뛰어 주어야 해."

이와 같이 자연스럽게 설명하면 챗GPT는 이를 분석하여 정확한 엑셀 표를 생성해줄 것이다.

▌[학습자료] – [챗GPT 프롬프트] – [미션19] 파일 활용

이제 위 설명을 기반으로 챗GPT에게 VBA 코드 생성을 요청하면, 다음과 같이 VBA 코드와 함께 VBA 모듈 만드는 방법과 실행 방법을 알려준다.

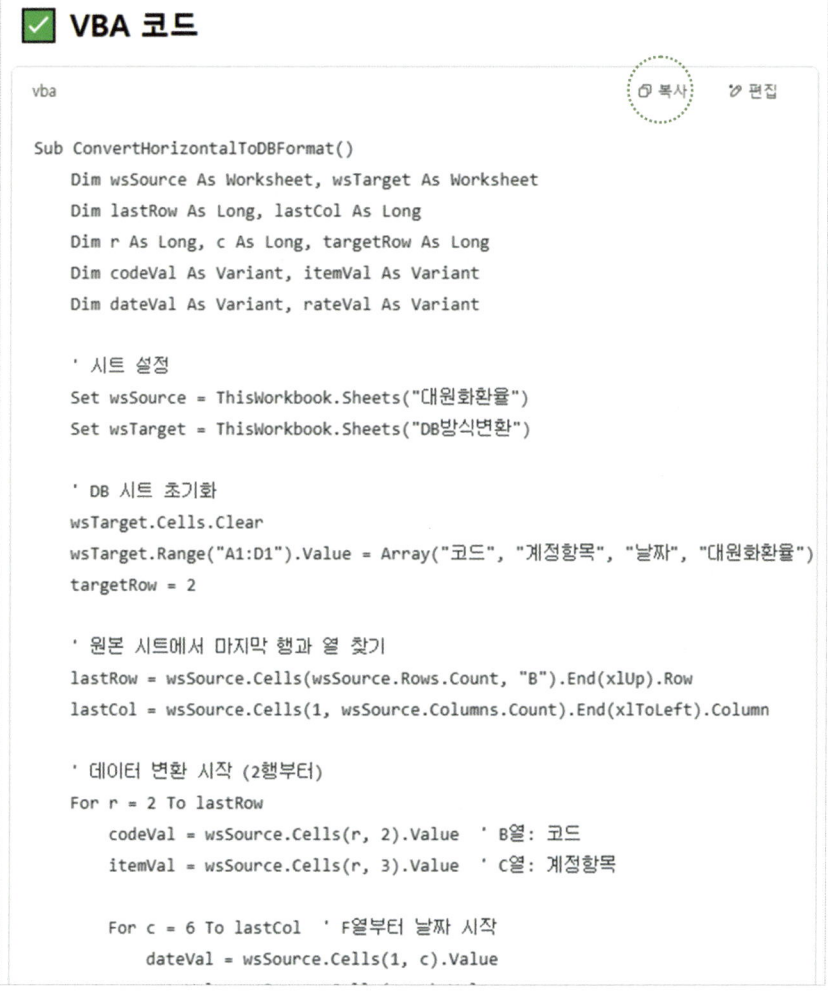

◆ VBA 모듈 추가 및 실행하기

[미션 06]에서처럼 엑셀을 실행한 후 [❶개발 도구] 메뉴에서 [❷Visual Basic]을 선택(단축키 Alt+F11)하여 VBA 편집기를 열어준다. 그다음 [❸삽입] - [❹모듈]를 선택하여 새 모듈을 삽입한다

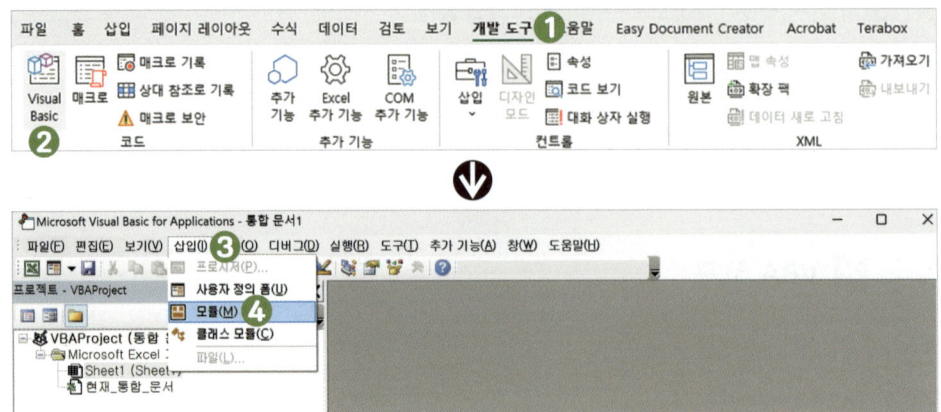

새 모듈이 생성되면 앞서 챗GPT에서 복사했던 코드를 [붙여 넣기(Ctrl+V)] 한다.

▶ [학습자료] - [코드] - [미션19_코드.vba] 파일 활용

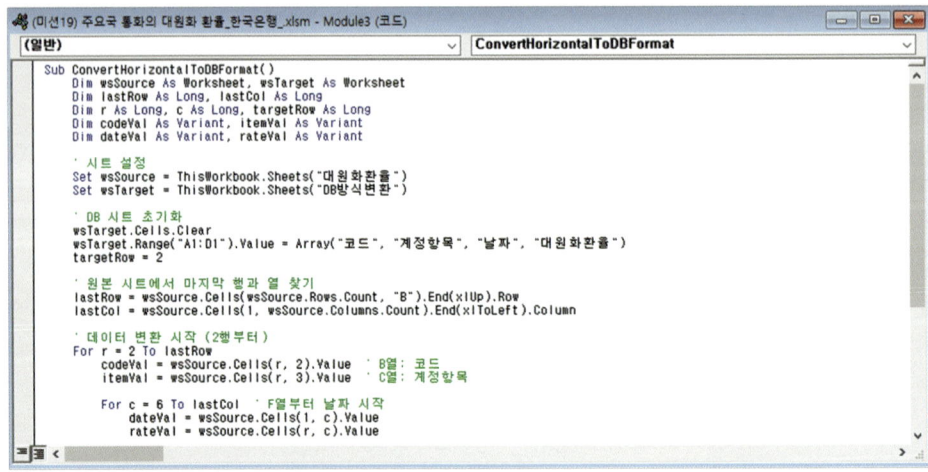

VBA 창을 닫고 엑셀 시트로 돌아와 코드를 실행해 보자. [❶개발 도구] - [❷매크로] 메뉴를 선택 (단축키Alt+F8)하여 '매크로' 실행 창을 열고, [❸ConvertHorizontalToDBFormat] 매크로를 [❹실

행]한다. 사용되는 엑셀 파일에 있는 매크로가 아닌 방금 새로 생성한 매크로를 사용해 보자.

📢 코드를 사용하기 위해서는 샘플로 사용된 엑셀 시트의 이름과 동일(대소문자, 띄어쓰기 포함)한 시트가 필요하며, 엑셀 파일을 열 때 "보안 경고: 매크로를 사용할 수 없도록 설정했다"고 뜬다면 매크로(코드) 에러가 뜨기 때문에 반드시 "콘텐츠 사용" 버튼을 눌러 매크로를 사용할 수 있도록 하면 된다.

> 💡 VBA 창에서 매크로 실행하기
>
> 매크로를 사용하는 간편한 방법은 VBA 창에서 모듈을 만든 후 곧바로 실행하는 것이다. 상단 도구 바를 보면 삼각형 아이콘이 있는데, 이 버튼(F5)을 누르면 현재 활성화된 모듈(코드)가 곧바로 실행되기 때문에 보다 간편하게 매크로를 실행할 수 있다.

10. 엑셀 매크로로 대용량 데이터 다루기 •••• 137

작업이 완료된 엑셀 파일을 확인하면 "DB방식변환"시트에 21200의 행이 생성된 것을 볼 수 있다.

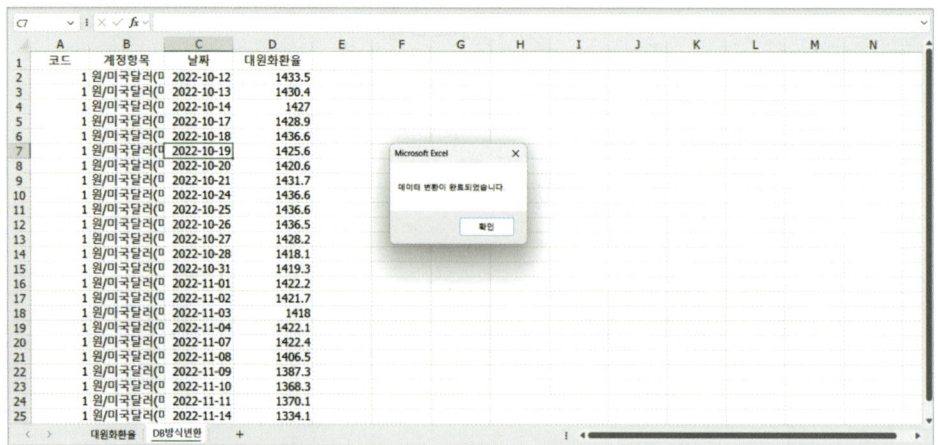

이번 미션을 통해 평면 데이터를 다차원으로 변환하여 DB 형식으로 바꾸는 작업을 쉽게 자동화 할 수 있었으며, VBA는 엑셀 작업을 자동화하는 데 매우 유용하고, 대규모 데이터 처리를 위해 꼭 필요한 도구임을 확인했다.

또한, 엑셀 데이터를 챗GPT에 붙여 넣어 질문하는 방식이 얼마나 효과적인지도 다시 한번 실감할 수 있었다.

앞으로 데이터 분석과 엑셀 매크로 작업에 이 방법이 더욱 활용될 것임을 확신한다.

미션 20: VBA로 대용량 데이터 정리하기

이번 미션에서는 [미션 19]에서 변환한 2년치 주요국 대원화 환율 데이터를 사용하여 각 나라별로 환율 정보를 새로운 시트로 정리하는 작업을 해볼 것이다.

총 2만여 개의 행으로 구성된 이 대용량 데이터는 수식 하나를 작성하는 것조차 부담이 되지만, 이때, 엑셀 VBA를 활용하여 데이터를 자동으로 정리하는 방법을 통해 각 나라별로 데이터를 분리하여 관리할 수 있다.

▌[학습자료] – [샘플 파일] – [미션20 나라별 대원 화환율_시트] 파일 활용

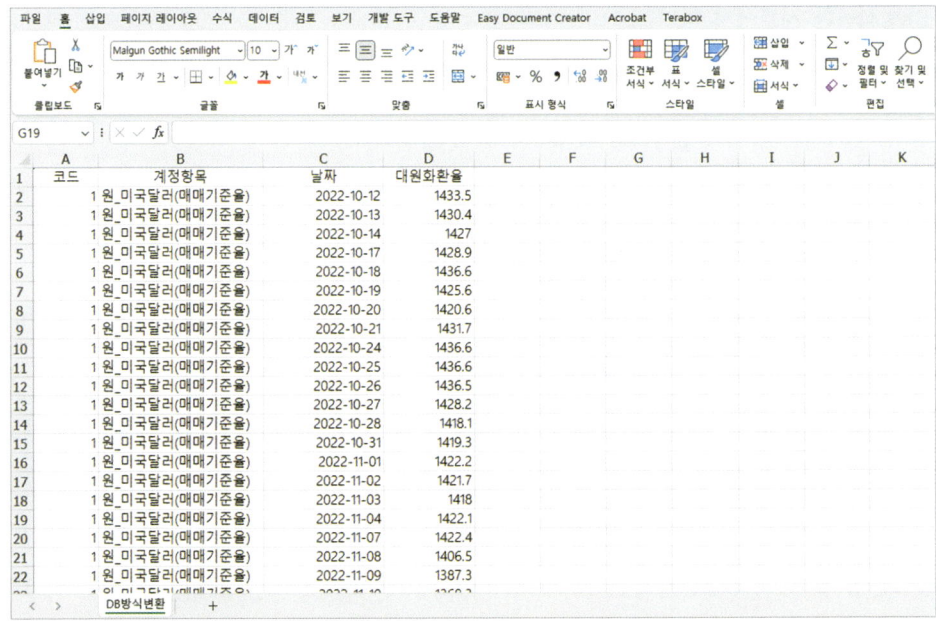

원본 시트인 "DB방식전환"의 B열에 각 나라의 계정 항목이 들어 있어, 이 계정 항목 값을 기준으로 새로운 시트를 생성하여 나라별 환율 정보를 정리할 계획이다. 작업의 흐름은 다음과 같이 구설할 수 있다.

- 전체 데이터에서 계정 항목 값들을 확인하고 중복 없는 값들만 추출
- 추출한 계정 항목 값으로 새로운 시트를 생성
- 각 나라의 계정 항목에 해당하는 데이터를 새로운 시트로 복사해 붙여 넣기

이제 이 작업을 챗GPT에게 설명할 프롬프트를 만들어보자. 이번에는 프롬프트를 조금 더 구조적으로 작성해 볼 것이다.
복잡한 작업일수록 간결하고 이해하기 쉬운 구조적 프롬프트가 효율적이다. 마치 보고서에서 간단한 내용은 줄글로, 복잡한 내용은 불렛 포인트로 작성하는 것처럼 말이다.
다음과 같은 예시로, 구체적인 작업 순서를 명시한 프롬프트를 작성할 수 있다.

"DB방식변환" 시트에서

1. A1에서 D1까지는 타이틀 행이다.

2. B열의 2행부터 마지막 행까지는 "계정항목" 값이 들어 있다.

작업에서

1. B열에서 중복 없는 "계정항목" 값을 추출해 이름순으로 정렬한다.

2. 각 "계정항목" 값마다 새 시트를 만들고, 시트의 이름은 "계정항목" 값으로 지정한다. 동일한 이름의 시트가 이미 존재하면 해당 시트를 삭제한 후 새로 생성한다.

3. 클립보드를 사용하지 않고, 값을 직접 할당하는 방식으로 새 시트의 1행에 "DB방식변환" 시트의 A1:D1 타이틀 행 값을 복사한다.

4. 새 시트의 2행부터 "DB방식변환" 시트에서 "계정항목" 값이 같은 행의 A열~D열 값을 직접 할당하는 방식으로 복사해 붙여 넣는다.

이 작업을 엑셀 VBA 코드로 작성해 줘."

위와 같이 프롬프트를 구조적으로 작성해 봄으로써 작업을 쉽게 설명할 수 있다. 이제 위 프롬프트를 사용하여 챗GPT에게 VBA 코드를 요청해 보자.

📑 [학습자료] – [챗GPT 프롬프트] – [미션20] 파일 활용

◆ VBA 모듈 추가 및 실행하기

이제 챗GPT에서 제시한 코드를 실행하기 위해 엑셀의 [❶개발 도구] 메뉴에서 [❷Visual Basic]을 선택(단축키 Alt+F11)하여 VBA 편집기를 열어준다. 그다음 [❸삽입] - [❹모듈]를 선택하여 새 모듈을 삽입한다

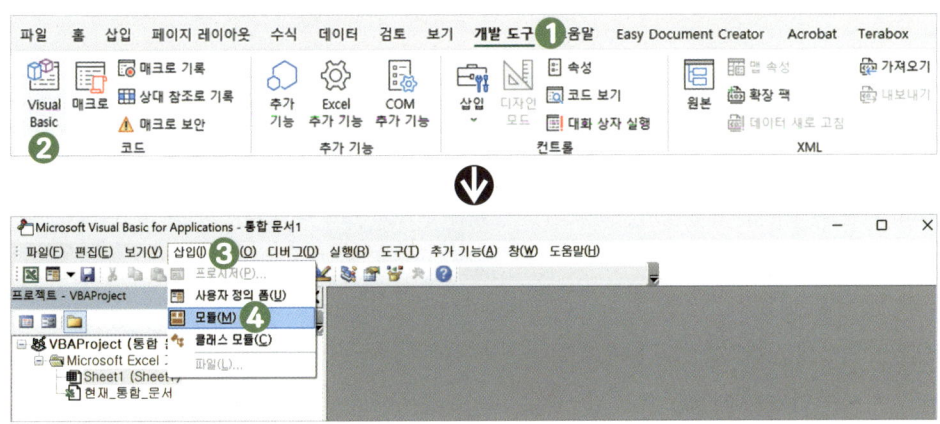

새 모듈이 생성되면 챗GPT에서 복사했던 코드를 [❶붙여 넣기(Ctrl+V)] 한 후, VBA 편집기 닫지 말고 위쪽에 있는 [❷삼각형(매크로 실행)] 버튼을 누른다.

[학습자료] – [코드] – [미션20_코드.vba] 파일 활용

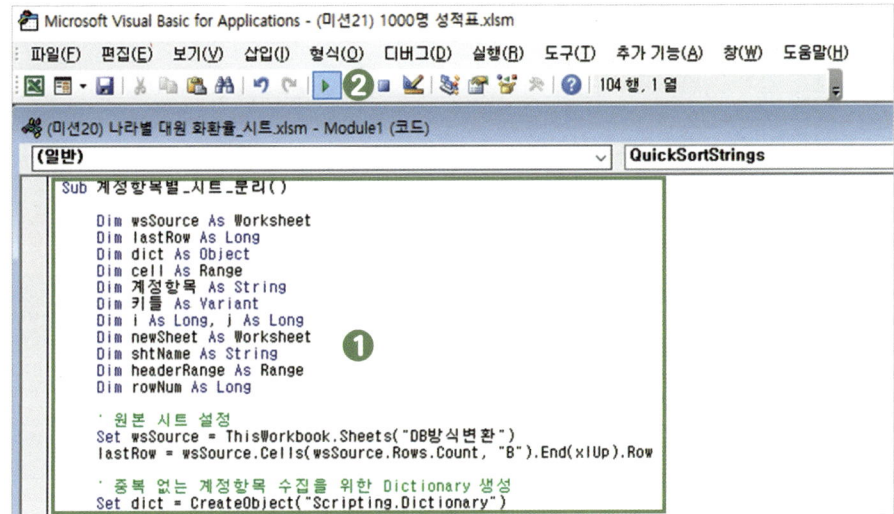

매크로 실행 창이 열리면 이번 미션에 생성된 [❶모듈]을 선택한 후, [❷실행] 버튼을 누른다.

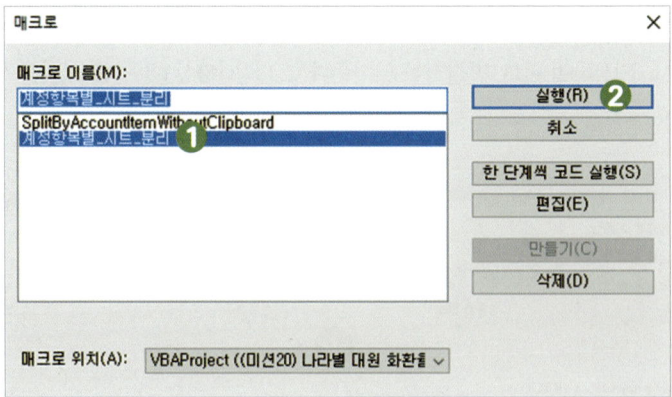

실행이 완료되면 새로운 시트들이 생성되어 각 나라의 환율 정보가 해당 시트에 저장되며, 엑셀에서 복사 작업이 자동으로 진행된 후, 모든 나라별 환율 시트가 완성된 것을 확인할 수 있다.

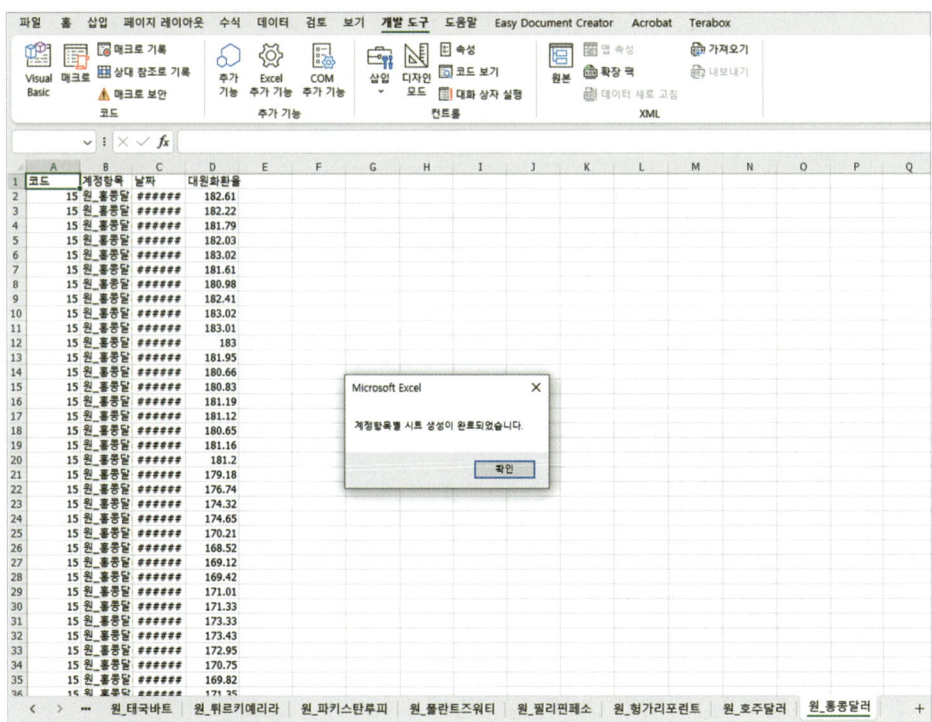

구조적인 방식의 프롬프트 작성 이번 미션을 통해 복잡한 데이터 분석 작업을 위해 구조적인 방식의 프롬프트 작성법을 사용해 보았다.

이렇게 복잡한 작업은 간결하고 체계적으로 작성된 프롬프트를 통해 정확하고 신속한 답변을 얻을 수 있었다.

앞으로 데이터 분석과 같은 복잡한 작업을 AI에게 요청할 때는 이러한 구조적인 프롬프트 작성법을 활용하는 것을 권장한다.

이 방식은 AI가 더 잘 이해할 뿐만 아니라, 요청하는 사용자 또한 작업을 명확하게 인지하고 실수를 줄일 수 있는 장점이 있다.

미션 21 : 1,000명의 성적 데이터를 PDF로 변환하기

이번 미션은 필자가 실제로 경험했던 업무 상황에서 영감을 받은 것으로, 해당 업무 담당자는 1,000명의 학생 성적표를 하나하나 수작업으로 작성하고 PDF로 저장하는 일을 반복하면서 지쳐 있었다.

엑셀에서 각 학생의 성적 데이터를 성적표 양식에 붙여넣고, 개별 성적표를 저장하는 이 작업은 시간이 많이 걸리고 매우 반복적이다.

이제 이런 복잡하고 시간이 오래 걸리는 작업을 엑셀 VBA로 자동화하면 얼마나 효과적인지, 그 방법에 대해 알아보자.

이와 같은 실제 업무 상황에서 엑셀의 강력한 자동화 도구인 VBA를 활용하면 시간과 노력을 절감할 수 있으며, VBA를 통해 자동화하면, 더 큰 업무에 집중할 수 있는 시간을 벌 수 있다.

각 학생의 성적을 성적표 양식에 넣고, 이를 PDF 파일로 저장하는 방식으로 작업을 구상할 수 있는데, 작업의 흐름을 간단히 정리하면 다음과 같다.

- "1000명 점수" 시트에서 각 학생의 성적 데이터를 한 명씩 가져와 "성적표" 시트에 입력
- 각 학생의 성적표를 '학번_이름.pdf' 형식으로 저장
- 모든 작업이 끝날 때까지 이 과정을 반복

예제 엑셀 파일을 열어보면, 두 개의 시트가 있는데, 첫 번째는 1,000명의 학생 성적이 정리된 "1000명점수" 시트이며, 두 번째는 성적표 양식이 있는 "성적표" 시트가 일목요연하게 정리되어있는 것을 알 수 있다.

이제 이 데이터를 기반으로 모든 학생들의 성적표를 개별로 생성해 보자.

🔖 [학습자료] - [샘플 파일] - [미션21 1000명 성적표] 파일 활용

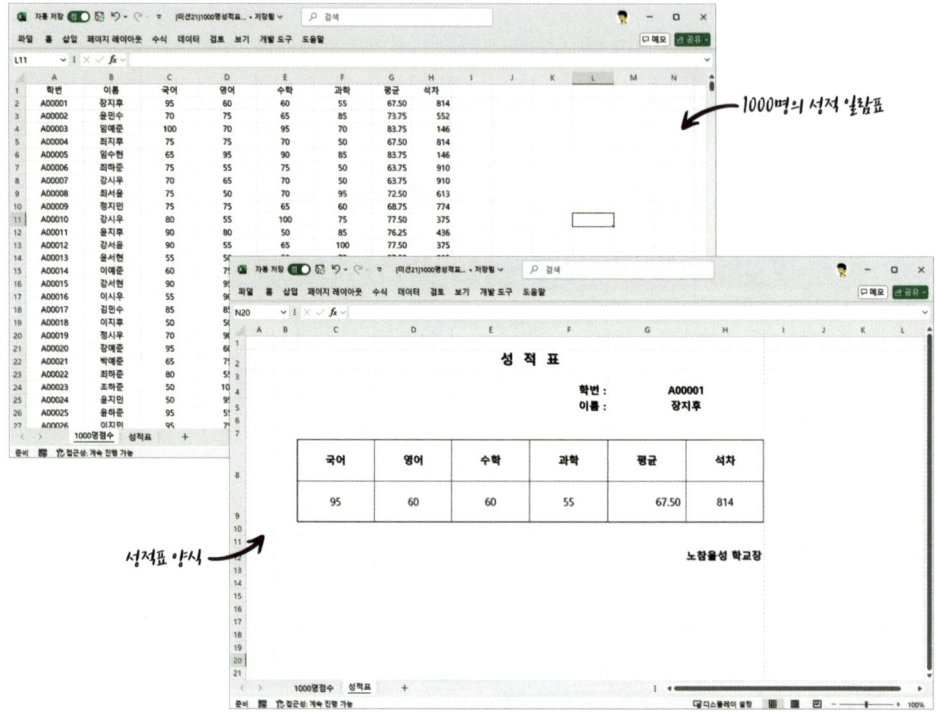

성적표 양식은 각 학생의 성적이 적절한 위치에 들어가도록 설계된 표로, 이를 개별 PDF로 저장하는 것이 목표이다.

[미션20]에서 사용한 구조적 프롬프트 방식은 복잡한 작업을 명확하게 설명하는 데 매우 효과적이었다면, 이번 미션에서는 프롬프트 작성 방식을 조금 더 구조적으로 정리해 볼 것이다.

이번 미션의 프롬프트 예시는 다음과 같다.

"1000명점수" 시트에서

1. A1에서 H1까지는 타이틀 행이다.

2. 2행부터 마지막 행까지는 A~H 열까지 학번, 이름, 국어, 영어, 수학, 과학, 평균, 석차 값이 들어있다.

작업에서

1. 2행부터 마지막행까지 순서대로 작업한다.

2. 학번은 "성적표"시트의 G4셀에, 이름은 G5셀에, 국어, 영어, 수학, 과학, 평균, 석차는 C9~H9 셀에 넣는다.

4. 그리고 엑셀 시트가 있는 폴더의 "성적표" 서브 폴더를 만들어서 "성적표"시트를 학번_이름.pdf로 내보내기를 한다.

이 내용을 엑셀 VBA로 만들어 줘."

이 프롬프트는 작업 흐름을 단계별로 명확하게 설명하고 있으며, 이를 통해 챗GPT는 정확한 VBA 코드를 생성할 수 있다.

📑 [학습자료] – [챗GPT 프롬프트] – [미션21] 파일 활용

◆ VBA 모듈 추가 및 실행하기

이제 챗GPT에서 제시한 코드를 실행하기 위해 엑셀의 [❶개발 도구] 메뉴에서 [❷Visual Basic]을 선택(단축키 Alt+F11)하여 VBA 편집기를 열어준다. 그다음 [❸삽입] - [❹모듈]를 선택하여 새 모듈을 삽입한다

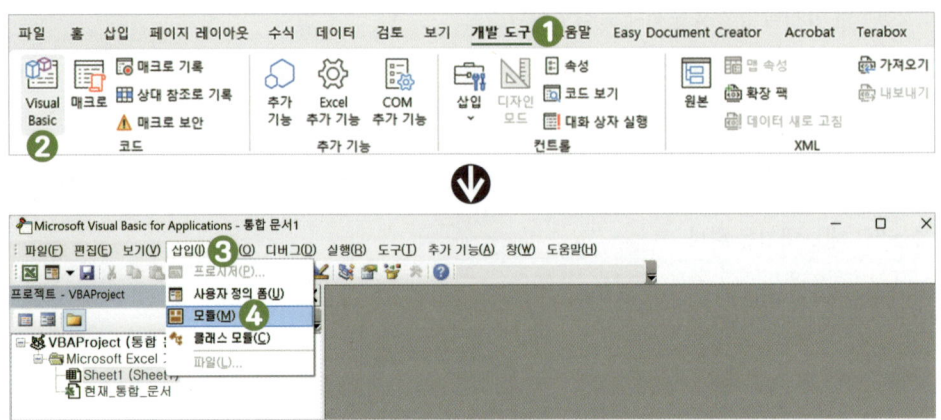

새 모듈이 생성되면 챗GPT에서 복사했던 코드를 [❶붙여 넣기(Ctrl+V)] 한 후, VBA 편집기 닫지 말고 위쪽에 있는 [❷삼각형(매크로 실행)] 버튼을 누른다.

[학습자료] - [코드] - [미션21_코드.vba] 파일 활용

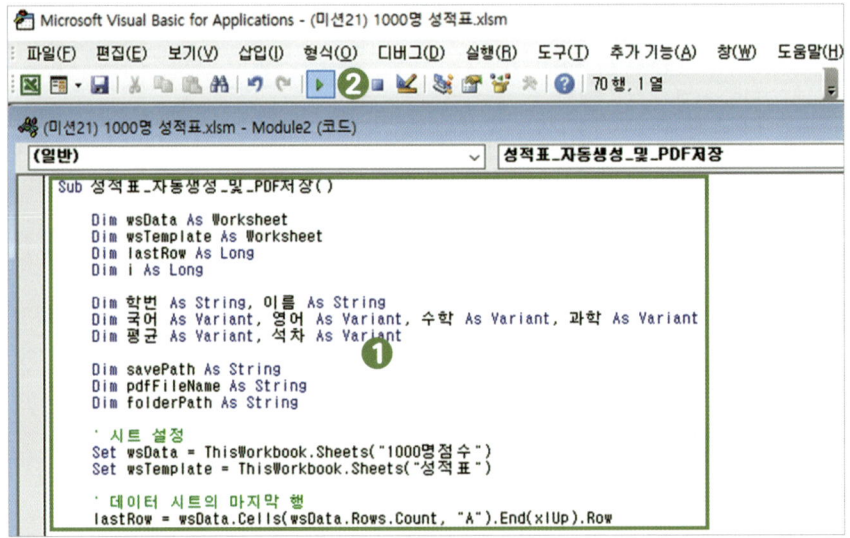

성적표 시트가 빠르게 업데이트되면서 작업이 진행되며, 모든 학생의 성적표가 생성이 완료되면 작업이 완료되었다는 메시지가 나타난다. (1,000명의 데이터이기 때문에 시간이 제법 소요됨)

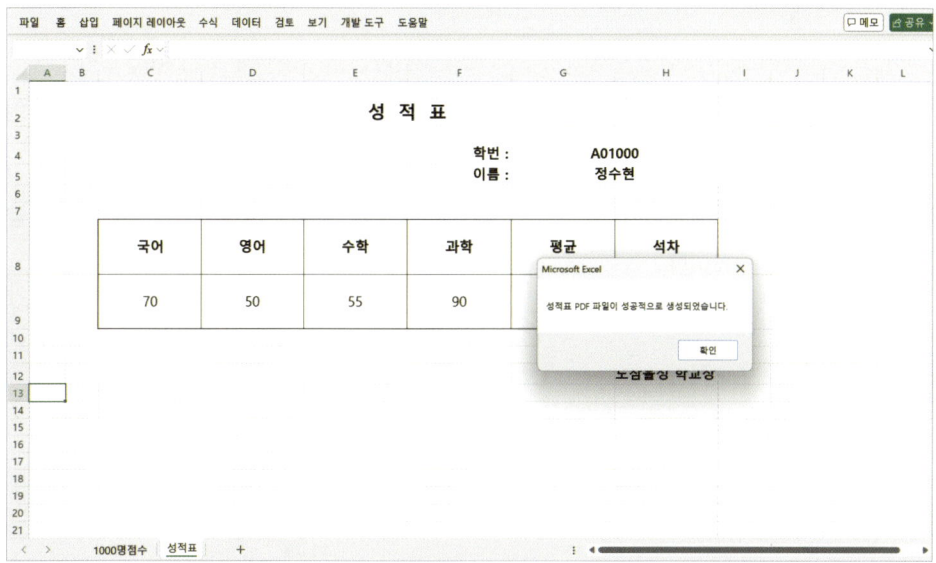

작업이 완료된 후, 해당 엑셀 파일이 있는 위치(폴더)에 가보면, "성적표"란 폴더가 생성된 것을 알 수 있다. 이 폴더에는 코드 명령에 의해 각 학생의 성적표가 '학번_이름.pdf' 형식으로 1,000개가 저장되었다.

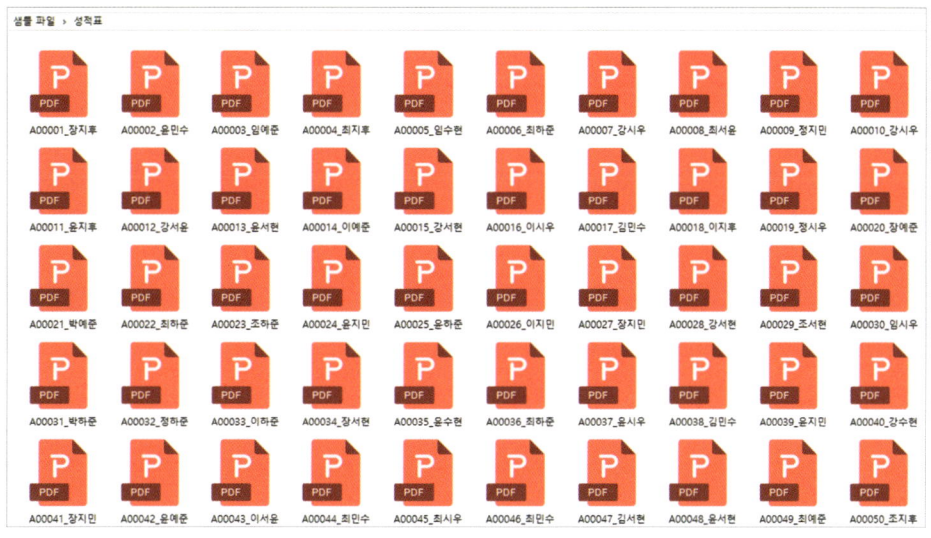

이번 미션을 통해 대량의 반복 작업을 엑셀 VBA를 활용해 자동화할 수 있었다. 이 작업을 실제 업무에서 이런 작업이 주어졌다면 매우 많은 시간이 소요되었겠지만, VBA를 활용함으로써 단시간에 완료할 수 있었다.

특히, 프롬프트 작성 시 복잡한 내용을 구조적으로 정리하는 방식은 매우 효과적으로, 이렇게 작성된 프롬프트는 AI가 작업 흐름을 명확히 이해하게 하고, 오류 없는 코드를 생성하는 데 도움이 된다.

앞으로 더 복잡한 미션에서도 이러한 구조적 프롬프트 방식을 익혀 나가면서 효율적인 업무 자동화를 실현할 수 있을 것이다.

불필요한 모듈 제거하기

매크로 작업을 위해 다양한 모듈을 만들어 사용할 경우, 불필요한 모듈을 제거해야 하는 경우가 생긴다. 이럴 때 프로젝트 창의 "삭제하고자 하는 모듈"에서 [우측 마우스 버튼] - [(해당 모듈) 제거] 메뉴를 통해 쉽게 제거할 수 있다.

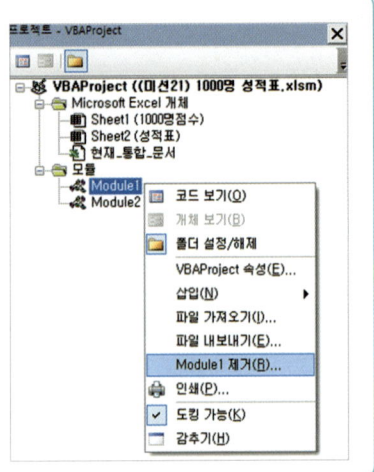

모듈 이름 변경하기

작업의 편의를 위해 모듈의 이름을 변경하고자 한다면, 바꾸고자 하는 모듈을 선택한 후, [F4]를 눌러 속성 창을 열어서 원하는 이름으로 바꿀 수 있다. 참고로 이 방법으로 프로젝트의 개체 이름도 바꿔 줄 수 있다.

11 상상 속 게임 세계를 현실로

 **미션 22: 게임 개발 도전: AI와 함께 만드는 틱택토**

지금까지는 VSCode의 터미널과 엑셀 VBA 창에서만 실행되는 미션들이었다면, 이번 장의 미션들은 게임을 만들기 위해서는 독립적인 UI 창이 필요하다.

이번 미션들에서 개발할 간단한 게임들의 UI를 사용하는 방법을 파이썬을 활용할 것이며, 이번 미션에 만들 게임은 가장 간단한 게임 중 하나인 "틱택토(Tic-Tac-Toe)"이다.

틱택토 게임은 어린 시절 누구나 한번쯤은 해봤을 법한 X와 O를 번갈아 그리며 한 줄을 먼저 만드는 간단한 규칙의 게임으로, 전 세계에서 다양한 이름으로 불리지만, 기본적인 룰은 동일하다.

이 게임은 간단한 규칙 덕분에 초보 개발자들도 자주 도전하는 게임 개발 과제로 활용된다.

틱택토는 아주 유명한 게임이기 때문에 챗GPT에게 단순히 **"파이썬으로 틱택토 게임을 UI를 통해 만들어 달라"**고 요청하는 것으로 충분히 코드를 제시해 줄 것이다.

또한, 이번이 첫 게임 개발이기 때문에 조금 더 자세한 설명도 부탁해 보자. 일단 다음과 같은 프롬프트를 작성해 보자.

"틱택토를 파이썬으로 간단하게 UI를 써서 만들 수 있을까? 코드와 설명을 부탁해."

위의 프롬프트를 기반으로 챗GPT에게 파이썬 코드를 요청하면, GPT는 "Tkinter"라는 파이썬의 GUI 라이브러리를 활용해 간단하게 틱택토 게임을 만들 수 있는 코드를 제공해 준다.

▌ [학습자료] - [챗GPT 프롬프트] - [미션22] 파일 활용

✅ **파이썬 `tkinter`로 만든 틱택토 예제 코드**

```python
import tkinter as tk
from tkinter import messagebox

# 기본 설정
root = tk.Tk()
root.title("틱택토 게임")

current_player = "X"
buttons = [[None for _ in range(3)] for _ in range(3)]

# 승리 조건 확인 함수
def check_winner():
    for i in range(3):
        # 가로, 세로 확인
        if buttons[i][0]["text"] == buttons[i][1]["text"] == buttons[i][2]["text"]
            return True
        if buttons[0][i]["text"] == buttons[1][i]["text"] == buttons[2][i]["text"]
            return True

    # 대각선 확인
    if buttons[0][0]["text"] == buttons[1][1]["text"] == buttons[2][2]["text"] !=
        return True
    if buttons[0][2]["text"] == buttons[1][1]["text"] == buttons[2][0]["text"] !=
        return True

    return False
```

******************** 이하생략 ********************

◆ **VSCode에서 실행하기**

이제 챗GPT가 제시한 코드를 VSCode 터미널 창에서 실행해 보기 위해 먼저, VSCode를 실행한 후, [❶새 파일(New File)] 버튼을 눌러 [❷tictactoe.py]이란 이름의 파일을 만든다.

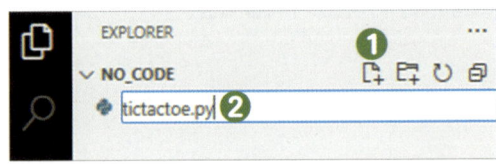

그다음 복사된 챗GPT 코드를 방금 생성한 [❶파일(tictactoe.py)]에 [❷붙여 넣기(Ctrl+V)]한다.

🔖 [학습자료] – [GPT 질의응답 텍스트] – [미션22_코드.py] 파일 활용]

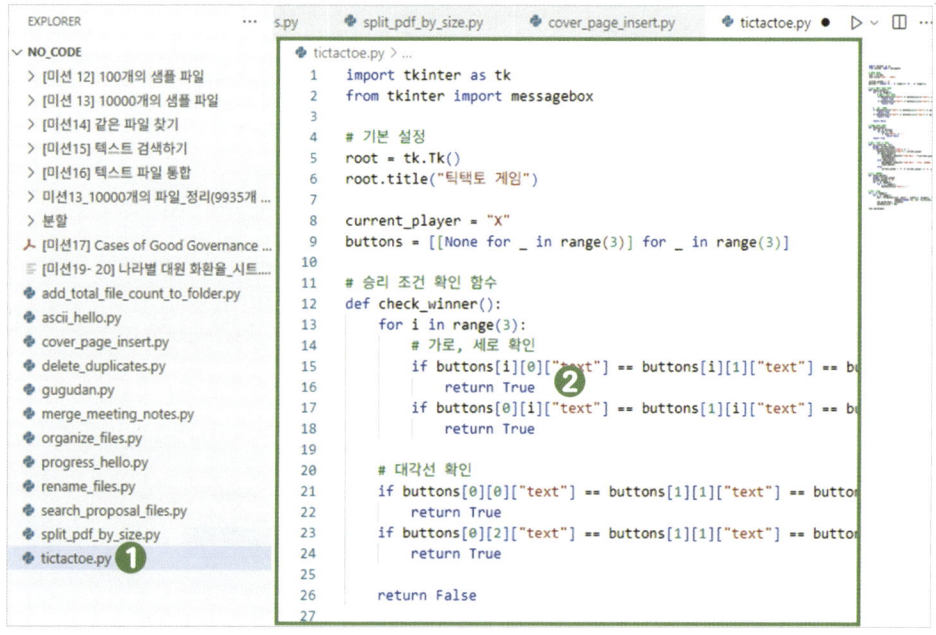

이제 적용된 코드를 실행하기 위해 [❶메뉴] – [❷View] – [❸Terminal] 메뉴를 선택한다.

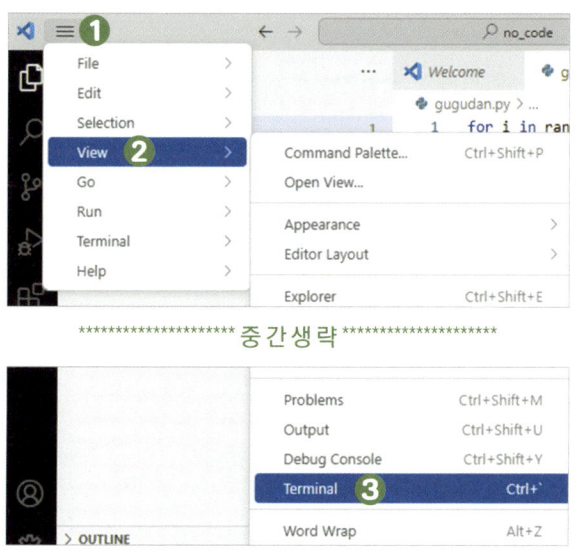

코드 하단에 터미널이 정상적으로 나타나면, 그다음 [❶tictactoe.py] 파일 위에서 [우측 마우스 버튼] - [❷Run Python File in Terminal]을 선택하여 파일을 실행한다.

📢 VSCode에서의 코드 실행 과정은 앞선 학습에서도 많이 사용해 보았기 때문에 지금의 과정은 반드시 기억해 두자.

실행된 코드는 다음과 같이 "틱택토" 게임 창으로 나타나게 된다.

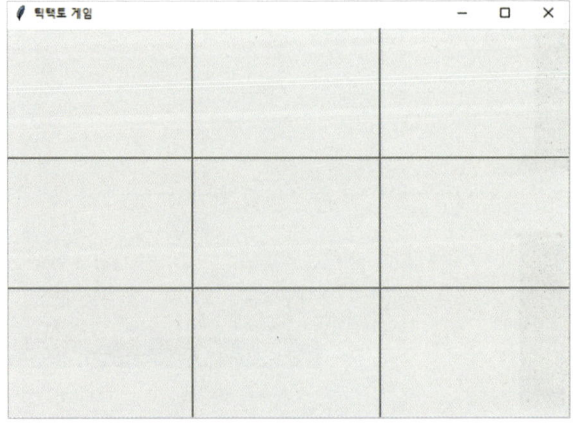

빈 칸을 클릭하여 게임을 진행해 보자. 그러면 "O"와 "X"가 나타나면서 칸을 채우게 되며, 게임이 진행되는 도중, 누군가가 승리하게 되면 'Player X wins!' 또는 'Player O wins!'와 같은 메시지가 표시된다.

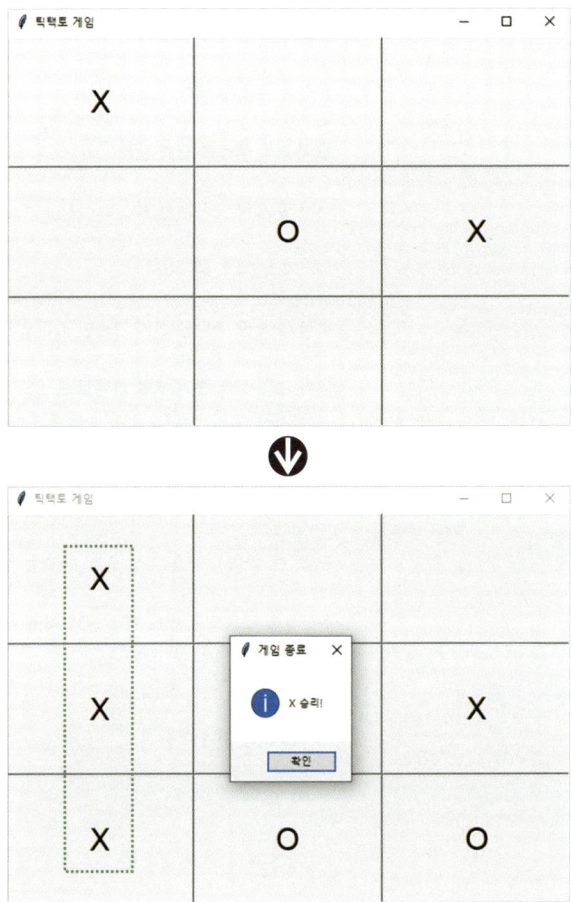

◆ **Tkinter로 UI 이해하기**

이제 챗GPT를 통해 "Tkinter"에 대해 더 알아보자. Tkinter는 파이썬에서 GUI(그래픽 사용자 인터페이스)를 구현하는 주요 라이브러리로, 이 기능을 잘 이해하면 더 복잡한 UI를 갖춘 다양한 파이썬 프로그램을 만들 수 있다.

챗GPT에서 **"Tkinter에 대해서 어떤 UI를 그릴 수 있는지 설명해 줘?"**라는 프롬프트를 입력하여

Tkinter에 대하여 더 알아보자.

✅ **tkinter로 만들 수 있는 주요 UI 위젯 (요소)**

위젯 이름	설명
Label	텍스트(또는 이미지)를 표시하는 레이블
Button	클릭할 수 있는 버튼
Entry	한 줄짜리 텍스트 입력 상자
Text	여러 줄 입력이 가능한 텍스트 상자
Checkbutton	체크박스 (체크 on/off)
Radiobutton	여러 항목 중 하나만 선택 가능한 라디오 버튼
Listbox	여러 개의 항목 중 일부를 선택할 수 있는 리스트 상자
Scale	슬라이더 형태로 값을 선택할 수 있는 UI
Spinbox	숫자 선택을 위한 증가/감소 버튼이 달린 입력 창
Canvas	도형, 선, 이미지 등을 직접 그릴 수 있는 캔버스
Frame	위젯들을 그룹으로 묶는 박스 (레이아웃 용도)
Menu	상단 메뉴 바 구성 가능
Scrollbar	스크롤 기능 추가 가능

********************* 이하생략 *********************

챗GPT의 설명으로 Tkinter는 버튼, 레이블, 텍스트 상자, 입력 필드 등 다양한 요소들을 사용하여 UI를 구성할 수 있다는 것을 알 수 있다.

이렇게 파이썬으로 직접 UI를 그릴 수 있다는 점에서, 앞으로 만들어질 더 많은 UI 기반 프로그램 개발에 큰 도움이 될 것이다.

이번 미션을 통해 첫 게임 개발과 UI를 활용한 파이썬 코딩을 성공적으로 해냈다. 이제는 단순한 터미널 프로그램을 벗어나 실제 소프트웨어다운 개발에 한 발짝 다가선 것이다.

앞으로 우리는 몇 가지 더 중요한 기능을 익혀, 더욱 발전된 프로그램 개발 및 독립 실행 파일을 만드는 것까지 도전할 것이다.

💬 미션 23: 목숨을 건, 긴장감 넘치는 행맨 단어 맞추기 게임

이번 미션은 파이썬의 UI를 활용하여 유저와 상호작용을 할 수 있는 "행맨(Hangman)" 게임을 개발하는 것이다.

이전까지는 터미널에서 입력을 받는 방식으로 게임을 구현했지만, 이번에는 사용자의 입력을 GUI로 받아야 한다.

이러한 상호작용은 프로그램 개발에서 매우 중요한 기능으로, UI를 통해 게임을 더 직관적으로 만들 수 있다.

이번에 만들어 볼 행맨 게임은 많은 사람들이 알고 있는 게임으로 플레이어가 영어 단어의 스펠링을 유추해 맞추는 게임이다.

플레이어는 틀린 답을 할 때마다 기회를 잃고, 기회를 모두 잃으면 그림 속의 사람이 점점 완성되며 결국 게임에서 패배하게 된다.

이 게임은 과거 PC 시절에 텍스트 기반으로 많이 구현되었으며, 지금도 코딩 연습이나 기본 과제로 자주 사용된다.

이 게임은 단순한 것처럼 보이지만, 게임 데이터 처리, 중복된 입력 값 처리, 유저가 과거에 입력했던 값 기억, 그리고 틀릴 때마다 그림을 그리는 방식 등을 구현해야 하는 내부적으로는 많은 로직이 필요하다.

이러한 복잡한 로직들을 통해 파이썬 UI 개발의 기초를 배우는 데 많은 도움이 될 것이다.

이제 챗GPT를 통해 코드를 요청해 보자. 이번 게임 역시 유명하기 때문에 세부 설명보다는 사용자(개발자)가 원하는 방식으로 행맨을 구현해 달라고 요청하면 된다.

"파이썬으로 '행맨' 게임을 만들어 줄 수 있어? Tkinter를 사용한 UI로 만들어 주고, 게임 데이터를 5개 정도 만들어서 넣고, 틀렸을때 마다 행맨이 나오도록 해줘."

위와 같은 프롬프트를 작성하여 요청해 보자.

📑 [학습자료] – [챗GPT 프롬프트] – [미션23] 파일 활용

챗GPT는 다음과 같이 Tkinter를 활용해 행맨 게임을 만들 수 있는 코드를 제시해 주었다.

```python
import tkinter as tk
from tkinter import messagebox
import random

class HangmanGame:
    def __init__(self, root):
        self.root = root
        self.root.title("Hangman Game")
        self.root.geometry("500x600")  # 창 크기 확대

        # 행맨 게임 데이터 (단어 리스트)
        self.word_list = ['apple', 'banana', 'grape', 'orange', 'cherry']
        self.word = random.choice(self.word_list)
        self.guessed_letters = []
        self.chances = 6

        # GUI 컴포넌트 생성
        self.label = tk.Label(root, text="Word: " + self.get_display_word(), font
        self.label.pack(pady=20)

        self.chances_label = tk.Label(root, text=f"Chances remaining: {self.chanc
        self.chances_label.pack(pady=10)

        self.entry = tk.Entry(root, font=("Helvetica", 16), justify='center')
        self.entry.pack(pady=10)

        self.guess_button = tk.Button(root, text="Guess", command=self.make_guess
        self.guess_button.pack(pady=10)

        self.canvas = tk.Canvas(root, width=300, height=250)
        self.canvas.pack(pady=20)
        self.draw_hangman(0)

    # 숨겨진 단어의 표시 상태를 반환하는 함수
    def get_display_word(self):
        return ' '.join([letter if letter in self.guessed_letters else '_' for le

    # 추측한 글자를 처리하는 함수
    def make_guess(self):
```

********************* 이하생략 *********************

◆ **VSCode에서 실행하기**

이제 앞서 챗GPT에서 생성한 코드를 VSCode에서 실행해 보자. 앞서 학습했던 것처럼 VSCode에서 [❶hangman.py]이란 파일을 생성한 후, 앞서 생선한 [❷코드를 복붙]한다.

[학습자료] – [코드] – [미션23-1_코드.py] 파일 활용

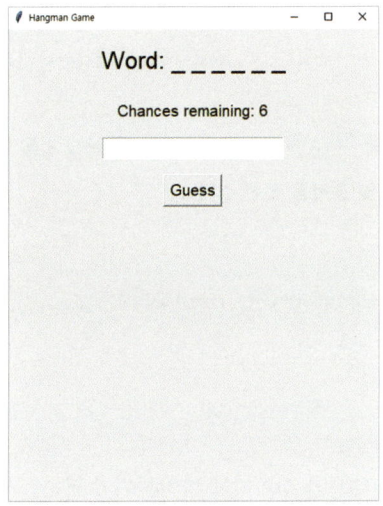

저장된 "hangman.py" 파일 위해서 [우측 마우스 버튼] – [Run Python File in Terminal]을 선택하여 파이썬 파일을 실행한다. 그러면 다음과 같이 "행맨" 게임이 실행된다.

◆ **코드 수정하기: 크기 조정**

게임 창의 크기가 너무 크거나 작아 게임 화면에 문제가 발생할 수 있다. 이럴 땐 적절한 수정이 필요하다.

이 문제를 해결하기 위해 게임 창의 크기를 수정하기 위해 챗GPT에게 요청해 보자. 전체 코드를 다시 요청할 수도 있지만, 예시로, 특정 부분만 수정하기 위해 "게임 창의 크기가 작아서 행맨 그림이 잘리는데 그것을 크게 키우려면 어디를 수정해야 해?"라고 질문해 보자.

그러면 챗GPT는 프롬프트의 내용을 정확하게 파악하여 수정하는 방법에 대해 자세히 알려주기

때문에 해당 코드 부분에 대해서만 수정을 하면 된다. 물론, 코드를 수정하는 것이 어렵다면, 전체 코드를 다시 요청하는 것도 방법도 있을 것이다.

```python
class HangmanGame:
    def __init__(self, root):
        self.root = root
        self.root.title("Hangman Game")
        self.root.geometry("500x600")  # 창 크기 확대
        
        # 행맨 게임 데이터 (단어 리스트)
        self.word_list = ['apple', 'banana', 'grape', 'orange', 'cherry']
        self.word = random.choice(self.word_list)
        self.guessed_letters = []
        self.chances = 6
        
        # GUI 컴포넌트 생성
        self.label = tk.Label(root, text="Word: " + self.get_display_word
        self.label.pack(pady=20)
        
        self.chances_label = tk.Label(root, text=f"Chances remaining: {se
        self.chances_label.pack(pady=10)
        
        self.entry = tk.Entry(root, font=("Helvetica", 16), justify='cent
        self.entry.pack(pady=10)
        
        self.guess_button = tk.Button(root, text="Guess", command=self.ma
        self.guess_button.pack(pady=10)
        
        self.canvas = tk.Canvas(root, width=300, height=250)
        self.canvas.pack(pady=20)
        self.draw_hangman(0)
```

크기 조절을 위한 코드 (self.root.geometry 부분, self.canvas 부분)

이번 미션에서는 '틱택토'에 이어 두 번째로 파이썬 UI를 활용한 게임 개발을 진행해 보았다. 이를 통해 출력뿐만 아니라 사용자 입력을 받는 방법도 배웠다.

이번 미션처럼 UI와 사용자 입력이 복합적으로 연관된 개발을 해본다면, 더 많은 인터랙티브한 프로그램(게임)을 만들 수 있을 것이다.

또한, 이번 행맨 미션을 통해 AI가 제공한 코드에 문제가 발생했을 때, 그 부분을 수정하는 방법도 배웠다.

코딩에서 중요한 것은 문제를 찾아내고 이를 해결하는 능력인데, AI와 협력하면 디버깅도 훨씬 쉽게 할 수 있으며, 이미 만들어진 코드를 기반으로 더 복잡한 프로그램을 만들어가는 방식도 쉽게 익힐 수 있다.

행맨과 같은 로직이 복잡한 게임의 구현은 앞으로 더 어려운 미션 수행에 큰 도움이 될 것이다.

미션 24: 내가 만든 게임을 독립 실행(exe)파일로 만들기

앞에서 배운 두 미션을 통해 틱택토와 행맨 게임을 만들어 보았다. 하지만 이 게임들을 터미널에서만 실행할 수 있다는 점이 아쉬웠다.

그래서 이번 미션에서는 자신이 만든 게임을 지인들에게도 자랑하고, 함께 즐길 수 있도록 "패키징(독립 실행 exe 파일)" 형태로 만들어 보도록 하자.

패키징 형태로 만들면 터미널이나 VSCode 같은 개발 도구 없이, 언제 어디서 누구나 쉽게 실행할 수 있게 된다.

이 과정은 파이썬으로 만든 프로그램을 업무 자동화에 활용하거나, 동료 및 외부인과 간편하게 공유할 때도 매우 유용할 것이다.

먼저, 파이썬 코드를 독립적인 실행 파일로 만드는 방법을 다음과 같이 챗GPT에게 물어보았다.

"파이썬 파일을 독립 실행이 가능하도록 exe 파일로 어떻게 만들지?"

그러면 챗GPT는 "PyInstaller"라는 라이브러리를 설치하라고 안내해 줄 것이다.

PyInstaller는 파이썬 파일을 독립적인 실행 파일로 만들어주는 도구이다. 이제 이 도구를 설치하기 위해, 챗GPT에서 복사한 터미널에서 아래 명령어를 실행하여 PyInstaller를 설치해 보자.

VSCode 터미널의 "PS C:\no_code>" 뒤에 복사된 명령어를 [붙여 넣기]한 후 [엔터]키를 누르면 설치가 진행된다.

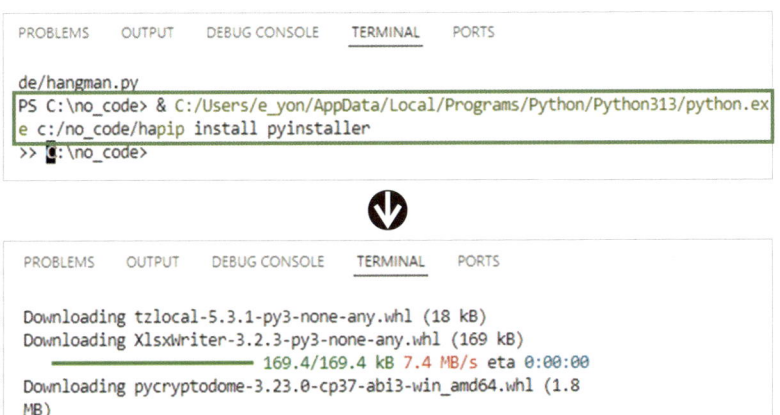

설치가 완료되면, PyInstaller 명령어로 원하는 파이썬 파일을 exe(실행 파일)로 변환할 수 있는데, 여기에서는 [미션 23]에서 사용했던 "hangman.py" 파일을 대상으로 실행 파일을 만들어보자.

앞서 챗GPT에서 "exe 파일로 만들기"에서 명령어를 복사했다면, 다시 터미널의 "PS C:\no_code>" 뒤에 [붙여 넣기]한 후 [엔터]키를 누른다.

터미널에서 명령어를 실행하면, 여러 메시지가 출력되며 실행 파일이 생성된다. 그러나 지금의 작업에서는 에러 메시지가 떴다.

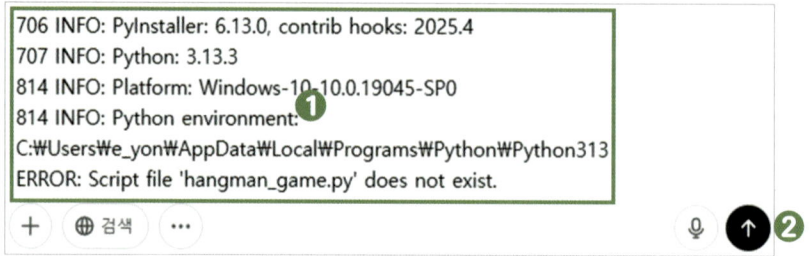

◆ 실행 파일 에러 해결하기

터미널의 에러 메시지를 "복사"한 후 챗GPT의 채팅창에 [❶붙여 넣기]한 다음 "위와 같은 에러를 해결해 줘."와 같은 프롬프트로 해결책을 [❷제시] 받는다.

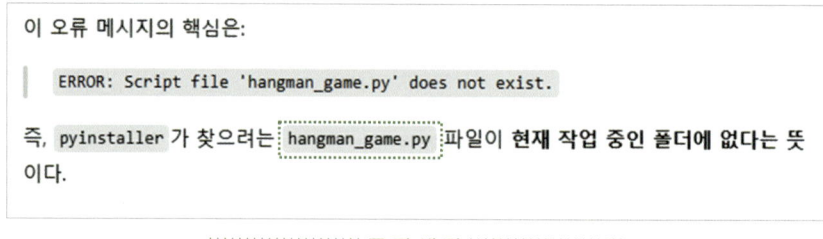

터미널의 에러 메시지를 "복사"한 후 챗GPT의 채팅창에 [❶붙여 넣기]한 다음 "위와 같은 에러를 해결해 줘."와 같은 프롬프트로 해결책을 [❷제시] 받는다.

> 이 오류 메시지의 핵심은:
>
> ERROR: Script file 'hangman_game.py' does not exist.
>
> 즉, pyinstaller 가 찾으려는 hangman_game.py 파일이 현재 작업 중인 폴더에 없다는 뜻이다.

********************** 중간 생략 **********************

*********************** 이하 생략 ***********************

챗GPT가 제시한 에러의 이유를 보면, "C:\no_code" 폴더에 "hangman_game.py" 파일과 동일한 파일이 없다는 것이다.

앞서 "행맨"게임을 만들 때 "hangman.py"란 이름만 사용했기 때문에 생긴 문제라는 것을 파악했다. 에러의 이유를 알았기 때문에 이제 동일한 이름으로 실행 파일 명령을 하면 된다.

이전 160페이지의 "exe 파일로 만들기"명령어를 다시 복사한 후, 터미널의 "PS C:\no_code>" 뒤에 붙여 넣기]한다. 그다음 잘못된 글자 [_game]을 삭제한 후 [엔터] 키를 눌러 실행해 보자.

📢 실행 파일 만들기에서의 에러는 대부분 '파일명'이나 '경로'가 잘못된 경우이다. 이럴 때 챗GPT를 통해 문제 해결을 부탁하여 쉽게 해결할 수 있다.

에러 해결 후 실행된 결과는 성공적이다. "no_code" 작업 파일들이 있는 폴더로 들어가서 [❶dist] 폴더를 확인해 보면, "hangman.exe"라는 실행 파일이 만들어진 것을 확인할 수 있다.

이제 이 실행 파일을 [❷더블클릭]해 보자. 그러면 그림처럼 "행맨" 게임이 독립적으로 실행될 것이다.

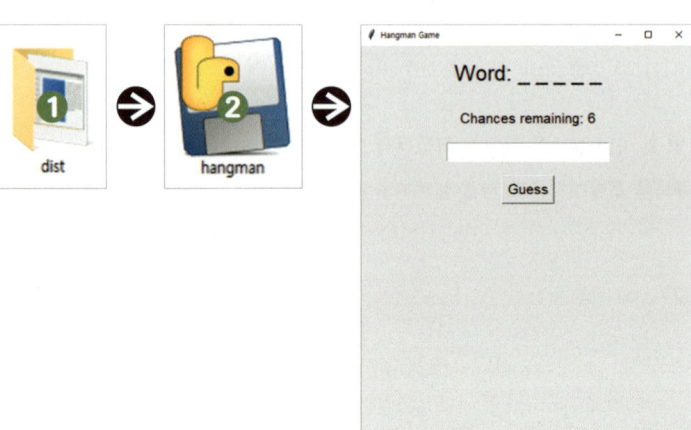

build 폴더와 .spec 파일에 대하여

생성된 행맨 게임 폴더에는 'dist'뿐만 아니라 "build"와 "hangman.spec"이라는 파일까지 생성되는 것을 볼 수 있다. 이 두 파일은 어떤 파일들일까? 궁금하다면 역시 챗GPT에게 물어보자. 그러면 다음과 같이 친절하게 설명해 줄 것이다.

📢 게임을 실행했을 때 게임 화면과 함께 "터미널" 창도 함께 열린다면, 터미널 창이 뜨지 않도록 수정할 필요가 있다. 이 문제의 해결 방법도 역시 챗GPT가 해결법을 가지고 있다. 문제가 되는 화면을 캡처한 후 챗GPT 채팅창에 넣은 후 터미널 창을 없애는 방법을 물어보면, 이 문제의 해결법을 제시해 줄 것이다.

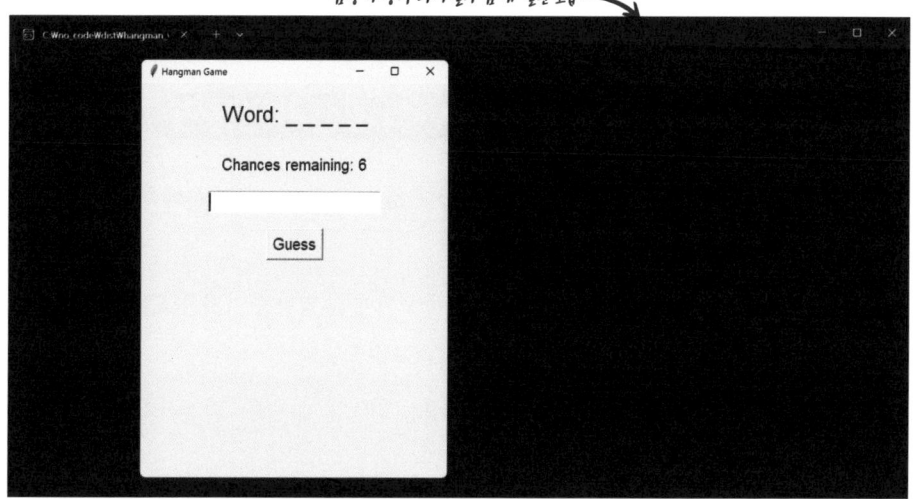

검정 바탕의 터미널이 함께 열린 모습

이번 미션을 통해 우리는 파이썬으로 만든 프로그램을 독립 실행 파일로 변환하는 방법을 배웠다. 이를 통해 터미널 환경 없이도 게임을 실행할 수 있게 되었고, 동료나 친구들과 쉽게 공유할 수 있는 파일을 만들 수 있었다.

이처럼 파이썬에서 만든 프로그램을 실행 파일로 변환하는 과정은 '업무 자동화'나 '실무 환경'에서도 매우 유용하게 쓰일 수 있다.

'틱택토'와 '행맨' 게임을 통해 UI를 다루는 기본적인 파이썬 코드를 작성하고, 이를 실제로 실행 가능한 파일로 만드는 과정을 완료했으니, 이제 파이썬 개발에서 초급 단계를 넘어 중급 단계로 진입할 수 있을 정도의 실력을 갖춘 것이라고 생각한다.

앞으로 AI 노코드 개발 방식을 통해 더 복잡하고 실용적인 프로그램을 빠르고 효율적으로 만들 수 있을 것이다.

12 자동화 도구로 직장에서 1티어 되기

미션 25: 내 업무에 맞는 나만의 계산기 만들기

AI 노코드 개발의 장점은 바로 아이디어를 즉각적으로 실현하고, 그 결과물에 대해 개선을 해 나가는 과정이 매우 유연하고 빠르다는 것이다.

기존 개발 방식에서는 작은 요구 사항 변경도 전체 코드에 큰 영향을 미쳐 비효율적이었다. 그래서 많은 개발자들은 초기에 요구 사항을 확정해달라고 요청했다.

하지만 AI 노코드 개발에서는 AI가 이전 대화 내용을 기억해 계속해서 발전시키며, 새로운 코드를 생성할 수 있다.

이번 미션에서는 '인치(Inch)'를 '센치미터(Centimeter)'로 변환하는 계산기를 만들어보고, 그 계산기를 개선하는 과정을 통해 AI와의 협업이 얼마나 유연하고 효율적인지 경험해 보자.

◆ 1차 개발하기: 기본 형태

먼저, 업무 중 자주 사용하는 계산을 자동화해 보자. 필자는 길이 단위를 인치에서 센티미터로 자주 변환하는데, 그때마다 계산기를 켜고 변환하는 것이 너무 번거로웠다.

그래서 인치 by 센티 변환 계산기를 만들어 바탕화면에 두고 언제든지 간편하게 사용할 수 있도록 하고자 했다.

이번에도 역시 앞 미션에서 배운 Tkinter UI 툴을 사용하여 개발할 것이며, 다음과 같은 프롬프트를 작성하여 챗GPT에게 질문해 보자.

"파이썬으로 인치-센티 변환 계산기를 만들려고 해. tkinter UI로 인치 값을 받아서 확인 버튼을 누르면 센티 값을 출력하게 만들어줘."

[학습자료] – [챗GPT 프롬프트] – [미션25] 파일 활용

```python
import tkinter as tk

def convert_to_cm():
    try:
        inches = float(entry_inch.get())
        cm = inches * 2.54
        label_result.config(text=f"{cm:.2f} cm")
    except ValueError:
        label_result.config(text="숫자를 입력하세요.")

# 윈도우 설정
root = tk.Tk()
root.title("인치 -> 센티미터 변환기")
root.geometry("300x150")

# 입력 라벨과 텍스트박스
label_inch = tk.Label(root, text="인치 값 입력:")
label_inch.pack()

entry_inch = tk.Entry(root)
entry_inch.pack()

# 변환 버튼
btn_convert = tk.Button(root, text="변환", command=convert_to_cm)
btn_convert.pack()

# 결과 출력
label_result = tk.Label(root, text="")
label_result.pack()

# GUI 실행
root.mainloop()
```

위 프롬프트를 챗GPT를 통해서 솔루션을 받았다. 이제 제시 받은 코드를 복사한 후, 앞선 미션에서 했던 것처럼 VSCode 터미널 창에서 "inch_to_cm_converter.py" 파일을 생성한다.

그다음 복사된 코드를 방금 생성한 터미널에 붙여 넣기한 후, "inch_to_cm_converter.py" 파일 위에서 "우측 마우스 버튼"을 누르고 "Run Python File in Terminal"을 선택하여 파일을 실행한다.

그러면 다음 그림처럼 정상적으로 "인치-센티 변환" 계산기가 나타나는 것을 알 수 있다.

■ [학습자료] - [코드] - [미션25-1_코드.py] 파일 활용

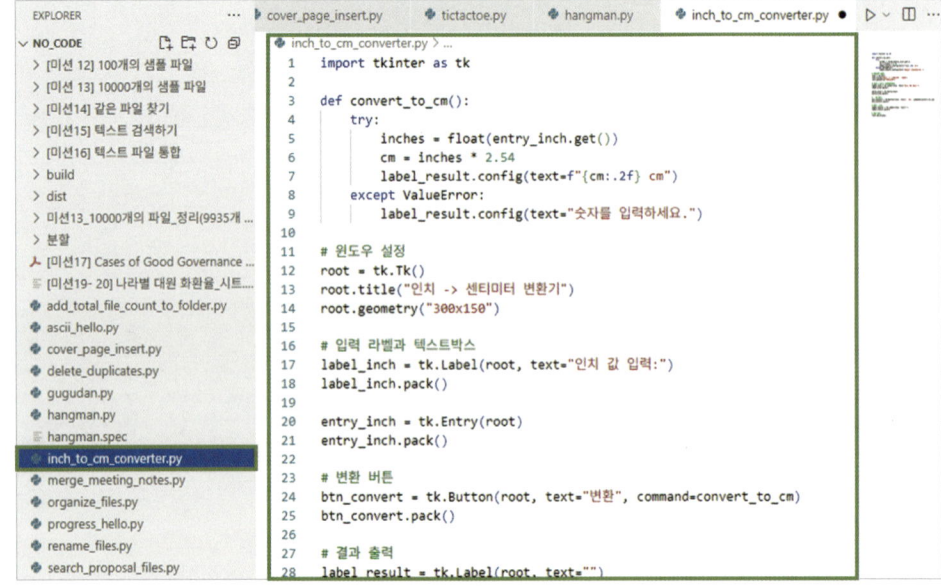

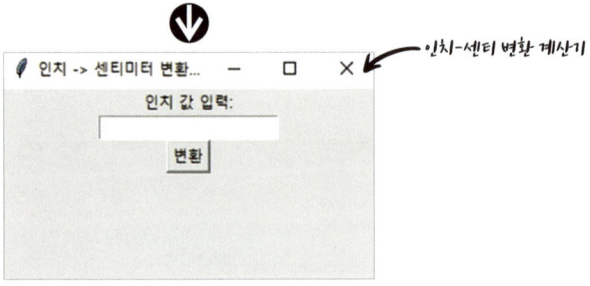

여기에서 실제 이 변환 계산기가 잘 작동하는지 확인해 보자. 원하는 인치 값을 [❶입력]한 후, [❷변환] 버튼을 누른다. 그러면 요청한 대로 인치 값이 센티 값으로 정확하게 변환되었다.

◆ 2차 개발하기: 아이디어 반영

1차 개발 이후, 필자는 다음의 같이 조금 더 발전시키고 싶은 아이디어가 떠올랐다.

- UI에 약간의 공백을 주어 깔끔하게 하기
- 센치에서 인치로도 변환할 수 있도록 양방향 변환 기능 추가
- 숫자가 아닌 문자가 입력될 경우 오류 메시지를 표시해 사용자에게 다시 입력하기

그래서 위 아이디어들을 1차 개발을 위해 사용했던 챗GPT 채팅창에서 다음과 같은 프롬프트를 추가로 작성했다.

"변환 창 아래위, 오른쪽 왼쪽에 약간의 여백을 주고, 입력창에 숫자를 받으면, 그게 인치인지 센티인지 확인이 안 되기 때문에 인치에서 센티 변환 값, 센티에서 인치 변환 값이 두 개 다 나타나도록 해 줘.
만약 숫자 말고 문자가 입력되면 숫자 입력하라고 알려주고."

```python
import tkinter as tk

def convert():
    try:
        value = float(entry.get())
        cm = value * 2.54
        inch = value / 2.54
        label_result.config(
            text=f"인치 → 센티: {cm:.2f} cm\n센티 → 인치: {inch:.2f} inch"
        )
    except ValueError:
        label_result.config(text="숫자를 입력하세요.")

# 윈도우 설정
root = tk.Tk()
root.title("인치/센티미터 변환기")
root.geometry("350x180")
```

********************* 이 하 생 략 *********************

이번에도 역시 챗GPT를 통해서 솔루션을 받았다. 이제 제시 받은 코드를 복사한 후, 이번엔 "converter.py"이란 파일을 생성하여 실행해 보자.

그러면 다음 그림처럼 정상적으로 "인치 또는 센티미터 숫자 입력" 계산기가 나타나는 것을 알 수 있다.

📑 [학습자료] – [코드] – [미션25-2_코드.py] 파일 활용

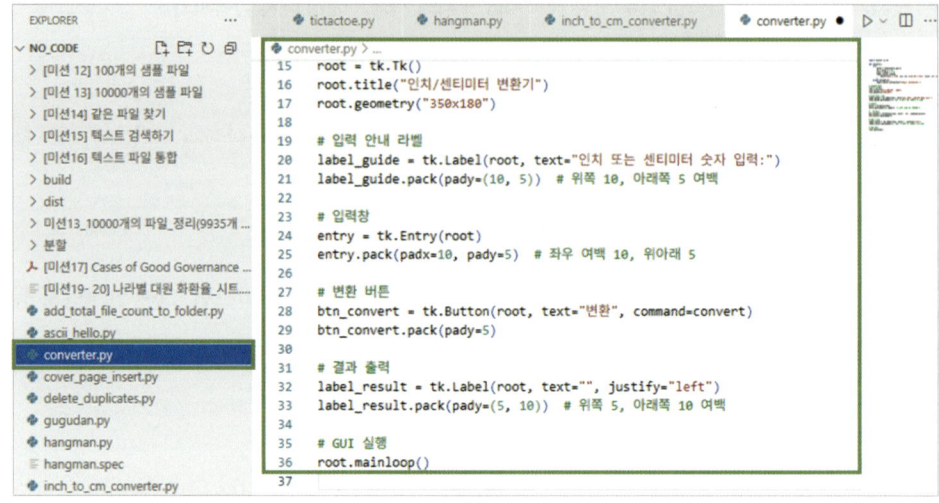

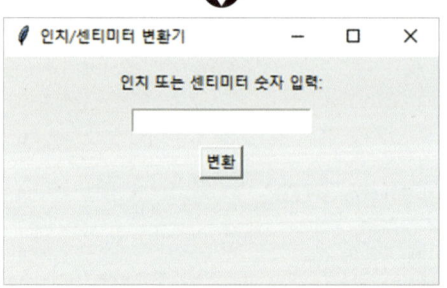

이번에도 역시 계산기가 잘 작동하는지 확인해 보자. 원하는 인치 값을 입력한 후, 변환 버튼을 눌러 본다. 그러면 요청한 대로 인치 값이 센티 값으로 정확하게 변환되었다.

이어서 숫자가 아닌, 문자를 입력해 보자. 입력이 잘 못 됐기 때문에 오류 메시지가 출력된다. 생각했던 대로 잘 작동됐다.

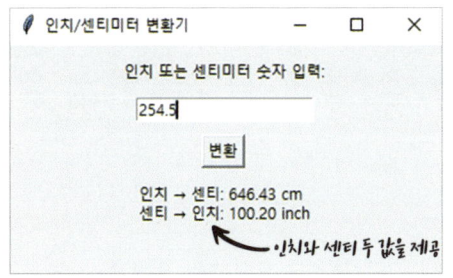 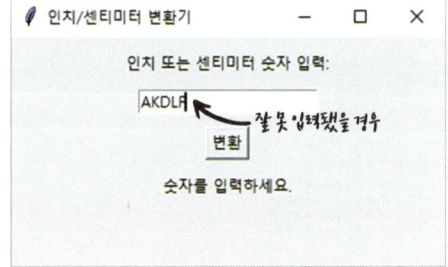

◆ exe 실행 파일 생성하기

계산기가 문제 없이 작동되기 때문에 이제, 최종적으로 독립적인 툴로 사용하기 위해 실행 파일로 만들어보자.

[미션 24]에서 배운 것처럼, 'PyInstaller'를 사용하여 두 번째로 만든 'converter.py' 계산기를 독립 실행 파일로 변환해 보자. 아래 명령어를 사용하면 된다.

"pyinstaller --onefile --noconsole converter.py"

생성된 계산기는 "no_code 〉 dist" 폴더에서 확인할 수 있다. 최종적으로 잘 실행되는지 확인해 보고, 문제가 있다면 챗GPT와 함께 잘 해결해 보자.

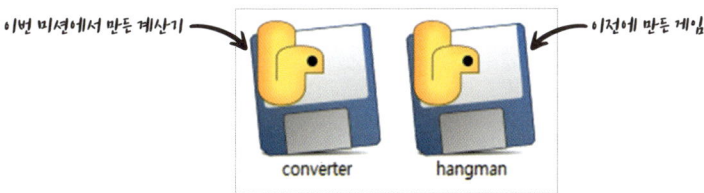

이렇게 독립적으로 실행되는 툴을 만들면, 엑셀이나 다른 프로그램으로 작업을 할 때도 언제나 화면에 띄울 수 있기 때문에 아주 효율적으로 사용할 수 있다.

완성된 계산기를 지인들에게 전달하면 아주 좋은 선물이 될 것이다.

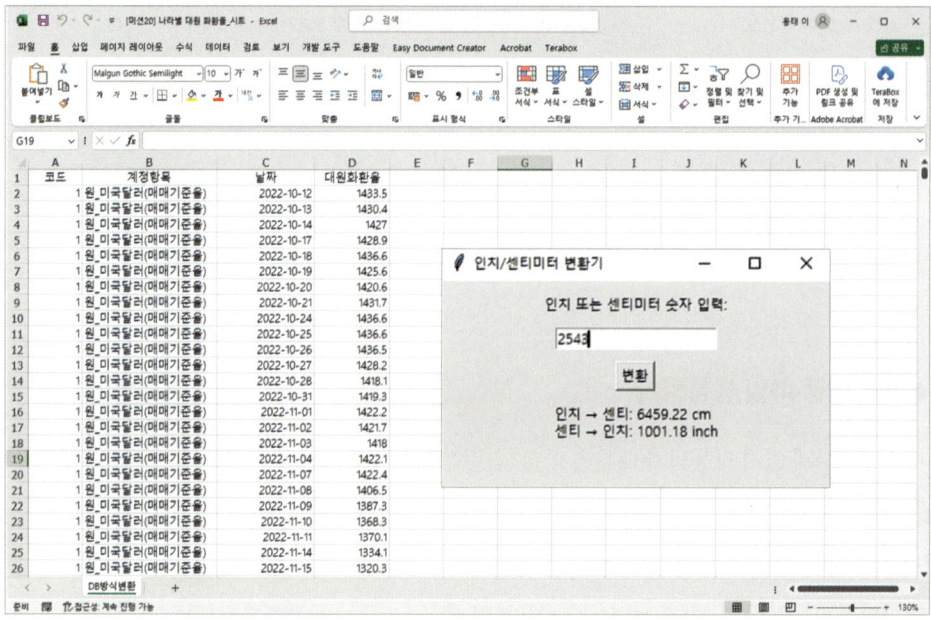

이번 미션을 통해 나만의 맞춤형 계산기를 만드는 과정을 경험했다. 처음에는 단순한 인치-센티미터 변환기였지만, 사용 중 떠오른 아이디어를 반영해 양방향 변환 기능과 입력 오류 처리 기능까지 확장할 수 있었다.

AI 노코드 개발의 가장 큰 장점은 즉각적인 피드백을 바탕으로 아이디어를 점진적으로 발전시킬 수 있다는 점이다.

기존 개발 방식에서는 요구 사항이 바뀌면 코드를 다시 수정해야 했지만, AI를 활용하면 이전 대화를 바탕으로 손쉽게 보완할 수 있다.

이제 AI와 함께라면 아이디어를 빠르게 구현하고, 그 결과를 토대로 새로운 기능을 계속 추가해 나가는 것이 어렵지 않다.

이번 과정에서도 1차 개발로 기본 기능을 구현하고, 2차 개발에서 UI와 기능을 개선했으며, 최종적으로는 실행 파일을 만들어 실제 사용 가능한 형태로 완성할 수 있었다.

이 경험을 통해 AI 노코드 개발이 얼마나 유연하고 빠른지 체감할 수 있었고, 앞으로도 다양한 아이디어를 바탕으로 실용적인 도구들을 만들어 나갈 수 있다는 가능성을 확인할 수 있었다.

미션 26: 언제든 바로 찾을 수 있는 나만의 검색엔진

파이썬으로 UI를 개발할 때는, 전체적인 화면 구성을 미리 상상하고 발생할 수 있는 다양한 가능성을 고려하면서 개발하는 것이 중요하다.

UI는 사용자가 직접 눈으로 보고 상호작용하는 부분이기 때문에, 어떤 기능들이 필요할지, 어떻게 작동해야 할지 하나씩 떠올리며 순차적으로 프롬프트를 작성하는 습관을 들이면, 처음부터 완벽에 가까운 결과물을 만들 수 있다.

이전 [미션 16]에서 모든 회의 자료를 일자별로 통합하는 작업이 있었다. 이번 미션을 통해 그 통합된 파일이 저장된 폴더에서 특정 텍스트를 검색하고, 해당 텍스트가 포함된 파일명을 리스트로 보여주는 프로그램을 만들고자 한다.

리스트에서 파일명을 클릭하면 기본 텍스트 에디터로 파일 내용을 열어볼 수 있게 만들어 독립 실행 파일로 제공하는 것이 목표이다.

📑 [학습자료] – [샘플 파일] – [미션26 일자별 회의록] 파일 활용

먼저 프롬프트 구상을 위해 최종 아웃풋의 UI와 기능을 상상하면서 필요한 요소들을 다음과 같이 하나씩 구체화했다.

- **검색창** 검색어를 입력할 수 있는 텍스트 입력 필드가 필요하다.
- **검색 버튼** 입력한 텍스트로 검색을 실행할 버튼이 있어야 한다.
- **결과 리스트** 검색된 파일명을 표시할 리스트가 있어야 한다.
- **스크롤바** 검색 결과가 많을 경우 리스트에 스크롤바를 추가해 전체 파일을 볼 수 있어야 한다.
- **파일 열기** 리스트에서 파일명을 클릭하면 기본 텍스트 에디터로 파일을 열 수 있게 기능을 추가한다.
- **검색 결과 없음** 검색 결과가 없을 경우 알림 메시지를 띄워주는 기능이 필요하다.

위와 같이 UI의 구성 요소와 기능을 상상한 후, 최종 아웃풋을 구체화한 후, 다음과 같은 프롬프트를 작성했다.

"파이썬으로 폴더 내 파일을 텍스트 검색하고, 그 텍스트가 있는 파일명 리스트와 파일 내용을 바로 확인할 수 있는 '회의록 검색' 프로그램을 만들어줘.

tkinter UI로 검색 텍스트를 받아서 확인 버튼을 누르면 'C:\no_code\[미션26] 일자별 회의록' 폴더에 있는 모든 .txt 파일에서 검색하여 그 글자가 포함된 파일명을 리스트로 보여줘.

리스트의 파일명을 클릭하면 해당 파일을 열어서 기본 윈도우 텍스트 에디터로 읽을 수 있게 해줘.

리스트는 5줄로 하고, 길어지면 스크롤바를 추가해 전체를 볼 수 있게 해줘.

검색 결과가 없으면 알림 메시지를 띄워줘."

📑 [학습자료] – [챗GPT 프롬프트] – [미션26] 파일 활용

위의 프롬프트를 챗GPT에 요청하여 다음과 같은 솔루션(프로그램 코드)을 얻었다. 참고로 지금과 같이 확장 버튼이 있을 때에는 [확장] 버튼을 눌러 코드를 복사한다.

다음은 파이썬 `tkinter` 를 활용해 "회의록 검색" 기능을 구현한 코드다.
사용자가 입력한 키워드를 기준으로 `C:\no_code\[미션26] 일자별 회의록` 폴더의 모든 `.txt` 파일을 검색하고, 그 결과를 리스트로 표시한다. 클릭 시 기본 텍스트 편집기로 해당 파일을 연다.

</> Meeting Note Search   ↗ 확장 버튼 클릭

```
1  import tkinter as tk
2  from tkinter import messagebox, Scrollbar, Listbox, END
3  import os
4  import subprocess
5
6  FOLDER_PATH = r"C:\no_code\[미션26] 일자별 회의록"
7
8  class MeetingNoteSearcher:
9      def __init__(self, root):
10         self.root = root
11         self.root.title("회의록 검색")
12         self.root.geometry("500x300")
13
           self.label = tk.Label(root, text="검색할 텍스트:")
```

대신 채팅에서 답합니다 >

이 프로그램은 다음 기능을 포함한다:

1. 검색어 입력 → "확인" 클릭 → `C:\no_code\[미션26] 일자별 회의록` 내 `.txt` 파일 검색
2. 키워드를 포함하는 파일명 리스트 출력 (최대 5줄, 스크롤 가능)
3. 리스트 클릭 시 기본 텍스트 편집기로 파일 열기
4. 검색 결과 없을 시 메시지 알림

확장 창이 열리면 우측 상단에 있는 [복사] 버튼을 눌러 전체 코드를 복사할 수 있다.

```
import tkinter as tk
from tkinter import messagebox, Scrollbar, Listbox, END
import os
import subprocess

FOLDER_PATH = r"C:\no_code\[미션26] 일자별 회의록"

class MeetingNoteSearcher:
    def __init__(self, root):
        self.root = root
        self.root.title("회의록 검색")
        self.root.geometry("500x300")

        self.label = tk.Label(root, text="검색할 텍스트:")
        self.label.pack(pady=5)
```

코드가 복사됐다면, VSCode에서 "meeting_search.py"라는 파이썬 파일을 생성한 후, 실행하여 회의록을 검색할 수 있는 프로그램을 실행시킨다.

📑 [학습자료] – [코드] – [미션26_코드.py] 파일 활용

```
import tkinter as tk
from tkinter import messagebox, Scrollbar, Listbox, END
import os
import subprocess

FOLDER_PATH = r"C:\no_code\[미션26] 일자별 회의록"

class MeetingNoteSearcher:
    def __init__(self, root):
        self.root = root
        self.root.title("회의록 검색")
        self.root.geometry("500x300")

        self.label = tk.Label(root, text="검색할 텍스트:")
        self.label.pack(pady=5)

        self.entry = tk.Entry(root, width=50)
        self.entry.pack(pady=5)

        self.search_button = tk.Button(root, text="확인", command=self.search_fi
        self.search_button.pack(pady=5)

        self.frame = tk.Frame(root)
        self.frame.pack(fill=tk.BOTH, expand=True, padx=10, pady=10)

        self.scrollbar = Scrollbar(self.frame)
        self.scrollbar.pack(side=tk.RIGHT, fill=tk.Y)
```

12. 자동화 도구로 직장에서 1티어 되기 •••• **175**

그러면 다음과 같은 "회의록 검색" 검색기가 실행된다. 만약, 에러 메시지가 뜬다면 해당 파이썬 파일이 저장되지 않았거나 검색할 파일을 못 찾는 것이므로 반드시 저장 및 파일 이름과 경로를 확인하고 실행한다.

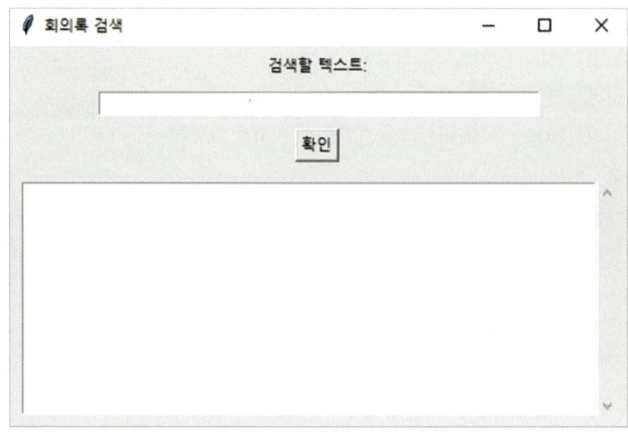

회의록 검색기를 사용하기 위해 검색창에 [❶기술]이란 키워드를 입력한 후, [❷확인] 버튼을 누르면, 해당 키워드에 맞는 문서 목록이 검색된다.

여기에서 특정 문서를 [❸클릭]하면, 클릭한 문서가 기본 '텍스트 에디터'를 통해 열린다.

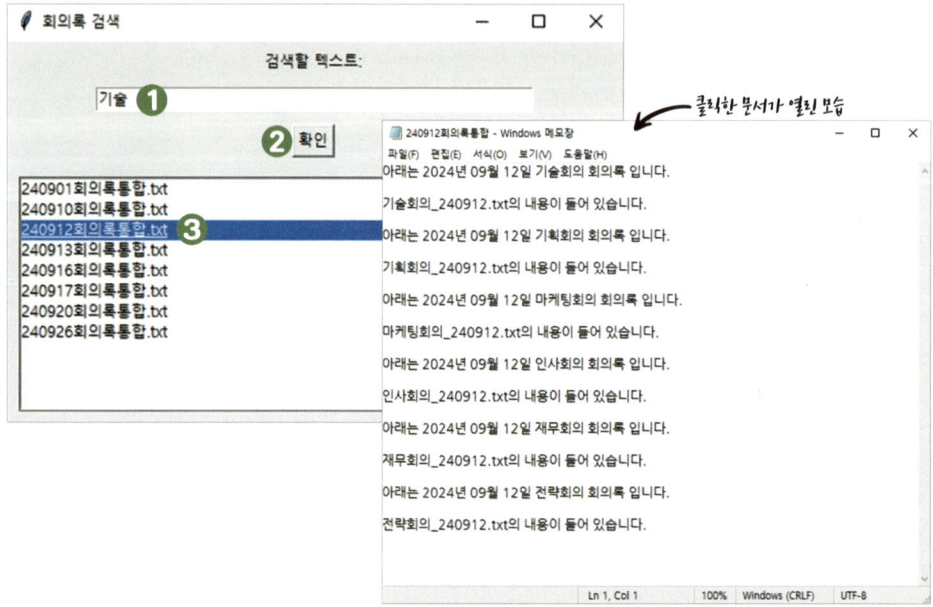

검색된 결과 문서 목록이 많을 경우 '스크롤바'가 자동으로 추가되어 모든 결과를 확인할 수 있다.

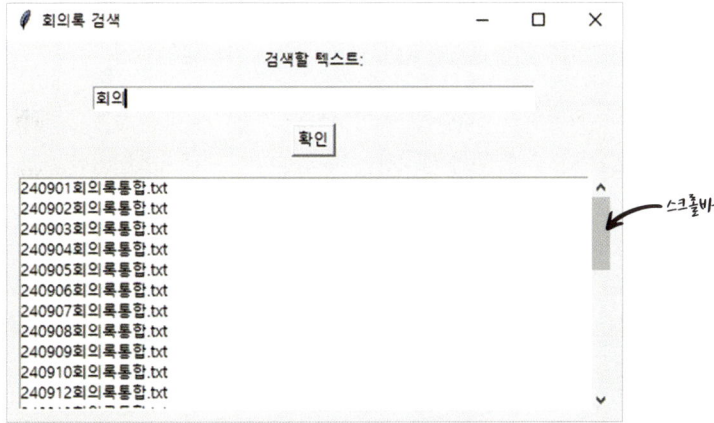

또한, 검색한 키워드와 동일한 이름의 파일이 해당 폴더에 없을 경우, 그림처럼 대화상자를 통해 "검색 결과가 없습니다"라는 알림이 뜬다.

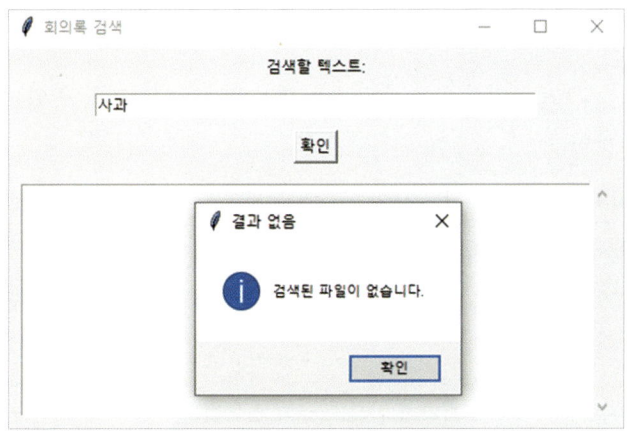

📢 필자는 이 회의록 검색기에서 키워드 입력 후 확인 버튼을 누르는 것이 번거롭게 느꼈기 때문에, "엔터" 키로 확인 버튼을 대신할 수 있었으면 좋겠다는 아이디어가 떠올랐다.

완성된 검색기는 더 편리하게 사용하기 위해 실행 파일로 만들어보자. 이 과정은 앞서 배웠던 내용을 참고하여 직접 만들어 보자.

이번 미션에서는 회의록 검색 기능을 구현하며, 리스트에 스크롤을 추가하고 검색 결과가 없을 경우 메시지 박스를 띄우는 방식으로 AI 노코드 개발을 진행해 보았다.

이전에는 단계별로 작업하고 문제를 수정해 나가는 방식이었지만, 이제는 다양한 상황을 미리 고려해 구체적인 프롬프트를 한 번에 작성하는 방식이 더 빠르고 효율적이라는 것을 알게 되었다.

특히, UI가 포함된 프로그램을 개발할 때는 전체 흐름을 상상하며 필요한 기능을 구체화하는 과정이 중요하다.

이번 경험을 통해, 완성도 높은 결과를 얻기 위해 정교하고 체계적인 프롬프트를 작성하는 습관을 기르게 되었다.

처음에는 어렵게 느껴질 수 있지만, 반복 연습을 통해 점차 빠르고 정확하게 원하는 결과를 도출할 수 있을 것이다.

미션 27: 1,000명의 성적표를 메일로 자동 발송하기

이번 미션은 고급 기능으로 가기 위한 전 단계로, 많은 업무를 자동화할 수 있는 이메일 발송 자동화를 만들어보려 한다.

수많은 메일을 발송하는 일은 시간 소모가 많고 반복적인 작업이기 때문에, 챗GPT를 통해 질의하고 해결해 가면서 자동 발송 시스템을 만들어 볼 것이다.

[미션 21]에서 만들었던 1,000명의 성적표를 기억할 것이다. 그 성적표를 1,000명에게 어떻게 발송할 것인가?

이를 직접 발송하는 것은 엄청난 시간과 반복 업무가 소요된다. 이를 해결하기 위해, 학번과 이메일 주소를 텍스트 파일에 넣고 한 번에 자동으로 보내는 시스템이 필요하다.

여기에서는 메일을 어떻게 발송할지, 설정은 어떻게 해야 할지를 먼저 알아보아야 한다. 그래서 챗GPT에게 파이썬으로 메일을 발송하는 것이 가능한지 확인해 보았다.

"이메일을 파이썬으로 보내려고 하는데 어떻게 하면 되지?"

📑 [학습자료] – [챗GPT 프롬프트] – [미션27] 파일 활용

그러면 챗GPT는 다음과 같이 "smtplib" 라이브러리를 사용하여 메일(G메일 기준) 발송이 가능하다는 답과 함께 코드를 제시하였다.

```python
import smtplib
from email.mime.text import MIMEText
from email.mime.multipart import MIMEMultipart

# 이메일 계정 정보
sender_email = "보내는사람@gmail.com"
receiver_email = "받는사람@example.com"
password = "앱 비밀번호 또는 이메일 비밀번호"

# 이메일 제목과 내용
subject = "파이썬으로 보낸 메일"
body = "안녕하세요, 파이썬으로 이메일을 보냈습니다!"

# 메시지 구성
message = MIMEMultipart()
message["From"] = sender_email
message["To"] = receiver_email
message["Subject"] = subject
message.attach(MIMEText(body, "plain"))

# SMTP 서버 설정 및 메일 전송
try:
    with smtplib.SMTP_SSL("smtp.gmail.com", 465) as server:
```

********************* 이 하 생 략 *********************

그러나 SMTP*에 대해 잘 모르고, 회사에서도 설정을 어떻게 해야 할지 모른다면 어떻게 할까? 그래서 필자가 자주 사용하는 네이버 메일로 발송할 수 있는지 다시 물어보았다.

"네이버 메일을 쓰는데 SMTP를 사용할 수 있나?"

SMTP(Simple Mail Transfer Protocol)
이메일을 전송하기 위한 인터넷 표준 통신 프로토콜로, 이메일 서버 간 메시지 전송을 담당한다. 주로 이메일 클라이언트와 서버 간 또는 서버 간에 이메일을 송수신하는 데 사용된다

그 결과 챗GPT는 네이버 메일을 통한 발송이 가능하다는 답을 받았다. 다만, 네이버 메일 환경설정에서 "IMAP/SMTP" 설정 사용을 '사용함'으로 변경해야 한다고 한다.

네이버 메일에서 [❶환경설정] - [❷POP3/IMAP 설정] - [❸IMAP/SMTP 설정]으로 들어간 후, "IMAP/SMTP 사용"을 [❹사용함]으로 설정하고 [❺저장]해 준다.

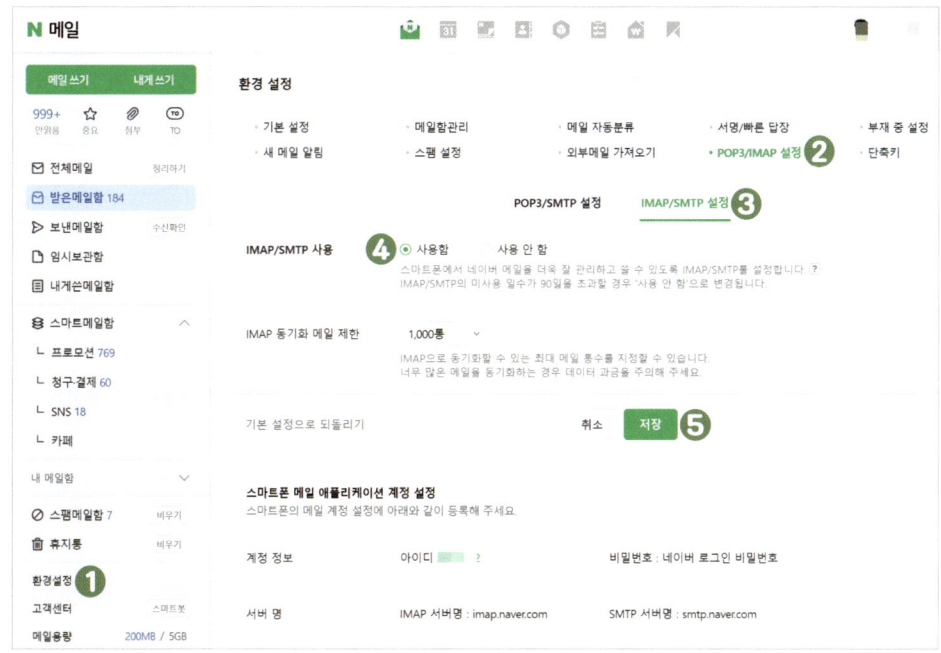

📢 "IMAP/SMTP 사용함" 설정을 체크하는 이유는 외부 프로그램(예: 파이썬, Outlook, Thunderbird 등)이 네이버 메일 서버에 접근할 수 있도록 허용 권한을 부여하는 설정이기 때문이다.

이번 미션에 사용할 "[미션21] 1000명 성적표" 폴더의 "성적표"에는 "학번_이름.pdf" 형식으로 되어 있으며, "[미션27] 성적표 발송" 폴더에는 메일을 보낼 학번과 이메일 주소는 "mail_list.txt"라는 텍스트 파일에 저장되어 있다.

이 텍스트 파일에는 "학번,이메일 주소" 형식으로 각 행에 메일 정보가 들어있다.

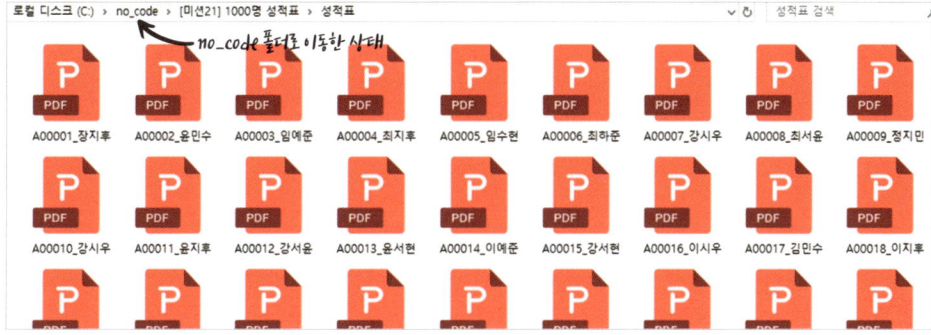

12. 자동화 도구로 직장에서 1티어 되기 •••• 181

📑 [학습자료] – [샘플 파일] – [미션27 성적표 발송] 폴더 활용

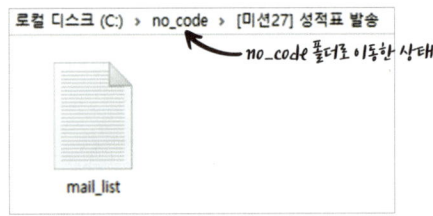

이제 발송할 메일 내용을 구성해 보자. 메일 제목과 본문은 "첨부 파일명인 OOO님 성적표입니다."라는 형식으로 하고, 첨부 파일로 성적표 PDF를 보낸다. 그리고 첨부 파일명에서 확장자는 제외하고 파일명만 사용하기로 하자.

위 구성에 맞게 먼저, mail_list.txt 파일을 열어 이메일 주소를 작성한다. 이 파일에는 학번과 이메일 주소가 들어 있어야 한다. 샘플 텍스트 파일에는 2개의 예시만 넣었지만, 실제로 1,000개의 명단이 있어도 이 프로그램은 문제없이 작동할 것이다.

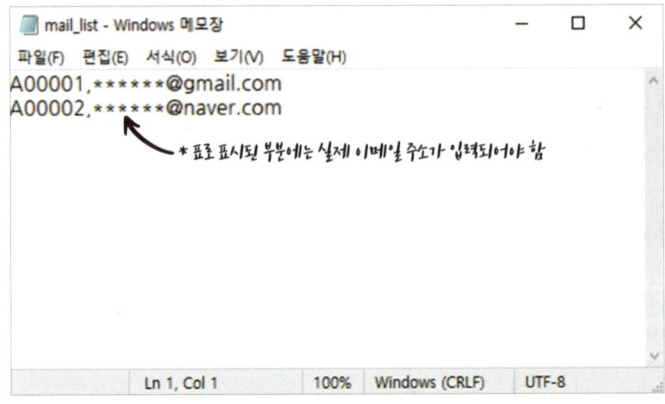

이메일 목록이 작성됐다면, 챗GPT에 요청할 프롬프트를 작성해 보자. 네이버 메일을 통해 성적표를 첨부하여 1,000명의 학생에게 발송하는 프로그램을 만들기 위해 다음과 같은 프롬프트를 사용하였다.

"나의 네이버 메일은 ******@naver.com 이고 비밀번호는 *******이야."

'C:\nocode\[미션27] 성적표 발송\mail_list.txt' 파일에 '학번, 메일 주소' 형식의 텍스트가 행으로 있어, 파일 전체 행에 있는 메일 주소로 메일을 발송해 주는 파이썬을 만들어줘.

'C:\no_code\[미션21] 1000명 성적표\성적표' 폴더 안에 'A00001장지후.pdf' 같은 형식으로 있는 학번으로 시작되는 pdf 화일을 첨부로 해주고, 메일 제목과 본문은 '첨부 파일명 님 성적표 입니다.'라고 넣어줘.

제목과 본문에 있는 첨부 파일명은 확장자를 뺀 파일명이야."

```python
import smtplib
from email.mime.text import MIMEText
from email.mime.multipart import MIMEMultipart
from email.mime.application import MIMEApplication
import os

# 로그인 정보 (주의: 실무에서는 환경변수 등으로 보호할 것)
sender_email = "*****@naver.com"
password = "********"  # 실전에서는 입력 금지

# 파일 경로
mail_list_path = r"C:\nocode\[미션27] 성적표 발송\mail_list.txt"
pdf_folder_path = r"C:\no_code\[미션21] 1000명 성적표\성적표"

# 메일 서버 접속
def send_email(receiver_email, student_id, file_path):
    file_name = os.path.basename(file_path)
    file_title = os.path.splitext(file_name)[0]  # 확장자 제거

    # 이메일 구성
    subject = f"{file_title} 님 성적표 입니다."
    body = f"{file_title} 님 성적표 입니다."

    msg = MIMEMultipart()
    msg["From"] = sender_email
    msg["To"] = receiver_email
    msg["Subject"] = subject
    msg.attach(MIMEText(body, "plain"))

    # PDF 파일 첨부
    with open(file_path, "rb") as f:
        part = MIMEApplication(f.read(), _subtype="pdf")
```

********************* 이하 생략 *********************

코드가 복사됐다면, VSCode에서 "1000_mail.py"라는 파이썬 파일을 생성한 후, 실행하여 회의록을 검색할 수 있는 프로그램을 실행시킨다.

📁 [학습자료] – [코드] – [미션27_코드.py] 파일 활용

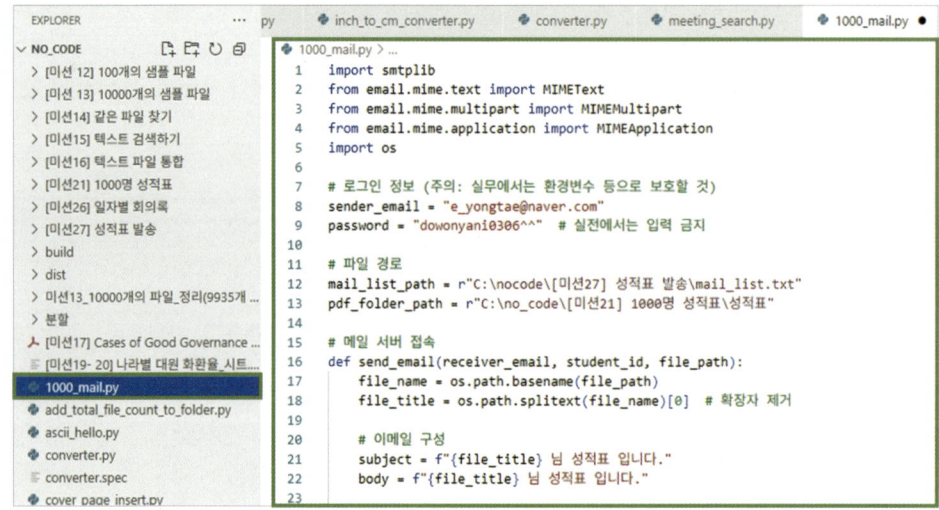

터미널이 실행된 후, 메일이 발송되었는지 확인해 보면, 지메일과 네이버에서 성적표가 첨부된 메일이 정상적으로 발송된 것을 확인할 수 있다.

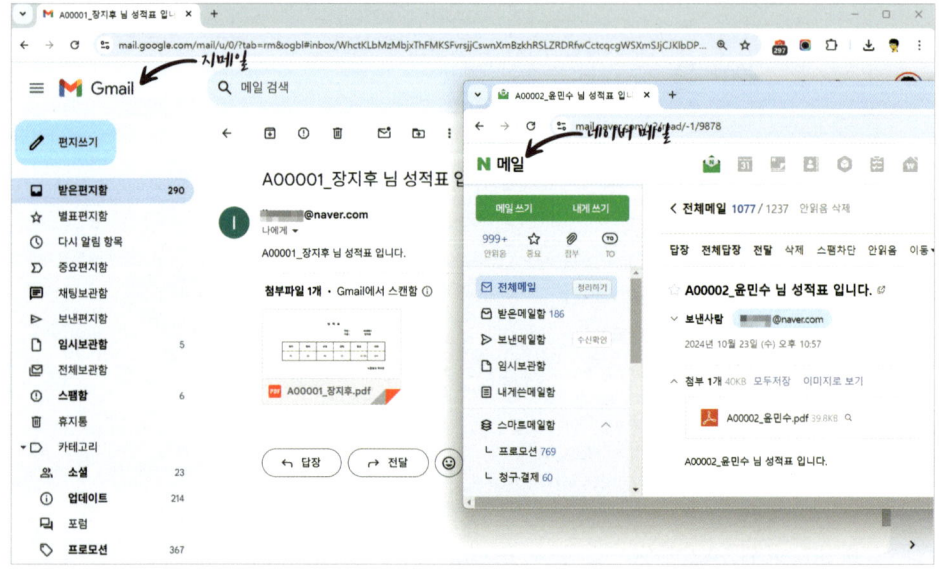

이번 과제는 다소 복잡하지만, 실전에서 많이 사용되는 프로젝트였다. 특히, 처음에는 가능할지 확신하지 못한 작업이었지만, 챗GPT를 통해 질문하고 해결 방법을 찾아가는 과정에서 복잡한 자동화 작업도 해결할 수 있었다.

이번 미션을 잘 마쳤다면, AI 노코드 개발자의 중급 과정을 성공적으로 마스터한 것이다. 이제부터는 조금 더 복잡하고 재미있는 고급 미션도 충분히 따라 할 수 있을 것이다.

> **보안에 대한 주의 사항**
>
> 메일 발송 과정에서 중요한 것은 '보안'이다. 특히, 메일 주소나 비밀번호 같은 정보는 외부에 노출되지 않도록 각별히 주의해야 한다. 이번 예제에서는 메일 주소와 비밀번호를 코드 내에 직접 넣었지만, 실제 사용 시에는 환경 변수를 사용하거나 안전하게 관리하는 방법을 권장한다. 이 책에서도 보안상의 이유로 메일 주소와 비밀번호를 ***으로 가려두었다. 메일을 발송할 때는 개인정보를 반드시 안전하게 관리해야 한다.

PART 04

AI 노코드 개발 최고 과정

이제 한 단계 더 올라설 시간이다.

4부는 정보 수집과 대량 자동화를 중심으로 한 고급 미션으로, 실무와 연결되는 노코드 기술을 다룬다.

웹사이트에서 필요한 데이터를 자동으로 수집하는 웹 스크래핑, AI 기능을 외부 서비스처럼 불러와 쓰는 OpenAI API 활용법, 그리고 수백 개의 댓글을 자동으로 생성해 내는 실전 자동화까지, 노코드 개발의 끝판왕 기술이 담겨 있다.

이제 단순한 도우미를 넘어서, AI를 활용하는 전문가로 도약해 보자.

13 인터넷(웹) 정보를 내 것으로

미션 28: AI 웹 스크래핑: 웹사이트에서 데이터 수집하기

이번 미션은 AI 노코드 개발의 고급 과제인 "웹 크롤링"을 다룰 것이다. 웹 크롤링이란 인터넷에서 필요한 정보를 자동으로 수집하는 기술이다.

쉽게 말해, 사람이 직접 웹사이트를 방문해 정보를 복사하는 대신 프로그램이 자동으로 웹페이지를 방문하여 정보를 가져오는 것이다.

예를 들어, 여러 쇼핑몰의 상품 가격을 비교하거나, 뉴스 기사를 모으거나, 날씨 정보를 수집할 때 주로 사용된다.

웹 크롤링은 파이썬으로 많이 사용하는 업무 중 하나이며, 실전에서 자주 활용된다. 하지만 과도한 크롤링은 서버에 부담을 줄 수 있고, 저작권 문제를 발생시킬 수 있기 때문에 항상 주의가 필요하다.

그러므로 크롤링하려는 웹사이트의 사용 약관을 먼저 확인하고 진행하는 것이 중요하다. 그래서 이번 미션에서는 웹 크롤링을 연습하기 위해 저작권과 크롤링 이용이 허가된 사이트를 사용해 보기로 한다.

이번 과제에는 명사들의 명언을 제공하는 사이트인 [http://quotes.toscrape.com]에서 데이터를 크롤링할 예정이다.

먼저, 크롤링 대상 사이트를 분석하고, 어떤 데이터를 수집할지 구상해 보자. 크롤링의 첫 단계는 대상 사이트를 충분히 탐색해 규칙을 찾는 것이다.

처음에는 익숙하지 않겠지만, 몇 번의 시도 끝에 규칙을 발견할 수 있다. "모든 문서에는 규칙이 있다"는 말처럼, 웹사이트도 특정한 규칙에 따라 구성되어 있다.

우리는 명언과 저자를 가져오는 것을 목표로 할 것이며, 또한 다음 페이지로 넘어가면서 모든 페이지의 데이터를 가져와야 한다.

먼저 사이트에 접속해 페이지를 분석해 보자.

◆ 크롤링 대상 및 HTML 분석하기

예시 웹사이트에서 크롤링할 부분은 [❶명언]과 [❷저자]이며, 또한 모든 페이지를 크롤링해야 하기 때문에 페이지를 넘기는 규칙을 파악하는 것이 중요하다.

그리고 [❸Next] 버튼을 눌러보면, 주소가 "http://quotes.toscrape.com/page/2/"로 바뀌는 것을 확인할 수 있다.

여기에서 주소의 마지막에 붙는 숫자는 페이지 번호임을 알 수 있다.

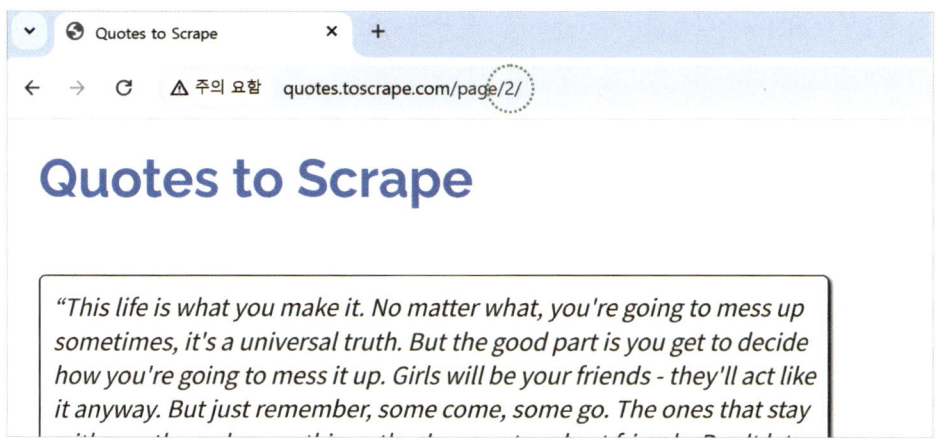

다시 [Previous] 버튼을 눌러보면, 첫 페이지 주소는 "http://quotes.toscrape.com/page/1/"로 돌아가는 것을 확인할 수 있다.

따라서, 이 웹사이트는 페이지 번호를 1부터 바꾸어가며 다음 페이지로 이동하는 규칙이 있다는 것을 발견하였다.

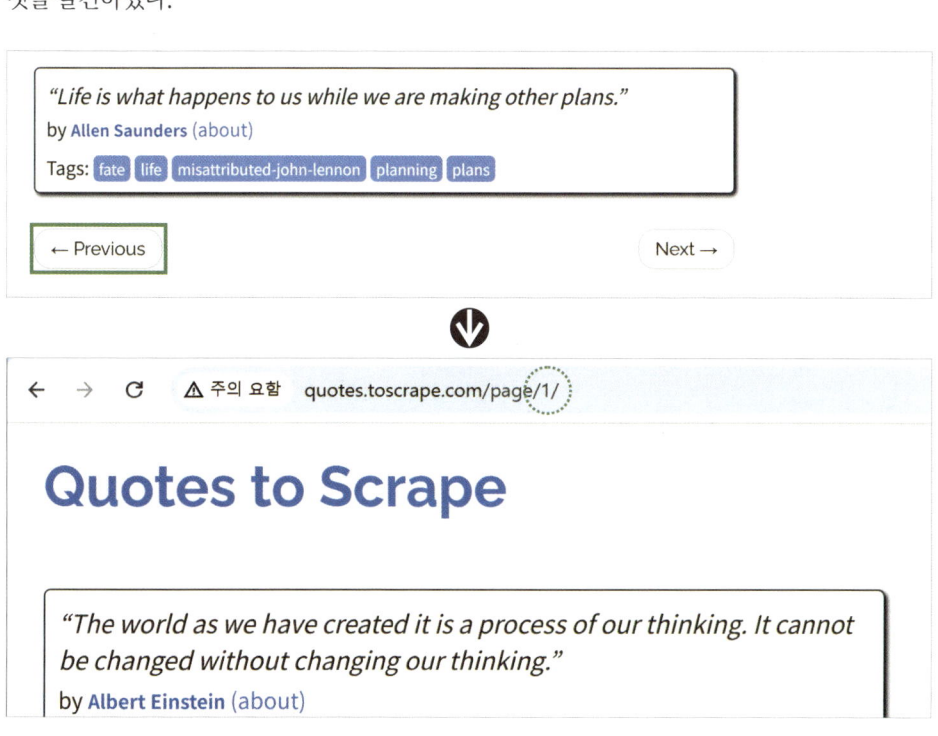

이제 명언과 저자가 어디에 있는지 HTML 코드를 통해 확인해 보자. 조금 어려워 보일 수 있지만, 이것은 HTML을 이해하는 것이 웹 크롤링의 첫 단계이다.

우리가 네이버나 구글 같은 웹사이트를 볼 때는 깔끔하고 정돈된 화면이 보이지만, 그 뒤에는 HTML이라는 설계도가 숨어 있다.

마치 레고 조립 설명서처럼, HTML은 '이 글자는 여기다 배치하고, 이 버튼은 저기에 넣자'와 같이 웹페이지의 모든 요소를 어디에 배치할지 정의하는 역할을 한다. 즉, 웹 크롤링은 바로 이 HTML 설계도를 읽어 우리가 원하는 정보를 찾아내는 작업인 것이다.

예를 들어, 명언과 저자를 가져오려면 HTML에서 해당 정보가 어디에 위치해 있는지를 알아야 한다. 이는 마치 책에서 필요한 부분을 찾아내는 것과 비슷하다.

처음에는 HTML 코드가 복잡해 보일 수 있지만, 천천히 살펴보면 규칙을 찾을 수 있은데, 가령 특정 웹페이지에서 [❶우측 마우스 버튼] - [❷페이지 소스 보기]를 선택하면 HTML 코드를 확인할 수 있다.

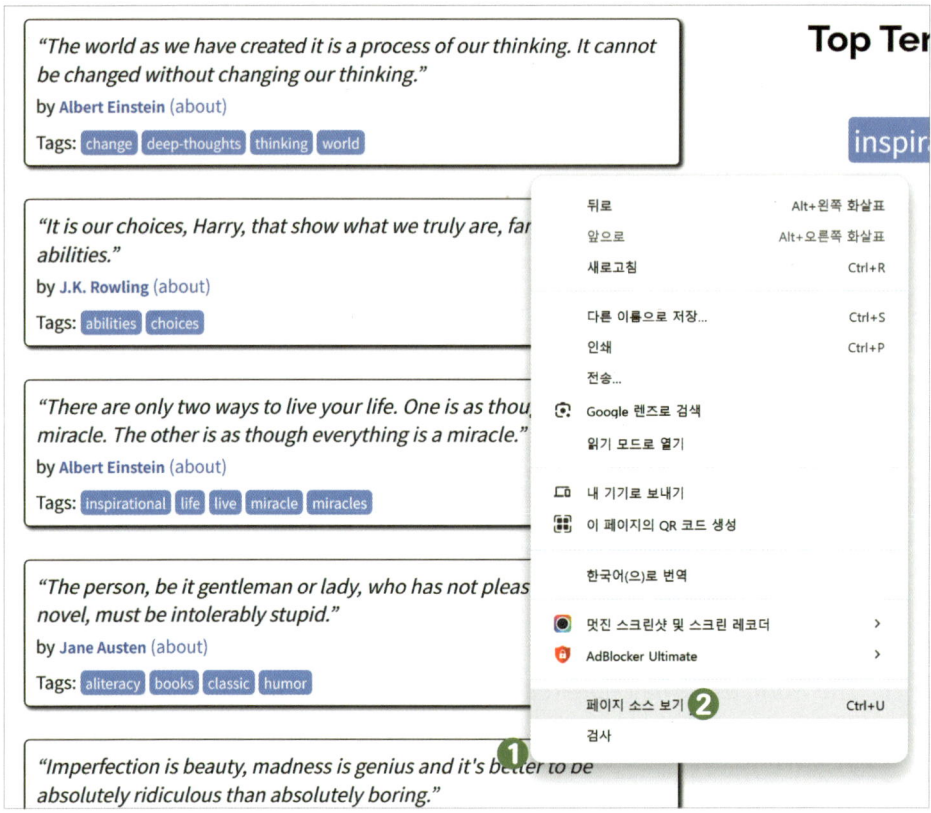

페이지 소스 보기를 통해 HTML 구조를 보면, 페이지에 나오는 명언과 저자가 어떤 방식으로 적혀 있는지 이해할 수 있을 것이다.

처음에는 익숙하지 않을 수 있지만, 반복해서 살펴보면 금방 익숙해질 것이다. 이제 첫 번째 글인 "알버트 아인슈타인"의 명언이 HTML 코드 속에서 어디에 위치해 있는지 찾아보자.

아래 그림에서 파란색으로 선택된 이부분이 바로 크롤링할 내용을 포함하고 있는 코드이다.

처음에는 복잡해 보이겠지만, 자세히 살펴보면 크롤링할 내용이 이 HTML 코드 안에 포함되어 있다는 것을 알 수 있을 것이다.

명언 사이트에서 명언과 저자를 가져오기 위해서는, 각각의 명언과 저자가 어떤 HTML 태그로 감싸여 있는지를 확인해야 한다.

이렇게 찾아낸 HTML 코드를 통째로 복사해 챗GPT에게 물어보면 필요한 정보를 쉽게 추출할 수 있다.

HTML 코드를 완벽하게 이해하지 못해도 괜찮다. 중요한 것은 규칙을 찾아내는 능력이다. 지금까지 배운 내용을 바탕으로 크롤링을 진행할 준비가 완료된 것이다.

반복적인 연습을 통해 HTML 코드가 점점 익숙해질 것이고, 필요한 데이터를 효율적으로 수집할 수 있을 것이며, 알아본 정보를 바탕으로 크롤링 진행 및 결과를 텍스트 파일로 저장해 보는 구상을 마무리할 수 있다.

◆ **프롬프트 생성 및 파이썬 파일 실행하기**

이제 위에서 발견한 정보를 바탕으로 프롬프트를 작성해 보자. [미션20]에서 배웠던 구조적인 프롬프트 작성 방식을 사용하여, 다음과 같은 형태로 프롬프트를 작성하여 요청한다.

"http://quotes.toscrape.com/page/1/ 웹사이트의 내용을 크롤링 하고 싶어.

1. 위 사이트 주소의 /1/은 페이지 수를 나타내고 있어 숫자를 올려가면서 모든 페이지의 내용을 크롤링 하려고 해.

2. 위 페이지의 소스를 보면 아래와 같은 게 계속되고 있는데, 그중에 'The world as we have created it is a process of our thinking. It cannot be changed without changing our thinking.'와 'Albert Einstein'과 같은 방식으로 적혀 있는 명언과 저자 전체를 크롤링 하려고 해.

3. 결과는 C:\no_code\[미션28] 명언 크롤링 폴더에 결과.txt를 만들어서, 한 페이지 크롤링이 끝날때 마다 '명언, 저자' 방식으로 저장해 줘. ← 해당 이름의 폴더를 미리 생성해 줌

- 아래 -

〈div class="quote" itemscope itemtype="http://schema.org/CreativeWork"〉

　　〈span class="text" itemprop="text"〉"The world as we have created it is a process of our thinking. It cannot be changed without changing our thinking."〈/span〉

　　〈span〉by 〈small class="author" itemprop="author"〉Albert Einstein〈/small〉

　　〈a href="/author/Albert-Einstein"〉(about)〈/a〉

　　〈/span〉"

📑 [학습자료] – [챗GPT 프롬프트] – [미션28] 파일 활용

*********************** 이하생략 ***********************

챗GPT가 제공한 코드가 복사됐다면, VSCode에서 파이썬 파일을 실행해 보자. 여기서 중요한 것은 크롤링을 위해 새로운 "requests beautifulsoup4"라는 라이브러리가 필요하므로 실행 전에 다음 명령어를 터미널에 입력하여 설치해 준다. (이전 미션에서의 라이브러리 설치법 참고)

"pip install requests beautifulsoup4"

```
PROBLEMS   OUTPUT   DEBUG CONSOLE   TERMINAL   PORTS

PS C:\no_code> & C:/Users/e_yon/AppData/Local/Programs/Python/Python313/python.exe c:/no_code/meeting_search.py
PS C:\no_code> pip install requests beautifulsoup4
```

이제 VSCode에서 "quotes_to_scrape.py" 파이썬 파일을 생성한 후 실행해 보면, 각 페이지별로 크롤링이 완료되었다는 메시지가 출력되고, 데이터가 잘 수집되는 것을 알 수 있다.

📑 [학습자료] – [코드] – [미션28_코드.py] 파일 활용

```python
# 파일 초기화
with open(file_path, "w", encoding="utf-8") as f:
    f.write("")  # 빈 파일로 초기화

page = 1
while True:
    url = f"http://quotes.toscrape.com/page/{page}/"
    response = requests.get(url)

    if response.status_code != 200:
        print(f"{page}페이지를 불러올 수 없음. 크롤링 종료.")
        break

    soup = BeautifulSoup(response.text, "html.parser")
    quotes = soup.find_all("div", class_="quote")

    if not quotes:
        print("더 이상 페이지 없음. 크롤링 완료.")
        break

    lines = []
    for quote in quotes:
        text = quote.find("span", class_="text").get_text(strip=True).strip('"')
        author = quote.find("small", class_="author").get_text(strip=True)
        lines.append(f"{text}, {author}")

    # 파일에 저장
    with open(file_path, "a", encoding="utf-8") as f:
        for line in lines:
            f.write(line + "\n")

    print(f"{page}페이지 완료.")
    page += 1
```

13. 인터넷(웹) 정보를 내 것으로

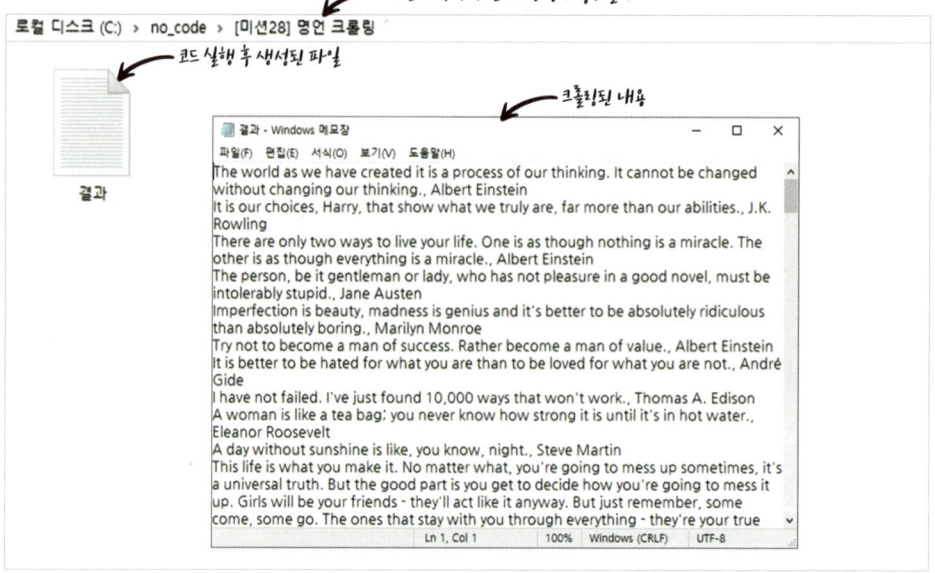

실행 결과로 생성된 "결과.txt" 파일을 열어보면, 알버트 아인슈타인의 명언부터 모든 페이지의 명언이 성공적으로 크롤링된 것을 확인할 수 있다.

이번 미션을 통해 처음으로 웹 크롤링을 시도해 보았다. 웹 크롤링은 인터넷에 있는 방대한 정보를 자동으로 수집할 수 있는 강력한 도구이며, 특히 파이썬은 이 작업에 자주 활용되는 언어다.

이번에 크롤링한 사이트는 저작권과 크롤링이 허용된 곳이었지만, 일반적인 웹사이트를 대상으로 할 때는 반드시 저작권 문제를 고려하고, 서버에 과부하를 주지 않도록 주의해야 한다.

이 방법을 통해 더 많은 사이트를 대상으로 다양한 웹 크롤링 작업에 도전해 보자.

미션 29: AI 웹 스크래핑: 온라인 쇼핑몰 정보 가져오기

이번 미션에서는 조금 더 고난도의 웹 크롤링으로, 궁금적 목표는 영국의 온라인 서점 사이트에서 책 이미지와 가격 정보를 가져오는 것이다.

또한, 책의 가격은 파운드로 표시되어 있으므로 이를 원화로 변환하는 작업까지 포함할 것이다. 이를 통해 파이썬 웹 크롤링의 실제 활용법을 배우게 될 것이며,

이번 미션의 대상 사이트는 [미션 28]에서 사용한 것과 동일하게 크롤링 연습을 위해 오픈되어 있는 [https://books.toscrape.com]을 사용할 예정이다.

◆ **크롤링 대상 및 HTML 분석하기**

이번엔 크롤링할 사이트는 "https://books.toscrape.com"이라는 온라인 서점이다. 먼저 사이트에 접속하여 어떻게 구성되어 있는지 분석해 보기 위해 [다음 페이지(Next)] 버튼을 눌러 페이지가 어떻게 전환되는지 확인해 본다.

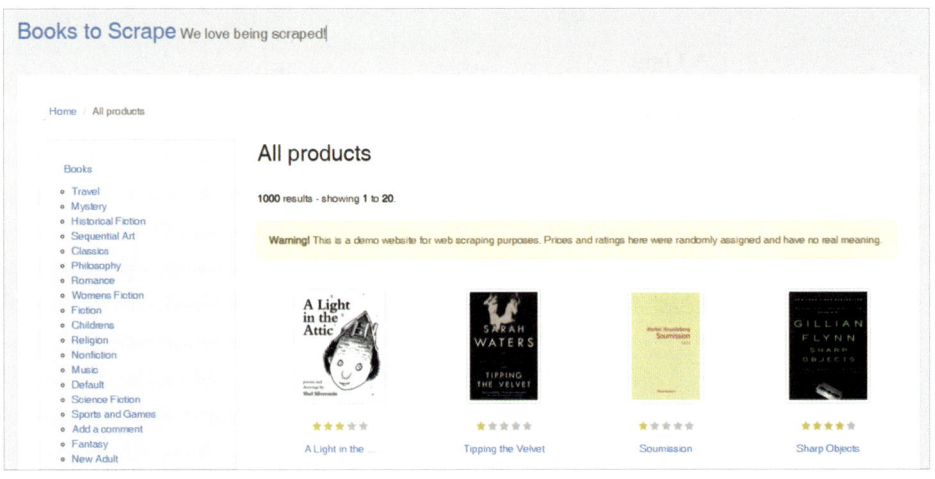

******************** 중간생략 ********************

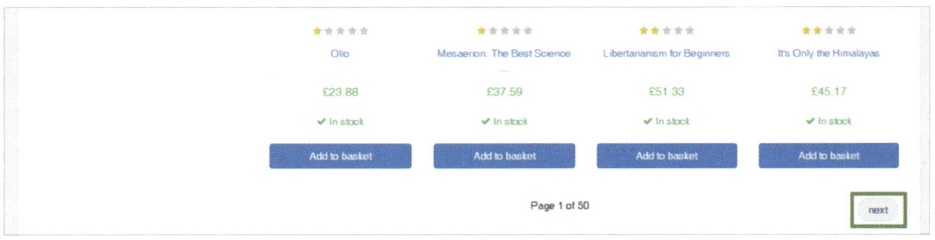

주소창을 보니 "https://books.toscrape.com/catalogue/page-2.html"으로 바뀌는 것으로 보아, 이와 같은 패턴을 통해 여러 페이지에 걸친 크롤링이 가능함을 알 수 있다.

이제 이 웹사이드의 소스 코드를 확인해 보자. 이번에는 첫 번째 페이지에 있는 "A Light in the Attic"이란 책을 사용할 것이다. (해당 책이 없다면 원하는 책을 찾으면 됨)

해당 책이 있는 페이지에서 [❶우측 마우스 버튼] - [❷페이지 소스 보기]를 선택해서 HTML 코드를 보면, 해당 책 정보는 다음과 같이 구성되어 있다는 것을 알 수 있다.

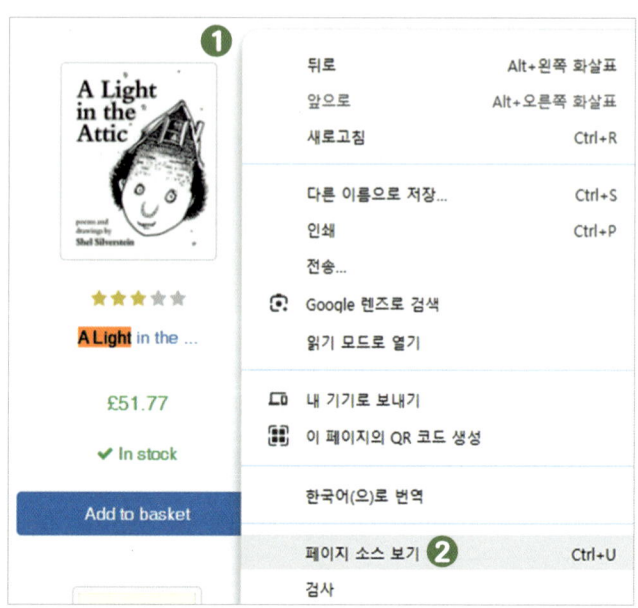

HTML 코드 페이지에서 [Ctrl + F] 키를 눌러 검색기를 열고, 책 이름(a light)을 검색해 보자. 검색 결과를 보면, 책 정보는 다음과 같은 HTML 코드로 구성되어 있음을 알 수 있다.

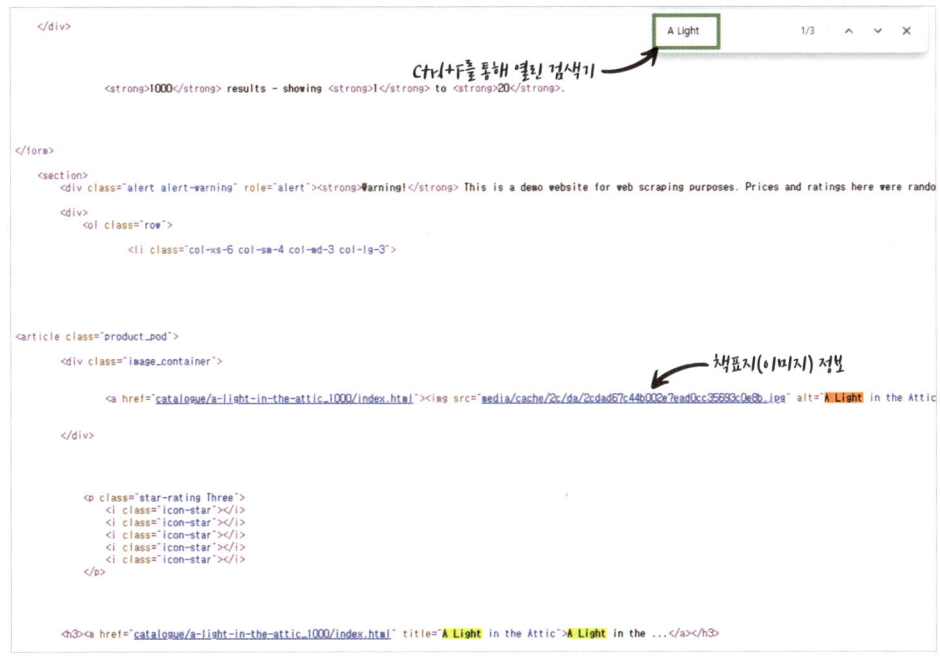

이 코드를 통해 해당 책의 '이미지 URL'과 '가격 정보'가 포함된 것을 확인할 수 있다. 이제 이 데이터를 크롤링해 책 이미지를 다운로드하고, 가격을 원화로 변환하는 작업을 진행해 보자.

◆ 프롬프트 생성 및 파이썬 파일 실행하기

이제 책의 이미지를 다운로드하면서, 파일명을 책 이름과 가격으로 변경하는 작업을 해보자. 가격은 파운드에서 원화로 변환할 것이며, 1파운드는 1,800원으로 계산하여 적용할 예정이다.

또한, 파일명에는 몇 가지 제약을 두고자 한다. 책 이름이 너무 길 경우 최대 50자로 제한하고, 파일명으로 적합하지 않은 문자는 제외할 것이며, 마지막으로 이미지 파일은 특정 폴더에 저장할 것이다.

이 구상을 바탕으로 프롬프트를 다음과 같이 작성하였다.

"파이썬으로 인터넷 서점에서 모든 책들의 썸네일을 '책이름_가격' 파일명으로 저장하고 하는 웹 크롤링을 하려고 해.

가격은 파운드로 되어있는 것을 1파운드당 1,800원의 환율을 계산해서 원화로 넣고싶어.

1. https://books.toscrape.com/catalogue/page-1.html, 페이지에서 1은 페이지 수를 나타내고 있어 숫자를 올려가면서 모든 페이지의 내용을 크롤링 하려고 해.

2. 위 페이지의 소스를 보면 아래와 같은게 계속 되고 있는데, 그중에 ../media/cache/2c/da/2cdad67c44b002e7ead0cc35693c0e8b.jpg 이미지를 책 제목인 A Light in the Attic과 가격인 £51.77을 1,800원 환율인 51.77x1800 계산해서 93186을(를) 붙여 A Light in the Attic_93186.jpg로 저장하려고 해, 원화의 소수점이하는 버려줘.

3. 책 이름은 50자가 넘으면 50자 까지 넣어주고 파일명으로 적절하지 않은 글자는 빼줘.

4. 모든 페이지의 모든 상품으로 저장하려고 하고 'C:\no_code\[미션29] 책 썸네일' 경로에 저장해 줘. *해당 폴더는 미리 생성해 놓음*

- 아래 -

⟨article class="product_pod"⟩

　　⟨div class="image_container"⟩

　　　　⟨a href="a-light-in-the-attic_1000/index.html"⟩⟨img src="../media/cache/2c/da/2cdad67c44b002e7ead0cc35693c0e8b.jpg" alt="A Light in the Attic" class="thumbnail"⟩⟨/a⟩

〈div〉

　　〈p class="star-rating Three"〉

　　　　〈I class="icon-star"〉〈/I〉

　　　　〈I class="icon-star"〉〈/I〉

　　　　〈I class="icon-star"〉〈/I〉

　　　　〈I class="icon-star"〉〈/I〉

　　　　〈I class="icon-star"〉〈/I〉

　　〈/p〉

　　〈h3〉〈a href="a-light-in-the-attic_1000/index.html" title="A Light in the Attic"〉A Light in the ... 〈/a〉〈/h3〉

　　〈div class="product_price"〉

〈p class="price_color"〉£51.77〈/p〉"

위 프롬프트로 명확한 규칙을 챗GPT에게 해결 방안을 요청하여 "requests beautifulsoup4"라는 라이브러리 설치와 파이썬 코드를 받았다.

앞서 학습한 것처럼 해당 라이브러리를 VSCode의 터미널을 통해 설치해 놓는다.

📑 [학습자료] – [챗GPT 프롬프트] – [미션29] 파일 활용

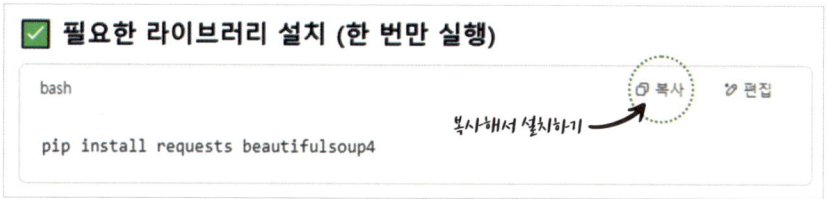

라이브러리를 설치한 후, VSCode에서 "book_thumbnails.py"란 이름의 파일을 생성하고 챗GPT의 솔루션을 [복붙]해 넣는다.

이제 터미널에서 파일을 실행시키면 각 책의 이미지가 하나씩 저장될 것이다.

[학습자료] - [코드] - [미션29_코드.py] 파일 활용

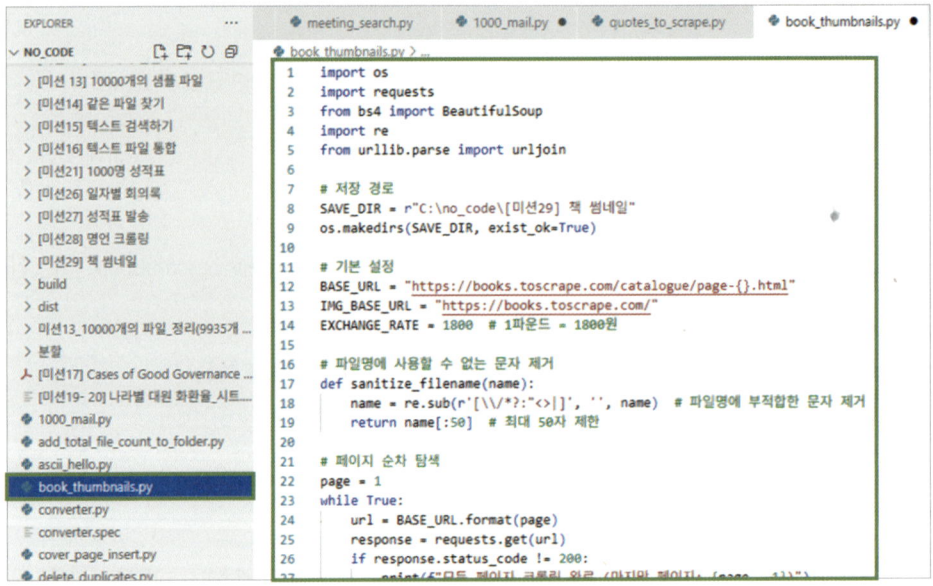

그런데, 터미널을 보니 에러가 발생되었다. 난감한 상황이지만, 앞에서도 해결했던 것처럼 이번에도 챗GPT를 믿어보자.

그림처럼 에러 메시지에 대한 부분을 모두 [❶복사]한 후, 챗GPT의 채팅창에 그대로 붙여 넣은 후 전달해 보면, 챗GPT는 자세한 솔루션을 제공해 준다.

이제 해결 코드를 [❷복사]해 보자.

```
PROBLEMS    OUTPUT    DEBUG CONSOLE    TERMINAL    PORTS
>>      page += 1
>>
문제가 발생했습니다. 아래 세부 정보와 함께 이 버그를 보고해 주세요.
GitHub에 대한 보고: https://github.com/lzybkr/PSReadLine/issues/new
-------------------------------------------------------------------
마지막 200 키:
 : / U s e r s / e _ y o n / A p p D a t a / L o c a l / P r o g r a m s / P y t h o n /
 P y t h o n 3 1 3 / p y t h o n . e x e Space c : / n o _ c o d e / q u o t e s _ t o _ s
 c r a p e . p y Enter
 Ctrl+v Enter
```

********************** 중간생략 **********************

```
code/book_thumbnails.py
Traceback (most recent call last):
  File "c:\no_code\book_thumbnails.py", line 43, in <module>
    price_pound = float(price_text.lstrip('£'))
                  ~~~~~^^^^^^^^^^^^^^^^^^^^^^^^
ValueError: could not convert string to float: 'Â£51.77'
PS C:\no_code> & C:/Users/e_yon/AppData/Local/Programs/Python/Python313/python.exe c:/no_
code/book_thumbnails.py
Traceback (most recent call last):
  File "c:\no_code\book_thumbnails.py", line 43, in <module>
    price_pound = float(price_text.lstrip('£'))
                  ~~~~~^^^^^^^^^^^^^^^^^^^^^^^^
ValueError: could not convert string to float: 'Â£51.77'
PS C:\no_code> []
```

❶

오류 메시지에서 핵심 문제는 다음과 같습니다:

```vbnet
ValueError: could not convert string to float: 'Â£51.77'
```

🔍 문제 원인

HTML에서 `£` 문자가 `Â£` 로 깨져서 나오는 이유는 **인코딩 문제**입니다. `requests.get()` 으로 HTML을 가져올 때, `response.encoding` 이 제대로 설정되지 않아 발생합니다. 사이트는 실제로 `UTF-8` **인코딩을 사용**하는데, 이를 명시적으로 설정하지 않으면 `ISO-8859-1` 등 잘못 해석될 수 있습니다.

✅ 해결 방법: `response.encoding = "utf-8"` 설정 추가

아래 코드에서 `response = requests.get(url)` 다음 줄에 아래 한 줄을 추가하세요:

❷

```python
response.encoding = "utf-8"
```

챗GPT의 솔루션 대로 복사한 코드를 다음과 같은 곳(줄)에 [붙여 넣고], "book_thumbnails.py" 파일을 다시 실행한다.

```python
21  # 페이지 순차 탐색
22  page = 1
23  while True:
24      url = BASE_URL.format(page)
25      response = requests.get(url)
26      response.encoding = "utf-8"    ← 추가된 코드
27
28      if response.status_code != 200:
29          print(f"모든 페이지 크롤링 완료 (마지막 페이지: {page - 1})")
30          break
```

그러면 이제 정상적으로 실행되어 크롤링이 끝날 때마다 터미널에서 확인 메시지가 출력되며, 책의 이미지가 하나씩 저장되는 것을 확인할 수 있다.

```
PROBLEMS    OUTPUT    DEBUG CONSOLE    TERMINAL    PORTS
저장 완료: Frankenstein_68400.jpg
저장 완료: Forever Rockers (The Rocker #12)_51840.jpg
저장 완료: Fighting Fate (Fighting #6)_70632.jpg
저장 완료: Emma_59274.jpg
저장 완료: Eat, Pray, Love_92376.jpg
저장 완료: Deep Under (Walker Security #1)_84762.jpg
저장 완료: Choosing Our Religion The Spiritual Lives of Ameri_51156.jpg
저장 완료: Charlie and the Chocolate Factory (Charlie Bucket _41130.jpg
저장 완료: Charity's Cross (Charles Towne Belles #4)_74232.jpg
저장 완료: Bright Lines_70326.jpg
저장 완료: Bridget Jones's Diary (Bridget Jones #1)_53676.jpg
저장 완료: Bounty (Colorado Mountain #7)_67068.jpg
저장 완료: Blood Defense (Samantha Brinkman #1)_36540.jpg
저장 완료: Bleach, Vol. 1 Strawberry and the Soul Reapers (Bl_62370.jpg
저장 완료: Beyond Good and Evil_78084.jpg
저장 완료: Alice in Wonderland (Alice's Adventures in Wonderl_99954.jpg
저장 완료: Ajin Demi-Human, Volume 1 (Ajin Demi-Human #1)_102708.jpg
저장 완료: A Spy's Devotion (The Regency Spies of London #1)_30545.jpg
저장 완료: 1st to Die (Women's Murder Club #1)_97164.jpg
저장 완료: 1,000 Places to See Before You Die_46944.jpg
모든 페이지 크롤링 완료 (마지막 페이지: 50)
PS C:\no code>
```

이제 결과가 저장된 폴더를 열어보면 전체 1,000개의 책 이미지가 "책이름_가격"이라는 파일명으로 저장된 것을 확인할 수 있다.

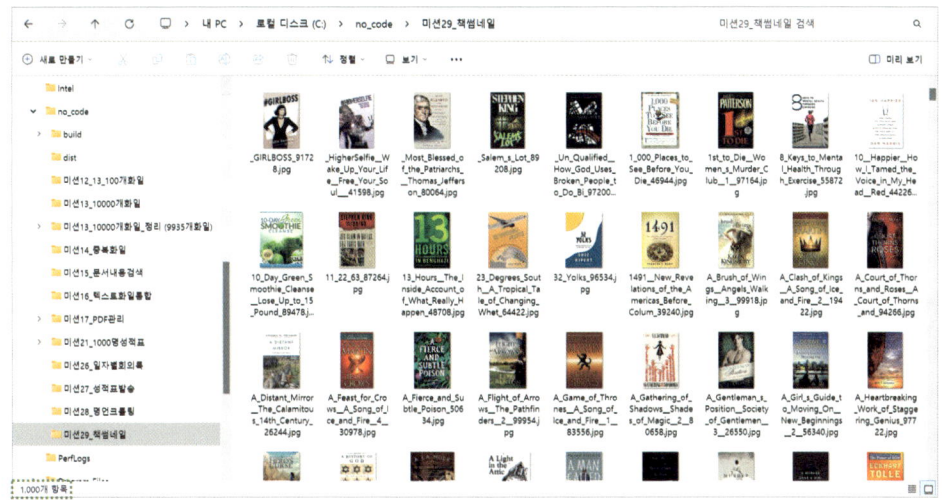

이것으로 웹 크롤링을 통해 텍스트뿐만 아니라 이미지까지 수집하는 방법에 대해 알아보았으며, 이번 미션을 통해 웹 크롤링의 다양한 활용 가능성을 알 수 있었다.

실전에서 크롤링이 많이 사용되는 이유도 바로 이런 편리함과 자동화 덕분이다. 이번 과정을 통해 웹 크롤링을 조금 더 깊이 이해하고 활용할 수 있게 되었으리라 생각한다.

이제 고급 단계의 마지막 미션에서는 API를 사용하여 데이터를 자유롭게 가져오는 방법을 배워 보기로 하자.

14. API로 AI를 더 강력하게 만들기

🤖 미션 30: OpenAI API로 AI 활용의 문을 열다

이번 장에서는 서로 다른 프로그램이 데이터를 주고받고 특정 작업을 수행할 수 있도록 돕는 도구인 API의 개념부터 계정 설정, 요금 구조, API 활용법까지 살펴 볼 것이다.

OpenAI API를 통해 우리는 챗GPT와 같은 언어 모델에 직접 접근할 수 있으며, 이로 인해 다양한 AI 응용 프로그램을 개발할 수 있다.

◆ 챗GPT API, 오픈AI API의 이해와 활용

챗GPT API와 오픈AI API는 같은 개념을 지칭하며, 본문에서는 이를 "OpenAI API"로 통일해 사용할 것이다.

이제 API의 기본 개념과 필요성, 그리고 OpenAI API의 역할과 기능에 대해 알아본다.

1. API란 무엇인가?

API는 서로 다른 프로그램 간에 데이터를 주고받거나, 특정 기능을 실행할 수 있도록 하는 규칙과 약속이다. 쉽게 말해, 우리가 만든 프로그램이 OpenAI API를 통해 OpenAI의 AI 모델에 접근해 필요한 작업을 요청하고 그에 대한 응답을 받을 수 있게 해주는 통로 역할을 한다.

2. 왜 API가 필요한가?

API는 일반적인 채팅 UI와는 차이가 있다. 채팅 UI는 직관적이고 편리하지만, 업무적으로는 한계가 있다. 대량의 데이터 처리나 반복 작업, 정형화된 입출력과 같은 특정 작업에서는 기능적인 제한이 생길 수밖에 없다. API는 이러한 한계를 극복하기 위한 기술로, 파이썬 등의 자동화 프로그램과 AI를 결합하여 더 강력한 자동화 시스템을 구축할 수 있도록 한다.

3. API의 역할과 기능

API는 프로그램 간 데이터 교환을 표준화해 줄 뿐만 아니라, AI 모델을 활용해 복잡한 추론과 의사결정을 처리하도록 돕는다. OpenAI API를 사용하면 이러한 AI 기능을 직접 활용할 수 있는데, 특히 AI는 고급 추론과 의사결정을 담당하고, 자동화된 프로그램은 반복 작업과 시스템 조작을 담당하여 시너지를 발휘하게 된다.

◆ **OpenAI API 계정 생성 및 API 키 발급받기**

API를 사용하려면 먼저 OpenAI 사이트에서 계정을 생성하고 API 키를 발급받아야 한다. OpenAI 웹사이트에 접속한 후, [❶API login] 버튼을 누른다.

그다음 [❷Sign-up] 버튼을 누르고, 계정을 만든다. 참고로 오픈AI API를 사용하기 위해서는 챗GPT와 별도로 계정을 발급받아야 한다.

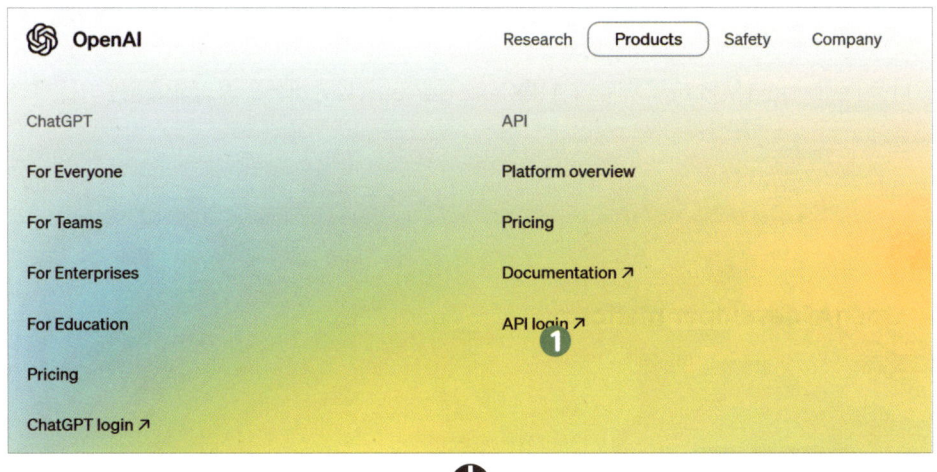

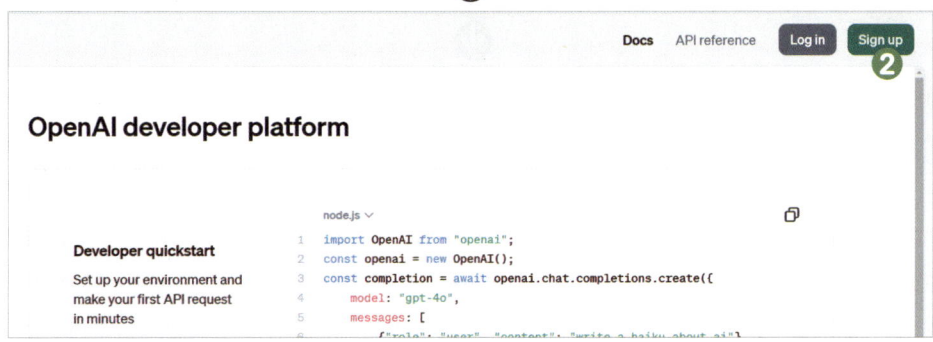

· 계정은 이메일이나 구글 계정으로 가능 ·

API 사용을 위한 정보를 파악할 수 있는 "Developer Platform" 화면이 나타나면, 여기에서 [❶ Dashboard]를 클릭한다.

그다음 Dashboard의 "API keys" 메뉴에서 [❷Create new secret key] 버튼을 클릭하여 API 키를 발급받는다.

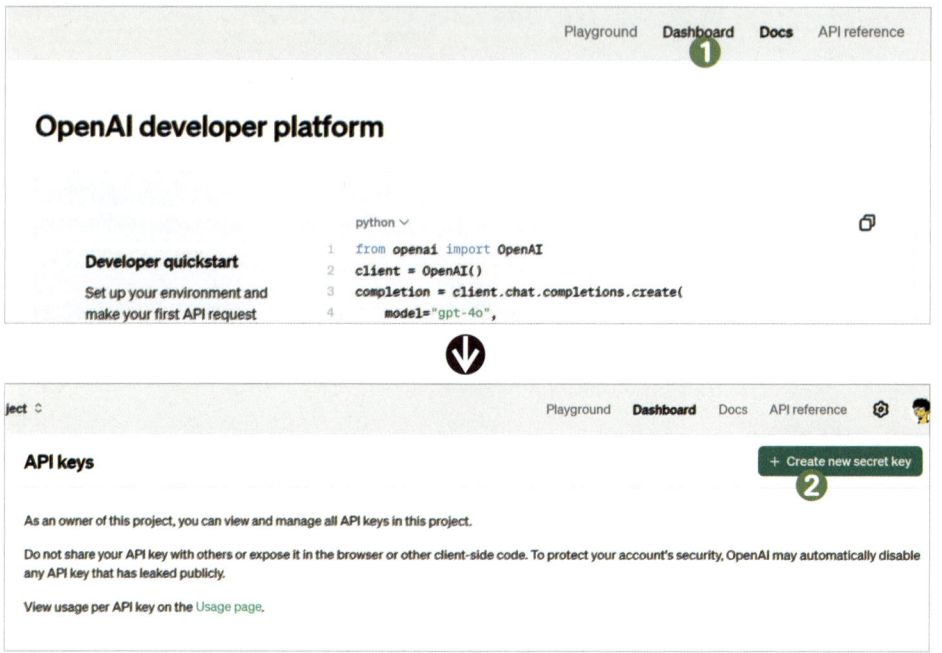

정보 입력 창에서는 자신이 사용할 KEY의 [❶이름]을 입력하고, [❷Create secret key] 버튼을 누른다. 그러면 사용할 수 있는 API 키가 생성된다. 이제 이 키를 복사하여 사용할 수 있다.

발급받은 API 키는 매우 중요한 정보다. 외부에 노출되지 않도록 주의하고, 주기적으로 관리하며 필요시 삭제 및 재발급 절차를 따르는 것이 좋다.

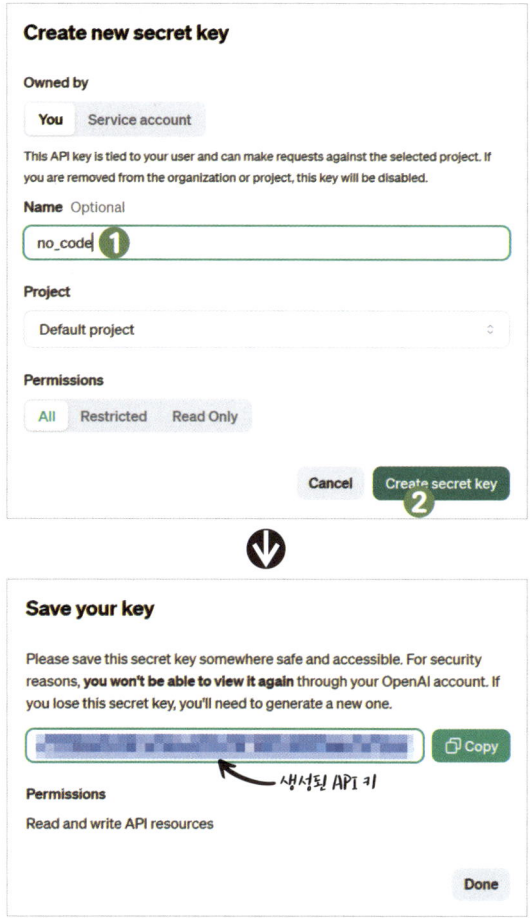

◆ OpenAI API 요금 구조

OpenAI API는 사용량에 따라 요금이 청구된다. 요금은 입력 및 출력 토큰 단위로 계산되며, 토큰 수는 주고받는 데이터 양에 따라 달라진다.

OpenAI의 최신 API 모델로는 GPT-4o가 가장 많이 사용되며 고성능 멀티모달 AI 모델로 텍스트,

이미지, 음성 등을 지원한다.

1. GPT-4o

- **입력 토큰** 1백만 개당 $2.50 (Batch API 사용 시 $1.25)
- **출력 토큰** 1백만 개당 $10.00 (Batch API 사용 시 $5.00)

2. GPT-4o-mini

- **입력 토큰** 1백만 개당 $0.15 (Batch API 사용 시 $0.075)
- **출력 토큰** 1백만 개당 $0.60 (Batch API 사용 시 $0.30)

3. GPT-o1-preview (OpenAI의 최신 복합 추론 모델로, 복잡한 작업 수행에 적합)

- **입력 토큰** 1백만 개당 $15.00
- **출력 토큰** 1백만 개당 $60.00 (내부 추론 토큰 포함)

◆ **플레이그라운드를 활용한 API 환경 설정과 테스트**

플레이그라운드(Playground)는 OpenAI API 사용을 연습하고 테스트할 수 있는 환경이다. 이를 통해 API를 통해 AI에게 원하는 작업을 지시하고 그 결과를 확인할 수 있다.

플레이그라운드에서는 API 호출을 시뮬레이션하면서 필요한 파라미터를 조정해 보며, 실제 응용에 가까운 경험을 얻을 수 있다.

플레이그라운드의 주요 구성 요소와 설정 항목은 다음과 같다.

- **API 시뮬레이션** 실제 API 호출 없이도 마치 API를 사용하는 것처럼 다양한 요청을 구성할 수 있어, 사전 테스트 및 결과 예측에 유용하다.
- **파라미터 조정** Temperature, Top-p, Max tokens, Stop sequences 등 다양한 매개변수를 실시간으로 조정하면서 결과가 어떻게 달라지는지 실험할 수 있다.

- **모델 선택** GPT-4, GPT-3.5 등 다양한 모델을 선택해 각 모델의 응답 특성과 성능을 비교할 수 있다.
- **프롬프트 엔지니어링 학습** 입력 프롬프트의 구조를 다듬고 조정하면서, 원하는 답변을 얻기 위한 최적의 지시 방식(prompt engineering)을 훈련할 수 있다.
- **코드 변환 및 내보내기** 설정한 내용을 파이썬 코드 형식으로 자동 변환하여 복사하거나, API에 붙여 넣을 수 있어 실제 개발로의 확장이 쉽다.
- **세션 기록 및 공유** 테스트 결과를 저장하거나 팀과 공유할 수 있어 협업에도 유리하다.

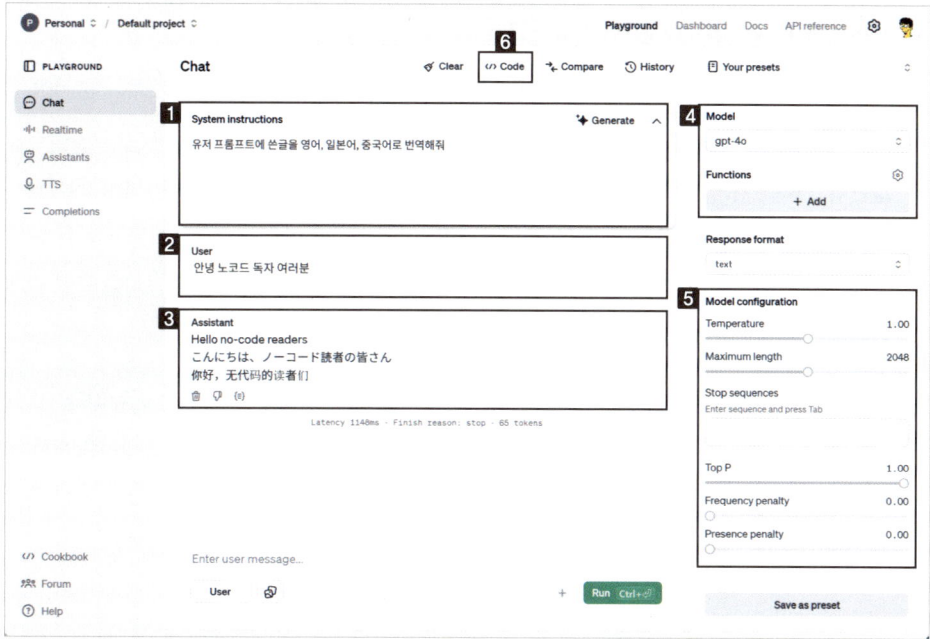

1. System Instructions: 시스템 프롬프트는 AI에게 전반적인 작업 방식을 지시하는 역할을 한다. 예를 들어 "이 응답은 간단하고 요점만 다루도록 한다" 또는 "전문적인 어투로 답변한다"와 같은 지시를 통해 AI가 응답하는 스타일과 어조를 설정할 수 있다. AI가 제공하는 답변의 형식을 지정할 때 유용하며, 특히 일관된 형식을 유지해야 하는 업무에 적합하다.

2. User Message: 사용자 프롬프트는 AI에게 구체적으로 작업을 지시하는 입력 부분이다. 여기에는 AI가 해결해야 할 질문이나 명령어가 포함된다. 시스템 프롬프트와는 달리, 이곳에는 실제로 AI에게 전달할 메시지나 질문을 입력한다. 사용자가 요청하는 작업의 구체적인 내용을 입력하는 부분으로, 예를 들어 "최신 기술 뉴스 요약" 또는 "사용자 리뷰 분석" 같은 요청을 입력할 수 있다.

3. Assistant: 시스템 프롬프트와 유저 프롬프트를 바탕으로 생성된 AI의 응답 결과를 나타낸다. 이 결괏값을 통해 설정한 프롬프트가 원하는 동작을 수행하는지 여부를 확인할 수 있다. Assistant를 통해 다양한 프롬프트를 테스트하며, 필요에 따라 프롬프트를 수정하여 최적의 응답을 도출할 수 있다

4. Model: 모델은 현재 사용할 OpenAI API 모델을 선택하는 메뉴이다. GPT-4o, GPT-4o-mini, GPT-o1-preview와 같은 다양한 모델을 제공하며, 각각의 모델은 응답 속도, 처리 능력, 가격 등의 차이가 있다. 작업에 적합한 모델을 선택하는 것이 중요한데, 예를 들어 복잡한 추론이 필요한 경우 GPT-o1-preview를 선택할 수 있다.

5. Model Configuration: 모델 설정은 AI의 응답 방식과 관련된 세부 사항을 조정하는 옵션이다. Temperature는 응답의 창의성 정도를 조절하며, 높을수록 다양하고 창의적인 답변, 낮을수록 일관되고 예측 가능한 답변이 생성된다. (예: 대화용은 0.7, 정답형은 0.3 추천) Max Tokens는 응답의 최대 길이를 정하며, 너무 긴 출력 방지를 위해 사용된다. Top-p는 확률이 높은 단어만을 선택하는 방식으로, Temperature와 함께 조절하면 응답의 다양성과 안정성을 균형 있게 맞출 수 있다.

6. Code: Playground에서 구성한 설정과 프롬프트에 따라 자동 생성 코드 요청 메뉴이다. 이 코드는 실제 개발 환경에서 OpenAI API를 사용하는 데 매우 유용하며, 플레이그라운드에서 테스트한 작업을 코드로 바로 구현할 수 있다. API를 실전에서 구현할 때 필요한 코드 작성 시간을 단축해 주며, 플레이그라운드에서 설정한 모든 구성을 그대로 코드에 반영한다.

이 구성 요소들을 활용하면 플레이그라운드에서 실습한 내용을 그대로 적용하여 API를 효과적으로 사용하는 파이썬 코드를 생성할 수 있다.

이처럼 플레이그라운드는 OpenAI API를 처음 접하는 입문자부터, 정교한 시스템을 설계하는 전문가까지 모두에게 실용적인 실험 공간이다.

이를 통해 OpenAI API의 기능과 가능성을 더 깊이 이해하고, 실제 업무나 프로젝트에 응용할 수 있을 것이다.

특히, 코드 작성에 부담을 느끼는 사용자도 시각적으로 설정을 조절하며 직관적으로 결과를 확인할 수 있어 AI 기반 서비스를 기획하거나 프로토타이핑할 때 매우 유용하다.

View code

You can use the following code to start integrating your current prompt and settings into your application.

```python
from openai import OpenAI
client = OpenAI()

response = client.chat.completions.create(
  model="gpt-4o",
  messages=[
    {
      "role": "system",
      "content": [
        {
          "type": "text",
          "text": "유저 프롬프트에 쓴글을 영어, 일본어, 중국어로 번역해줘"
        }
      ]
    },
    {
      "role": "user",
      "content": [
        {
          "type": "text",
          "text": " 안녕 노코드 독자 여러분"
        }
      ]
    },
    {
      "role": "assistant",
      "content": [
        {
          "type": "text",
          "text": "Hello no-code readers  \n こんにちは、ノーコード読者の皆さん  \n你好
```

· 파이썬 코드 요청 예 ·

이번 미션에서는 OpenAI API의 기본 개념과 계정 생성, API 키 발급, 요금 구조, 그리고 플레이그라운드 활용법까지 살펴보았다.

OpenAI API는 AI 기능을 확장해 다양한 데이터를 다루고 복잡한 작업을 자동화하는 데 큰 도움이 되며, 이를 통해 AI의 잠재력을 프로젝트에 자유롭게 적용 및 실전 프로젝트에서도 유용하게 활용할 수 있다.

생소한 개념과 용어가 많아 다소 어렵게 느껴질 수도 있지만, 이 단계에서는 API 키를 발급받는 방법과 플레이그라운드에서 프롬프트를 테스트하고 파이썬 코드 샘플을 얻는 정도에만 익숙해져도 충분하다.

이 정도만 알아도 AI 서비스를 자동으로 활용할 수 있는 강력한 도구를 손에 넣게 되는 것이며, 이런 과정을 통해 AI의 활용을 더욱 확장하고, 다양한 자동화 프로젝트에서 OpenAI API를 효과적으로 사용할 수 있을 것이다.

미션 31: 대량의 AI 댓글 생성으로 고객 반응 자동화하기

드디어 대망의 마지막 미션이다. OpenAI API를 활용해 대량의 데이터를 바탕으로 AI가 자동으로 댓글을 생성하도록 설정해 보자.

이번 미션에서는 식당을 운영하는 입장에서 긍정적, 부정적, 중립적 평가나 고객의 성별에 따라 적절한 댓글을 달아 고객의 재방문을 유도하는 것이 목적이다.

50개의 식당 리뷰가 담긴 텍스트 파일을 AI API로 한꺼번에 처리해 각 리뷰에 맞는 답글을 생성하고자 한다. 먼저 OpenAI의 플레이그라운드에서 프롬프트를 테스트해 보자.

▌[학습자료] – [샘플 파일] – [미션31 50개의 음식점 후기 댓글] 파일 활용

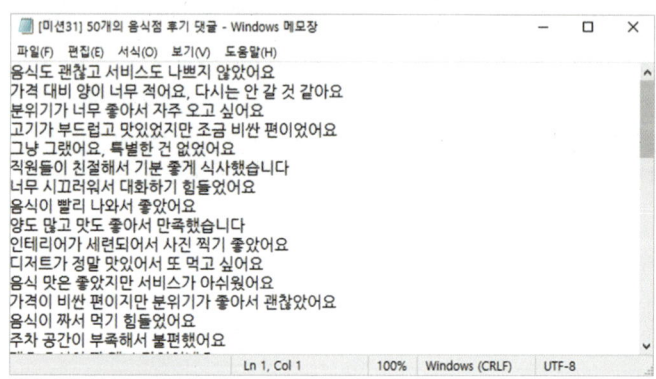

다음과 같은 프롬프트를 입력하여, 플레이그라운드의 시스템 프롬프트에서 답변을 생성해 보자. 최

종 결과는 텍스트 파일로 출력하여, 원래 질문과 AI가 생성한 답변을 한꺼번에 볼 수 있도록 해준다.

"나는 식당 주인인데, 아래 식당 후기 댓글에 답글로 쓸 짧은 글을 만들어줘. 댓글을 쓴 사람의 성별과 긍정적, 부정적 뉘앙스를 분석해 또 다시 방문하도록 유도하고 싶어."

🔖 [학습자료] – [챗GPT 프롬프트] – [미션31] 파일 활용

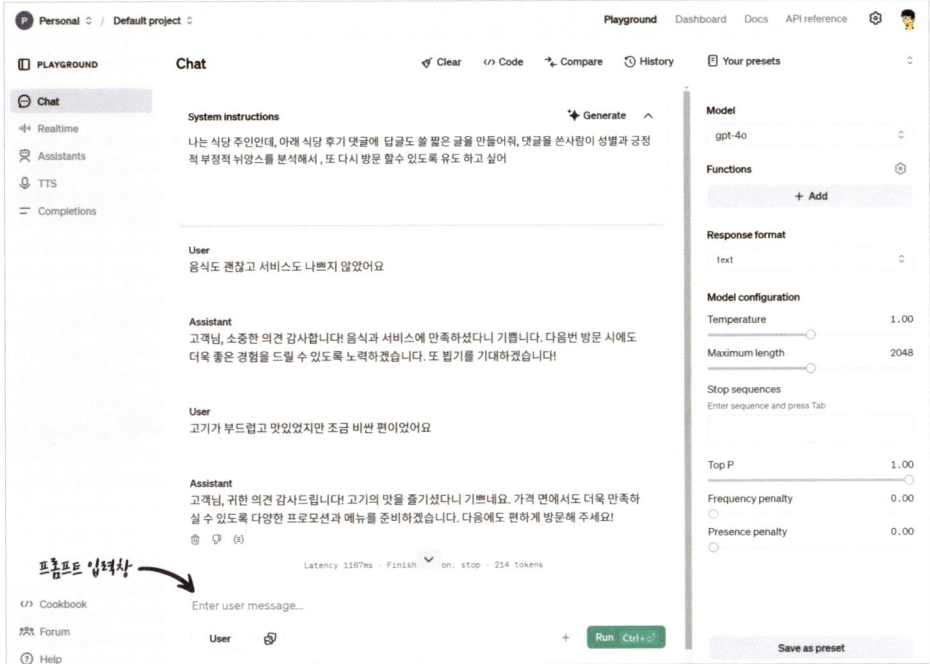

◆ API 키의 환경 변수로 설정하기

API 키는 외부에 유출되면 도용 등의 문제를 초래할 수 있으므로 코드에 직접 노출하지 않고 환경 변수(Environment Variable)*로 설정하는 것이 안전하다.

> 💡 환경 변수(Environment Variable)
> 운영 체제나 애플리케이션이 실행될 때 필요한 설정 값을 저장하는 변수로, 시스템 경로, 사용자 정보, 프로그램 설정 등 다양한 환경 설정을 담고 있다. 주로 소프트웨어 개발과 서버 설정에서 중요한 역할을 한다.

이번엔 챗GPT에게 "윈도우즈에서 OPEN AI_API_KEY라는 환경 변수를 설정해 줘. API KEY를 정장하려면 어떻게 해?"라고 환경 변수 설정 방법에 대해 물어보았다. 그 결과는 다음과 같다.

Windows에서 `OPENAI_API_KEY` 라는 환경 변수를 설정해 API 키를 저장하려면 다음 단계를 따르세요.

방법 1: 시스템 환경 변수 설정 (영구적으로 설정)

1. **시작 메뉴**에서 "환경 변수"를 검색하고 **시스템 환경 변수 편집**을 클릭합니다.
2. **시스템 속성** 창에서 **환경 변수(N)...** 버튼을 클릭합니다.
3. **환경 변수** 창에서 **새로 만들기(N)...** 버튼을 클릭합니다.
4. **새 시스템 변수** 창이 뜨면:
   - 변수 이름: `OPENAI_API_KEY`
   - 변수 값: `your_api_key_here` (API 키로 대체)
5. 확인을 눌러 창을 모두 닫습니다.

이렇게 설정하면 재부팅 후에도 모든 터미널에서 환경 변수가 유지됩니다.

방법 2: 현재 명령 프롬프트 세션에서만 설정

터미널에서 한 번에 설정하는 방법입니다. 이 방법은 **현재 명령 프롬프트 세션에서만 유효**합니다.

1. 명령 프롬프트를 엽니다.
2. 다음 명령을 입력합니다:

이 방법은 설정이 영구적이지 않으므로, 다른 세션에서 환경 변수를 사용하려면 다시 설정해야 합니다.

환경 변수가 올바르게 설정되었는지 확인하려면, 명령 프롬프트에서 다음을 입력해 확인할 수 있습니다:

이 명령을 실행했을 때 API 키가 출력되면 설정이 완료된 것입니다.

이 중 "명령 프롬프트"에서 환경 변수를 설정하는 방식을 사용하기로 하고, "CMD(명령 프롬프트)"를 열어서 API 키(미션 30에서 받은 키 활용)를 입력하여 설정한다.

명령 프롬프트 사용법은 앞서 학습했던 파이썬을 설치 시 살펴본 CMD 사용법(071페이지)을 참고하면 된다.

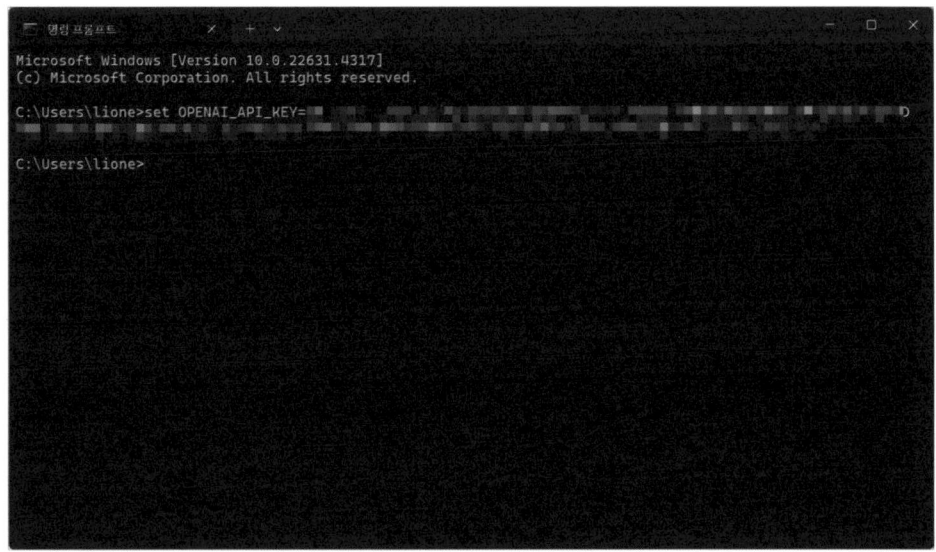

· 명령 프롬프트에서 Key를 설정한 모습 ·

◆ 프롬프트 구성 및 실행하기

작업 구상과 플레이그라운드에서의 테스트를 참고하여 다음과 같은 프롬프트를 작성하여 챗GPT에 요청하였다.

"Open AI API키는 GPT-4o 모델로 환경 변수에 넣어 놓았어.

나는 식당 주인인데, 아래 식당 후기 댓글에 답글도 쓸 짧은 글을 만들어줘, 댓글을 쓴 사람이 성별과 긍정적 부정적 뉘앙스를 분석해서 다시 방문 할수 있도록 유도 하고 싶어'를 시스템 프롬프트에 넣고, 유저 프롬프트로 'C:\no_code\[미션31] 답글 만들기\[미션31] 50개의 음식점 후기 댓글.txt'의 텍스트를 하나씩 API 돌려서 같은 폴더에 '답글 결과.txt'에 원문 한줄을 다음 줄에는 '##답글 : '을 붙여서 API 결과 값을 하나씩 업데이트 해서 넣어주는 파이썬을 만들어줘."

14. API로 AI를 더 강력하게 만들기 ···· 215

```python
import os
import openai

# 환경 변수에서 API 키 읽기
openai.api_key = os.getenv("OPENAI_API_KEY")

# 파일 경로 설정
input_path = r"C:\no_code\[미션31] 답글 만들기\[미션31] 50개의 음식점 후기 댓글.txt"
output_path = r"C:\no_code\[미션31] 답글 만들기\답글 결과.txt"

# 시스템 프롬프트 정의
system_prompt = (
    "너는 식당 사장이다. 아래 식당 후기 댓글에 답글을 써야 한다. "
    "댓글을 쓴 사람의 성별과 긍정/부정 뉘앙스를 분석해서, 다시 방문할 수 있도록 유도하는"
)

# 이미 처리한 원문 추적 (중복 방지)
def get_processed_lines(output_path):
    processed = set()
    if os.path.exists(output_path):
        with open(output_path, "r", encoding="utf-8") as f:
            lines = f.readlines()
            for i in range(0, len(lines), 2):
                processed.add(lines[i].strip())
    return processed

def generate_reply(user_comment):
    try:
        response = openai.ChatCompletion.create(
            model="gpt-4o",
            messages=[
                {"role": "system", "content": system_prompt},
                {"role": "user", "content": user_comment}
```

→ 해당 폴더 만들고 샘플 파일 넣어 놓기
→ 자동 생성될 텍스트 파일

******************** 이하 생략 ********************

이제 VSCode에서 "AI_API.py"라는 이름의 파이썬 파일을 만든 후, 챗GPT로부터 받은 코드를 행해 보자. 작업이 완료되면 "답글 결과.txt" 파일을 열어 각 리뷰와 그에 따른 AI 생성 댓글을 확인할 수 있다.

🔖 [학습자료] – [코드] – [미션31_코드.py] 파일 활용

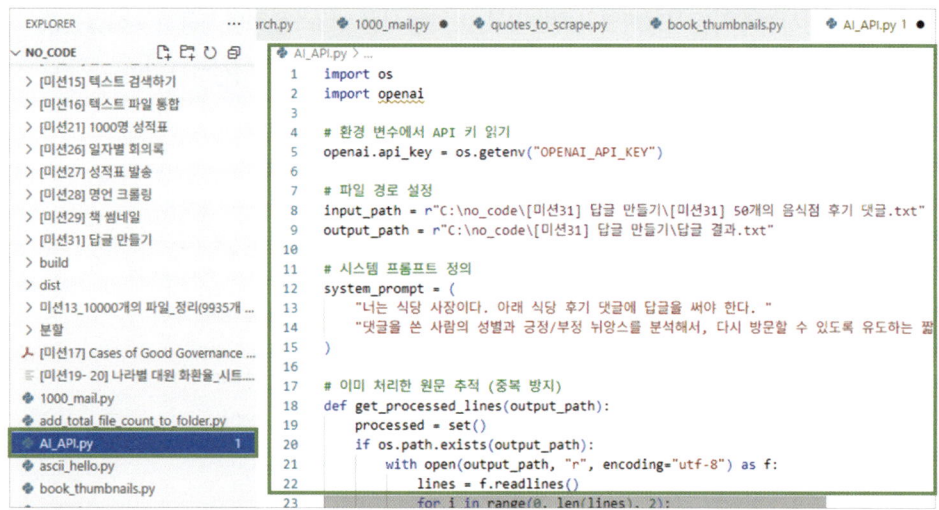

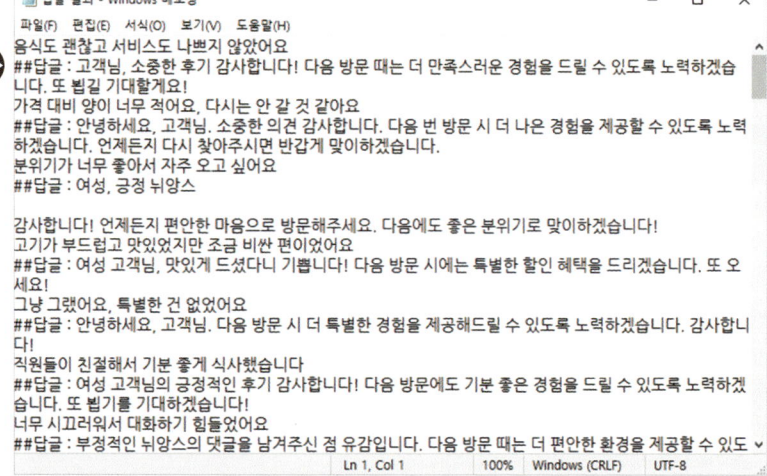

📢 위 작업의 결과는 정상적인 모습이지만, 실제는 API에 문제가 있다는 내용의 텍스트 파일이 생성되었다. 그래서 챗GPT에게 실행에 사용된 코드와 문제의 텍스트 내용을 다음과 같은 프롬프트로 작성하여 문제 해결법을 요청한 후 얻은 솔루션을 통해 해결한 것이다.

"위(이) 코드를 실행시켜 아웃풋 txt가 생성되긴 했는데, 결괏값에 API 에러 값이 아래와 같이 나왔어. 어떻게 해결하면 될까?"

API 에러는 임시 API 키를 사용하였기 때문이고, 이것을 사용서비스용 키를 사용하여 해결한 것이다. API 에러는 다양하다. 하지만 챗GPT를 통해 해결할 수 있기 때문에 걱정하지 않아도 된다.

*********************** 이 하 생 략 ***********************

이번 미션에서는 AI API를 이용해 대량의 데이터를 처리하고, 각 리뷰에 맞는 적절한 댓글을 자동 생성하는 고급 작업을 수행해 보았다.

API는 키 관리만 잘하면 쉽게 사용할 수 있으며, 실제로 유용한 자동화 도구로 활용할 수 있어, 추가로 만들어진 답글을 자동으로 게시하는 프로그램도 만들 수 있으니, 한 번 도전해 보자.

당신도 이제 노코드 개발의 달인

 나도 이제 AI 개발의 고수! : 무한한 가능성을 향해

이 책을 통해 많은 독자들이 AI와 No-Code 개발의 조합을 통해 아이디어를 실현하는 방법을 배웠을 것이다. 과거에는 이런 일들이 개발자의 영역으로 여겨졌으나, 이제는 기획자나 비개발자도 손쉽게 자신의 업무에 맞는 솔루션을 구축할 수 있는 시대가 됐다는 의미이다. 특히, AI와 No-Code의 결합은 복잡해 보였던 '개발'이라는 장벽을 허물고, 더 많은 사람들이 그 가능성을 현실로 만들 수 있도록 도와준다.

챕터 08의 "미션 12: 한방에 끝내는 파일명 바꾸기(타임스탬프)"를 생각해 보자. 이 미션은 대량의 파일을 일괄적으로 이름을 변경하는 과정에서 AI를 활용한 사례이다. 이와 같은 자동화 작업은 과거에는 개발자의 도움을 받아야 가능했던 복잡한 프로세스였으나, 이제는 AI에게 "이 파일들의 이름을 날짜별로 바꿔줘"라는 명령만으로 쉽게 처리할 수 있다. 이는 단순 반복 작업에서 해방되고, 더 창의적인 작업에 시간을 투자할 수 있는 환경을 제공한다.

실제로, 챕터 09에서 다룬 "[미션 16: 같은 날짜에 생성된 텍스트 파일 통합하기" 역시 마찬가지이다. 여러 파일을 자동으로 날짜별로 통합하는 기능을 구현할 때도 AI와 No-Code 도구는 복잡함 없이 손쉽게 해결할 수 있었다. 이러한 접근 방식은 비즈니스에서의 효율성을 크게 높여주며, 업무 자동화의 가능성을 극대화시킨다.

비즈니스 현장에서도 이러한 혁신은 빠르게 자리잡고 있다. 국내 유통회사에서는 KC인증* 자동 검증 시스템 구축 프로젝트를 통해 No-Code 플랫폼을 활용해 AI와 OCR(광학 문자 인식) 기능을 결합하여 복잡한 인증 검증 과정을 자동화했다.

이 과정에서 AI는 고급 코딩 지식 없이도 손쉽게 복잡한 인증 프로세스를 처리할 수 있도록 도와주었으며, 그 결과는 개발 주기의 단축과 비용 절감으로 이어졌다. 마찬가지로, 글로벌 기업들은 No-Code 도구를 통해 개발 시간을 단축하고 팀의 생산성을 높이는 성과를 거두고 있다.

Forrester Research는 No-Code 개발 플랫폼 시장이 2026년까지 연평균 31.1%의 성장률을 기록할 것이라고 예측하고 있다. 이는 우리가 선택한 AI와 No-Code 개발 방식이 미래지향적임을 잘 보여준다. 더욱이 PwC나 Codecademy 같은 회사들은 No-Code 개발을 통해 비즈니스 운영 프로세스를 자동화하고, 팀의 생산성을 크게 향상시킨 사례로 유명하다.

우리의 프로젝트도 이와 같은 성공적인 혁신의 연장선에 있으며, AI를 통해 더욱 강력한 도구를 사용할 수 있다는 점이 분명해졌다

· AI 노코드 개발로의 개발 방법론 진화 ·

> **KC인증(Korea Certification)**
> 대한민국에서 소비자 안전을 보장하기 위해 특정 제품이 관련 안전 기준을 충족했음을 증명하는 국가 인증 제도이다. 전기전자, 생활용품, 유아용품 등 다양한 제품군에 적용되며, 안전, 품질, 환경 보호를 목적으로 한다.

이러한 사례들이 보여주듯, AI와 No-Code 개발은 단순한 기술 도구를 넘어, 우리가 아이디어를 실현하고, 더 효율적인 업무 환경을 구축하는 데 중요한 역할을 하며, 이제는 기술적인 제약을 넘어, 누구나 비즈니스의 흐름을 이해하고, 그에 맞는 자동화 솔루션을 직접 개발할 수 있는 시대가 되었다.

앞으로 더 많은 기회가 열릴 것이며, 이를 통해 우리는 더욱 혁신적인 방식으로 문제를 해결해 나갈 수 있을 것이다.

🅖 개발 중 막힐 때 탈출하는 AI 활용 꿀팁

AI와 함께하는 노코드 개발 과정에서 때때로 해결이 어려운 문제를 마주할 수 있다. 그러나 이제는 그럴 때마다 좌절할 필요가 없다. AI는 지치지 않는 개발 파트너로서 언제든지 질문을 던질 수 있고, 복잡한 문제에도 끊임없이 답을 찾을 수 있는 힘을 제공한다. 특히, 코딩 과정에서 흔히 발생하는 에러나 버그 해결에 있어 AI는 그 어떤 가이드보다 빠르고 정확하게 문제의 원인을 분석하고 해결책을 제시한다. 개발자라면 누구나 겪는 디버깅의 어려움도 이제는 AI에게 맡길 수 있게 된 것이다.

챕터 09에서 다룬 "미션 17: PDF 파일을 특정 용량에 맞춰 쪼개기" 미션을 떠올려 보자. 이 미션에서 우리는 AI에게 특정 파일을 용량에 맞게 나누는 방법을 물었고, AI는 단계별로 세분화된 설명을 통해 문제 해결을 도왔다. 처음에는 어떤 도구를 사용할지, 어떻게 파일을 나눌지를 묻는 데서 시작했지만, AI는 각 단계를 상세히 설명하며 결국 우리가 원하는 결과를 만들어냈다.

이처럼 AI는 단순히 정답을 주는 것을 넘어서, 복잡한 과정을 단계적으로 분석해 줌으로써 문제 해결의 구조를 이해하게 한다.

· AI를 통한 문제 해결 능력 강화 ·

또한, AI와의 협업을 통해 얻는 가장 큰 장점 중 하나는 문제 해결 능력의 강화다. 우리가 질문을 던질 때마다 AI는 정확한 답변을 제공할 뿐만 아니라, 그 과정에서 자연스럽게 문제를 분석하는 능력을 키워준다. AI는 단순히 코드를 제시하는 것에 그치지 않고, 코드의 작동 원리와 에러가 발생한 이유, 개선 방법을 논리적으로 설명해 주기 때문에, 이를 통해 우리는 더욱 효율적으로 문제를 해결하는 개발자로 성장할 수 있다.

AI는 계속해서 발전하고 있다. 기술은 빠르게 변화하고 있으며, 앞으로 AI는 더 강력하고 직관적인 방식으로 우리의 질문에 답하게 될 것이다. 노코드 개발 역시 더욱 쉬워질 것이며, 비개발자도 복잡한 문제를 쉽게 해결할 수 있는 시대가 오고 있다. 그렇다면 우리는 무엇을 더 준비해야 할까?

첫째, AI와의 협업 능력을 키워야 한다. AI는 우리의 개발 파트너이므로, 효과적으로 질문을 던지고, 그 답을 활용하는 능력이 중요하다. 명확한 문제 정의와 구체적인 질문은 AI가 더 정확한 답을 주도록 이끌어줄 것이다.

둘째, 문제를 해결하는 과정을 경험으로 축적해야 한다. AI는 질문에 대한 답을 즉시 제공하지만, 그 과정을 이해하고 스스로 분석해보는 연습이 필요하다. AI의 도움을 받아 문제를 해결한 후에는 그 과정을 복기하고, 나중에 비슷한 상황이 발생했을 때 스스로 해결할 수 있도록 준비해야 한다.

AI와 노코드 개발의 시대는 이미 시작되었고, 앞으로 더 많은 기회와 가능성이 열릴 것이다. 이를 통해 우리는 더욱 효율적인 개발 자가 되고, 새로운 문제를 해결하는 데 있어 AI와 협업하며 끊임없이 성장할 수 있을 것이다.

AI와 함께 미래의 개발자로 성장하기

AI와 노코드 개발은 이제 단순한 기술 트렌드가 아닌, 미래 소프트웨어 개발의 필수적 요소로 자리잡고 있다. 글로벌 트렌드 역시 AI를 활용한 자동화와 노코드 개발의 중요성을 강조하고 있으며, 이러한 변화는 앞으로 더 많은 산업 분야에 걸쳐 확산될 것이다. 특히, AI와 노코드 개발을 배우는 것은 단순히 도구의 활용을 넘어, 기획자와 비개발자들이 자신의 업무를 더 잘 이해하고 효율적으로 개선하는 길을 열어주고 있다.

노코드와 로우코드 개발 방식은 시간이 지나면서 기술의 발전과 함께 점점 더 강력해지고 있다. Forrester Research에 따르면, 로우코드 플랫폼 시장은 2026년까지 연평균 31.1%로 성장할 것으로 예상되며, Gartner는 2025년까지 새로운 애플리케이션의 70%가 노코드 또는 로우코드 기술을 사용해 개발될 것이라고 예측하고 있다. 이는 소프트웨어 개발이 더 이상 개발자만의 영역이 아님을 보여주며, 비즈니스 사용자와 기획자도 AI와 함께 스스로 개발할 수 있는 시대가 열리고 있음을 의미

한다.

우리는 챕터 10의 "미션 21: 1000명의 성적 데이터를 PDF로 변환하기"에서는 복잡한 데이터를 유연하게 변환하는 작업을 AI와 함께 해결하는 과정을 경험했다. 이는 단순한 노코드 도구의 사용을 넘어, 스스로 문제를 해결하는 주체가 될 수 있음을 보여주는 중요한 예시다. 이제는 데이터 분석이나 앱 개발 같은 복잡한 작업을 누구나 손쉽게 수행할 수 있게 되었으며, 이는 기업 내부에서 더 많은 인원이 효율적으로 협업할 수 있는 환경을 제공한다.

실제로, 여러 글로벌 기업들은 AI와 노코드 기술을 도입해 큰 성과를 거두고 있다. PwC는 자체 로우코드 플랫폼을 통해 애플리케이션 개발 시간을 80% 단축했으며, Codecademy는 내부 운영 프로세스를 노코드 도구로 자동화하여 생산성을 50% 이상 향상시켰다. 이와 같이, AI와 노코드 도구의 결합은 비즈니스 프로세스를 혁신하고, 비개발자가 손쉽게 애플리케이션을 구축할 수 있는 환경을 마련한다.

앞으로 AI는 더욱 발전할 것이며, 노코드 개발의 장벽은 점점 더 낮아질 것이다. Quickbase의 엔지니어링 부문 수석 부사장인 존 케네디는 "미래에는 모두가 의식하지 못한 채 소프트웨어를 만들게 될 것이다"라고 예측하며, AI의 발전이 사람들의 작업 방식을 근본적으로 변화시킬 것임을 시사했다. 그리고 Copado의 수석 부사장 데이비드 브룩스는 "코딩은 거의 완전히 자동화될 것이며, UI 디자인과 같은 작업을 하는 사람이 사실상의 프론트엔드 개발자가 될 것이다"라고 말하며, AI가 소프트웨어 개발 생태계를 어떻게 변화시킬 것인지 예견했다.

· AI와의 협업 능력 강화 ·

그렇다면 우리는 무엇을 준비해야 할까? AI와 함께하는 시대에 가장 중요한 것은 AI와의 협업 능력을 키우는 것이다. AI는 우리의 파트너가 되어 복잡한 문제를 신속하게 해결해 줄 것이며, 우리는 그 과정에서 문제를 명확하게 정의하고, AI에게 적절한 질문을 던지는 능력을 길러야 한다. 또한, AI가 제시한 솔루션을 이해하고, 스스로 분석하는 능력 역시 필요하다. AI의 도움을 받아 문제를 해결한 후에는 그 과정을 복기하고, 같은 문제를 반복적으로 겪지 않도록 준비하는 것이 중요하다.

AI와 노코드 기술이 발전함에 따라 더 많은 사람들이 더 빠르고 효율적으로 소프트웨어를 개발할 수 있을 것이다. 이는 기술적 전문성을 넘어, 비즈니스 전문가들이 직접 혁신적인 아이디어를 현실화할 수 있는 기회를 제공한다. 우리는 AI와 협력하여 더 창의적이고 유연한 방식으로 문제를 해결할 수 있으며, 이를 통해 더욱 혁신적인 개발자로 성장할 수 있을 것이다.